日商簿記1級

試験に

とおるトレーニング

工業簿記・原価計算 II

製品原価計算編

'工業簿記'を
得意科目に!

Net-School

⑤ ネットスクール出版

『日商簿記１級に合格するための学校　エクササイズ』からの主な改訂点

★２分冊構成で効率よく学習！

　旧版（学校シリーズ）では「基礎編Ｉ」、「基礎編Ⅱ」、「完成編」という３分冊構成であったものを、『管理会計編』、『製品原価計算編』の２分冊に再構成しました。

　これにより、工業簿記・原価計算の各学習分野について、基本レベルから応用レベルまでをスムーズに学習を進めることができるようになりました！

　また、基本的に、『管理会計編』は、試験科目の「原価計算」での出題内容に対応し、『製品原価計算編』は、試験科目の「工業簿記」での出題内容に対応しています。

　これにより、トレーニングと試験科目が１対１で対応するため、直前期の答案練習などで「この内容、どのトレーニングに載っていたっけ？」と迷うことなく、効率的に学習することができます。

はじめに

選ばれし者達よ、さあ最高峰に挑もう！

　商業簿記・会計学では『収益の認識基準』や『時間価値の計算』、工業簿記・原価計算では『意思決定会計』や『予算実績差異分析』といった、本当に力になる知識が、いよいよ皆さんの前に展開されてきます。それが、日商1級です。

　これらの知識の修得は、日商2級という壁を超えるレベルの人にしか許されていない、というのが現実でしょう。でも、本書を手に取った皆さんは、既にその条件をクリアしていることでしょう。
　すべての人の中で、簿記を学ぶ人の割合、その中で2級レベルまで修得した人の割合を考えれば、それだけでも素晴らしいことです。

　では、この最高峰から見える景色を想像してみましょう。
　今の知識は、皆さんの足元を固める存在になり、目には真実を見る力が、耳にはあらゆる情報をキャッチする能力が、足には利害を見ての行動力、手には物事を動かす力が宿っているはずです。そしてそこからは、峯続きに税理士、その向こうには公認会計士という人生も見渡せることでしょう。
　つまり、スーパーなビジネスパーソンや経営者になるにしても、税理士や公認会計士といった士（サムライ）業を目指すにしても、大いに展望が開ける、それが日商1級です。

　いま皆さんは、日商1級という名の大きな扉の前に立ち尽くしているかもしれません。
　でも、よく見てください。
　目の前にあるのは、そんな大きな扉ではなく、商業簿記であれば現金預金、有価証券といった、いくつもの小さな扉が並んでいるに過ぎません。未知の扉を1つ1つ開けていくというのは、これまで皆さんがやってきたことと同じです。

　最後にこの扉をうまく開けるコツを、お伝えしておきましょう。
　それは「楽しむこと」です。
　これから目の前に展開されてくる1つ1つの扉を、ぜひ楽しみながら開けていってください。
　この、楽しむという気持ちが、皆さんの未来を輝けるものにしていきますから。

CONTENTS

本書の特徴

ネットスクールでは、日商簿記2級を修了された方が1級に合格するまでの過程として、次の3段階があると考えています。

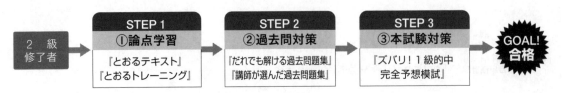

本書は、このうち①**論点学習を行うための問題集**で、2級を修了された方が「無理なく効率的に1級の内容をマスターでき、さらに次のステップの②**過去問対策**や③**本試験対策**に役立つ知識を身につけることができる」ように構成され、次の特徴があります。

❶ 良質の練習問題を厳選

『とおるテキスト』に完全対応。
また良質の練習問題を厳選して、収載しました。ぜひテキストとともに活用してください。

❷ 過去問レベルまでムリなくステップアップ

　工業簿記や原価計算の問題は、**設問と設問につながりがあり、少し応用的な設問までを正解しない**
と合格ラインに届かないことが通常です。そこで、本書では、各学習分野について、基礎的な問題か
ら応用的な問題を収載しています。

　これにより、全範囲の修了前に、学習分野ごとにすぐに過去問にチャレンジすることができます。

例）

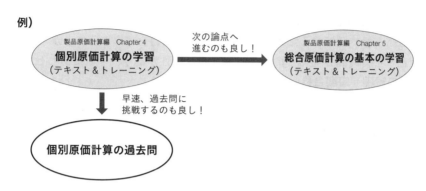

❸ 重要度が一目でわかる

　本書は、読者の皆さんが効率的に学習を進められるように、問題ごとに重要度と難易度を示してあ
ります。重要度と難易度の区別は次のようになります。

重要度

　★★★★★：本試験によく出題され、必ず得点すべき問題
　★★★★：
　　　　　　｝本試験にそれなりに出題され、得点できた方が望ましい問題
　★★★：
　★★：
　　　　　｝本試験では重要性がそれほど高くない問題
　★：

難易度

　基　本：テキストレベルで比較的簡単に計算できる問題
　応　用：基本問題と比較して、比較的計算・集計の手間がかかる問題

❹ 過去問題集『だれでも解ける過去問題集』(別売り)で、本試験への対応力を付ける！

　『だれでも解ける過去問題集』の工業簿記・原価計算編は、過去問題の特に重要なテーマについて、
一つの問題を分解して、難易度順に各設問を段階的に解いていくスタイルになっています。これによ
り、現時点の実力をチェックしながら、テキストの復習の重点箇所を把握することができます。

　その次は、『講師が選んだ過去問題集』に進みましょう。数多くの過去問題から、受験生が解いてお
くべき問題がピックアップされていますので、短期間での実力アップを図ることができます。

日商 1 級の攻略方法

　日商 1 級の試験科目は**商業簿記・会計学・工業簿記・原価計算**の 4 科目で各 25 点の 100 点満点で出題されます。合格点は 70 点ですが、各科目に 40％（10 点）の合格最低点が設けられていて、1 科目でも 10 点未満になると不合格となってしまいます。

　ですから、日商 1 級に合格するためには極端な不得意科目を作らないことがとても重要です。

　また各科目とも学習時間と実力との関係は異なった特性があり、それにあわせた学習をすることは "**学習時間の短縮＝短期合格**" のためにとても重要です。

工 業 簿 記

出題形式➡　工業簿記は、通常、総合問題が 1 問出題されます。

　　　　　これに加えて、原価計算基準などに関する理論問題（穴埋めなど）が出題されることもあります。

科目特性➡　工業簿記の学習内容の多くは、2 級の内容がベースになっています。近年の試験では、2 級の受験生でも得点できる設問も珍しくありません。

　　　　　1 級の工業簿記は、2 級の内容に肉付けしていく学習となるため、2 級レベルの理解度が学習の進み具合に大きな影響を及ぼします。

　　　　　また、工業 "簿記" なので、「帳簿への記入」に関する

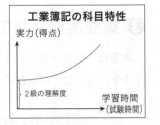

工業簿記の科目特性

実力（得点）

2 級の理解度

学習時間（試験時間）

内容も重要です。例えば、総合原価計算での完成品原価や月末仕掛品原価の計算も大切ですが、それを仕掛品勘定などの勘定にどのように記入するのかまでを理解することが工業簿記の学習です。

学習方法➡　1 級の学習をスムーズに進めるためには、まずは 2 級の内容が重要です。1 級での各分野の学習前に 2 級の内容を復習し、1 級の『テキスト（製品原価計算編）』と『トレーニング』での学習後に苦手を感じた部分は、再度 2 級の内容をチェックしましょう。

原 価 計 算

出題形式➡　原価計算は、通常、総合問題が 1〜2 問出題されます。計算問題に加えて、理論問題（穴埋めなど）が出題されることもあります。

科目特性➡　原価計算で出題の多くは、2 級では学習していない分野（意思決定会計や予算管理など）からです。また、工業簿記に比べて、各分野が内容的に独立しているため、学習時間に比例して実力が伸びていきます。

学習方法➡　『テキスト』（本書（管理会計編））と『トレーニング』で、まずは最後までひと通り学習しましょう。上でも触れたように、比較的各分野が独立しているため、苦手と感じる分野があってもそこに時間をかけすぎずに、いったん先に進むことが得策です。

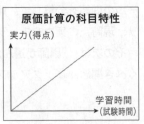

原価計算の科目特性

実力（得点）

学習時間（試験時間）

問題編

日商1級のプロフィール

1. 過去の合格率

年度	2014年		2015年		2016年		2017年		2018年		2019年	
回　　　数	137	138	140	141	143	144	146	147	149	150	152	153
受　験　者　数	8,738	9,931	8,108	9,087	7,792	8,416	7,103	8,286	7,501	7,588	6,788	7,520
合　格　者　数	847	877	716	873	846	783	626	487	1,007	680	575	735
合　格　率	9.7%	8.8%	8.8%	9.6%	10.9%	9.3%	8.8%	5.9%	13.4%	9.0%	8.5%	9.8%
平均合格率	9.3%		9.2%		10.1%		7.4%		11.2%		9.2%	

※ 139回、142回、145回、148回、151回、154回は2・3級のみで、1級は実施されていません。

2. 受験資格

　年齢、性別、学歴、国籍など、一切制限はありません。日商簿記2級を持っていなくても受験できます。

注1　受験に際しては、本人確認を行いますので、必ず身分証明書（氏名、生年月日、顔写真のいずれも確認できるもの＜例＞運転免許証、旅券（パスポート）、社員証、学生証など）を携帯してください。身分証明書をお持ちでない方は、受験希望地の商工会議所（または試験施行機関）にご相談ください。

注2　刊行時のデータとなります。最新の情報は検定試験のホームページをご確認ください。
https://www.kentei.ne.jp/bookkeeping

3. 試験日

　年間2回（6月、11月）実施されます。なお、155回試験（6月）が新型コロナウィルスの影響により中止となったため、2021年2月に実施される予定です。最新の情報は検定試験のホームページをご確認ください。

4. 試験会場

　全国の商工会議所、もしくは商工会議所の指定する会場。
　詳しくは最寄の商工会議所または検定情報ダイヤルへお問合わせください。

5. 1級の試験内容

級　別	科　目	配　点	制限時間	程　　　度
1級	商業簿記	25点	1時間30分	税理士、公認会計士などの国家試験の登竜門。大学程度の商業簿記、工業簿記、原価計算並びに会計学を修得し、財務諸表等規則や企業会計に関する法規を理解し、経営管理や経営分析ができる。
	会計学	25点		
	工業簿記	25点	1時間30分	
	原価計算	25点		

※ 1級の場合、1科目でも得点が40％（10点）に達しない場合、不合格になります。

2 製品原価計算の基礎

問題 1 理論問題〜原価計算制度上の原価〜

★★☆☆☆ 基本
答案用紙 P.1
解答・解説 P.1-1

日付 / / /
✓

原価の本質に関する次の文章について、下線部のいずれか1つの語句に誤りがある。誤っていると思われる語句の記号をⅠ欄に記入した上で、それに代わる正しいと思われる語句をⅡ欄に記入しなさい。

1. 原価は、経済価値（a）の消費である。
2. 原価は、経営において作り出された一定の給付（b）に転嫁される価値であり、その給付にかかわらせて、は握されたものである。
3. 原価は、経営目的に関連したものである。したがって、例えば材料の購入のために要した借入金の利息は、原則として原価を構成する（c）。
4. 原価は、正常的なものである。したがって、工場建物の火災など異常な状態を原因とする価値の減少を含まない（d）。

問題 2 理論問題〜原価の分類〜

★★☆☆☆ 基本
答案用紙 P.1
解答・解説 P.1-1

日付 / / /
✓

問1．次の図は営業費を含む原価の分類について示したものである。空欄ア．〜エ．に適語を補充し、完成させなさい。

問2．次の表は製造原価を（a）形態別（b）製品との関連の2つの観点から分類し、両者の関係を示したものである。空欄ア．〜オ．に適語を補充し、完成させなさい。

	〔エ．　　　　〕	〔オ．　　　　〕
〔ア．　　　〕費	直接材料費	間接材料費
〔イ．　　　〕費	直接労務費	間接労務費
〔ウ．　　　〕費	直接経費	間接経費

問題		★★★★☆　基本	日付	/	/	/
3	**勘定連絡**	答案用紙　P.2 解答・解説　P.1-2	✓			

次の取引について仕訳を示すとともに、答案用紙の諸勘定に転記しなさい。また、一部の金額が答案用紙に印刷されているので注意すること。

📋 取引

(1) 材料の仕入高（手形支払い）　　　　　　100,000円

(2) 材料の消費高

　　　直接材料費　　　　　　　　　　　　50,000円

　　　間接材料費　　　　　　　　　　　　30,000円

(3) 賃金・給料の支払高（現金払い）　　　300,000円

(4) 賃金・給料の消費高

　　　直接労務費　　　　　　　　　　　210,000円

　　　間接労務費　　　　　　　　　　　　70,000円

　　　販売費及び一般管理費　　　　　　　20,000円

(5) 経費の支払高（小切手払い）　　　　　250,000円

(6) 経費の消費高

　　　間 接 経 費　　　　　　　　　　　180,000円

　　　販売費及び一般管理費　　　　　　　70,000円

(7) 製造間接費の配賦高　　　　　　　　　　？　円

(8) 完成品の製造原価　　　　　　　　　　520,000円

(9) 製品売上高（掛）　　　　　　　　　1,000,000円

(10) 売上原価　　　　　　　　　　　　　600,000円

(11) 売上高、売上原価、販売費及び一般管理費を月次損益勘定に振り替えた。

問題 4 損益計算書の作成

　次に示す当社の年間の資料にもとづき、答案用紙の仕掛品勘定および損益計算書を完成させなさい。ただし、製造間接費の予定配賦から生じる原価差異は、売上原価に賦課するものとする。

資料

1. 直接工賃金当期支払高 142,800円
2. 直接材料当期仕入高 462,000円
3. 製造間接費当期実際発生額 88,200円
4. 売上高 1,120,000円
5. 販売費及び一般管理費 224,000円
6. 期首直接材料有高 25,200円
7. 期末直接材料有高 32,200円
8. 製造間接費当期予定配賦額 98,000円
9. 期首仕掛品有高 8,400円
10. 期末仕掛品有高 12,600円
11. 期首製品有高 28,000円
12. 期末製品有高 36,400円
13. 営業外収益 42,000円
14. 営業外費用 35,000円
15. 期首直接工賃金未払高 25,200円
16. 期末直接工賃金未払高 30,800円

問題 5 製造原価報告書の作成

　次の資料にもとづき、答案用紙の製造原価報告書を完成させるとともに、当期の売上原価を求めなさい。

資料

1．棚卸資産有高

		期首有高	期末有高
(1)	製　　　　品	364,000円	294,000円
(2)	仕　掛　品	145,600円	140,000円
(3)	工 場 消 耗 品	18,200円	15,400円
(4)	主 要 材 料	64,400円	？　円

　　　　主要材料期末帳簿棚卸数量　　800個　　主要材料期末実地棚卸数量　780個

　　　　主要材料期末 1 個あたり原価　100円

　　　材料棚卸減耗費のうち、5 分の 4 は製造原価とし、残りは非原価項目として処理する。

2．主要材料購入高	535,000円
3．工場消耗品購入高	77,000円

4．賃金

(1)	賃金支払高	515,200円
(2)	期首賃金未払高	33,600円
(3)	期末賃金未払高	39,200円

5．経費

(1)	①	電力料支払高	147,000円
	②	期首電力料未払高	19,600円
	③	期末電力料未払高	23,800円
(2)		運賃支払高	36,400円
(3)	①	保険料支払高	67,200円
	②	期末保険料前払高	16,800円
(4)		減価償却費(すべて製造関係)	95,200円

問題 1 　**材料副費**

★★★☆☆　　基本
答案用紙　P.6
解答・解説　P.2-1

日付	／	／	／
✓			

　A社では予定配賦により材料副費を材料の購入原価に含めている。材料120,000円（400個）を購入し、代金は小切手で支払う。以下の資料により、⑴購入代価を配賦基準とする場合の仕訳と勘定記入を示し、⑵購入数量を基準とする場合の仕訳を示しなさい。

📄 資料

1．材料購入予定（年間）　予定購入代価　2,000,000円
　　　　　　　　　　　　　予定数量　　　10,000個
2．材料副費予定額（年間）　　　　　　　　50,000円
3．材料副費実際発生額　　　　　　　　　　3,500円（現金で支払い）

3 労務費の基礎知識

　当工場の工員はすべて直接工であり、その労務費は実際消費賃率によって計算している。そこで、1. 当月の要支払額を計算し、2. 各取引の仕訳を示しなさい。なお、未払賃金について(1)未払賃金勘定で繰り越す方法と(2)賃金勘定で繰り越す方法のそれぞれについて答えなさい。ただし、仕訳が不要な場合には仕訳なしと借方の勘定科目欄に記入すること。

ア．前月末日における未払賃金は20,000円であった。

イ．給与支給日に直接工の賃金160,000円につき、源泉所得税等15,000円を差し引き、正味支給額を小切手を振り出して支払った。

ウ．当月末日における未払賃金は30,000円であった。

エ．直接工の当月就業時間はすべて直接作業時間であることが判明した。そこで、当月の賃金消費額を仕掛品勘定に振り替えた。

4 経費の基礎知識

| 問題 3 | 理論問題〜経費〜 |

★★☆☆☆　基本
答案用紙　P.7
解答・解説　P.2-3

日付	／	／	／
✓			

　次の2つの文章は経費会計について述べたものである。妥当と思われるものには○を、妥当と思われないものには×を記入しなさい。

ア．費目別計算においては、原価要素を原則として形態別分類を基礎とし、これを直接費と間接費とに大別し、さらに必要に応じて機能別分類を加味して分類する。このように分類すると、法定福利費(健康保険料負担金等)は間接経費に分類される。

イ．材料の棚卸減耗の原因が盗難であることが判明したため、この材料の購入原価を間接経費として製品原価に算入した。

Chapter 3 製造間接費と部門別計算の基本

Section 2 製造間接費の予定配賦

問題1 **基準操業度の選択**

★★☆☆☆ 基本
答案用紙 P.8
解答・解説 P.3-1

当社では、予定配賦率を用いて製造間接費を製品Xと製品Yに配賦している。次の資料にもとづき、製品Yへの製造間接費の配賦額を計算するとともに、製造間接費配賦差異の差異分析を行いなさい(有利差異・不利差異を示すこと)。ただし、当社では、製造間接費の配賦基準として機械時間を採用しており、期待実際操業度を基準操業度としている。

📋 資料

1. 当年度の予算に関する資料(固定予算による)
   製造間接費予算額　　1,800,000円
2. 基準操業度の算定に関する資料
   (1) 当社の工場は18台の機械からなり、1日5時間これらの機械を稼働させている。また、年間の稼働可能日数は210日であり、年間900時間の作業休止時間が見込まれる。
   (2) 製品の販売上予想される季節的な変動および景気循環期間全体を通じての需要の変動による生産量の増減を長期的に平均化した操業水準は、年間15,000時間である。
   (3) 当年度において予想される操業水準は、12,000時間である。
3. 当月の実績データ
   製品Xに対する当月機械時間　　700時間
   製品Yに対する当月機械時間　　450時間
   当月製造間接費実際発生額　　155,000円

問題 2　公式法変動予算と固定予算

★★★☆☆　基本
答案用紙　P.8
解答・解説　P.3-2

日付	/	/	/
✓			

　当工場では実際個別原価計算制度を採用している。製造間接費予算に①公式法変動予算を採用している場合、②固定予算を採用している場合における、配賦差異の分析を行いなさい。ただし、基準操業度はどちらの場合も月間3,500時間とする。

資料

①公式法変動予算

　変 動 費 率　　　　＠80円

　固定製造間接費　　245,000円

②固 定 予 算　　525,000円

③当月の実際操業度は 3,150 時間、実際発生額は 500,000 円であった。

問題 3　製造間接費の予定配賦と配賦差異

★★★☆☆　基本
答案用紙　P.9
解答・解説　P.3-3

日付	/	/	/
✓			

　当月の取引は、下記にすべて記している。当月の取引について、答案用紙の諸勘定に記入しなさい。なお、不要な空欄には何も記入しなくてよい。

取引

(1)　掛けで購入した材料7,000kg（購入価格210円／kg）のうち、主要材料（直接材料）として4,000kg、補助材料（間接材料）として2,000kgを出庫した。それぞれの材料について予定消費価格200円／kgを用いて消費額を計算している。なお、材料の月初有高は存在しなかった。また、当月末に棚卸減耗は生じていない。

(2)　直接工による労務費は予定総平均賃率1,300円／時間を用いて計算している。直接工の就業時間の内訳は、直接作業時間1,800時間、その他600時間であった。また、間接工の賃金消費額は、1,450,000円であった。

(3)　工場設備の減価償却費は、年額13,200,000円であり、当月に相当する額を計上している。

(4)　製造間接費は公式法変動予算を採用しており、直接作業時間を配賦基準として各製造指図書に予定配賦している。なお、当工場の製造間接費年間予算額は47,880,000円（うち固定費27,360,000円）、年間の予定総直接作業時間は22,800時間であり、製造間接費の月間予算額および月間予定総直接作業時間はその1／12である。

(5)　当月の製造間接費の実際発生額は上記の取引から各自集計すること。これにもとづき予定配賦により生じた差異を製造間接費勘定から予算差異勘定と操業度差異勘定に振り替える。

次のア．〜オ．の文章は製造間接費会計について述べたものである。妥当と思うものには○を、妥当でないと思うものには×を記入しなさい。

ア．実際原価計算制度において生ずる主要な原価差異としては、材料副費配賦差異、材料消費価格差異、材料数量差異、賃率差異、作業時間差異、製造間接費予算差異、操業度差異、能率差異がある。

イ．実際個別原価計算では、製造間接費は原則として予定配賦率を使用して各製造指図書に配賦する。

ウ．実際原価計算において生じた製造間接費の配賦差額は、原則として当年度の売上原価に賦課する。

エ．期待実際操業度とは、理論的生産能力から不可避的な作業休止による生産量の減少を差し引いて計算された、実現可能な最大操業水準である。

オ．平均操業度とは、次の1年間に予想される製品販売量を基礎として算定された操業水準である。

3 部門別計算の基礎知識

問題 5 **直接配賦法**

★☆☆☆☆ 基本
答案用紙　P.10
解答・解説　P.3-7

日付	/	/	/
✓			

当社では部門別原価計算を行っている。補助部門費の製造部門への配賦は直接配賦法によっている。次の資料にもとづき、補助部門費配賦表を完成させ、答案用紙の各勘定に記入しなさい。

📋 資料

補助部門費の配賦基準

配 賦 基 準	合 計	切削部	組立部	動力部	修繕部	事務部
動 力 消 費 量	1,000kWh	400kWh	400kWh	－	200kWh	－
修 繕 作 業 時 間	300時間	150時間	100時間	50時間	－	－
従 業 員 数	100人	30人	20人	20人	20人	10人

問題 6 **相互配賦法（簡便法）**

★★★☆☆ 基本
答案用紙　P.11
解答・解説　P.3-9

日付	/	/	/
✓			

当社では実際部門別個別原価計算を行っている。補助部門費の製造部門への配賦は簡便法としての相互配賦法によっている。次の資料にもとづき、補助部門費の製造部門への配賦を行った場合の補助部門費配賦表を作成しなさい。

📋 資料

	合 計	機械部	組立部	材料部	保全部	事務部
部 門 費	2,900,000円	1,000,000円	700,000円	600,000円	400,000円	200,000円
補助部門費配賦基準						
材 料 出 庫 量	1,500kg	500kg	700kg	－	300kg	－
保 全 時 間	400時間	200時間	150時間	50時間	－	－
従 業 員 数	110人	20人	50人	20人	10人	10人

階梯式配賦法～補助部門の順位付け～

★★★☆☆ 基本
答案用紙 P.11
解答・解説 P.3-10

日付	/	/	/
✓			

当社の東京工場では、製造間接費の製品への配賦について部門別に実際配賦している。

次の資料にもとづき、加工部門および組立部門への当月配賦額を求めなさい。

問1．補助部門の第1次集計費の多い部門ほど優先順位を高くする方法による場合。

問2．補助部門の他の補助部門への用役提供額が多い部門ほど優先順位を高くする方法による場合。

📋 資料

1．東京工場には2つの製造部門（加工部門と組立部門）の他に、2つの補助部門（動力部門と修繕部門）がある。

2．補助部門の製造部門への配賦については単一基準の階梯式配賦法によっている。なお、補助部門の実際用役提供量割合は次のとおりである。

	加工部門	組立部門	動力部門	修繕部門
電力供給量	40％	40％	－	20％
修繕時間	30％	45％	25％	－

3．補助部門費の実際発生額は次のとおりである。

動力部門	修繕部門
1,600万円	1,400万円

階梯式配賦法～勘定記入～

★★★☆☆ 基本
答案用紙 P.12
解答・解説 P.3-12

日付	/	/	/
✓			

当工場は切削部と仕上部の2つの製造部門と動力部、修繕部、事務部の3つの補助部門からなっている。次の資料にもとづき、階梯式配賦法による補助部門費配賦表を作成し、諸勘定への記入をしなさい。

📋 資料

1．各部門費に関するデータ

	切削部	仕上部	動力部	修繕部	事務部	合 計
部門個別費	600,000円	500,000円	200,000円	150,000円	135,000円	1,585,000円
部門共通費	350,000円	447,500円	255,000円	220,000円	77,500円	1,350,000円

2．配賦基準に関するデータ

	切削部	仕上部	動力部	修繕部	事務部	合 計
動力消費量	1,200kWh	1,800kWh	－	1,000kWh	－	4,000kWh
修繕作業時間	200時間	300時間	125時間	－	－	625時間
従業員数	50人	45人	40人	35人	30人	200人

3．補助部門の順位付けにおいては、まずは用役提供先数により、次いで第1次集計額による。

★★★☆☆　基本
答案用紙　P.13
解答・解説　P.3-14

日付	/	/	/
✓			

当社では2つの製造部門と3つの補助部門によって製品の製造を行っている。資料をもとに実際補助部門費配賦表を作成しなさい。なお、補助部門の配賦は、相互配賦法（連立方程式法）によって行っている。

📄 資料

各原価部門の部門費実際発生額および補助部門費配賦に関するデータは次のとおりである。

費　目	製　造　部　門		補　助　部　門		
	機　械　部	切　削　部	材料倉庫部	動　力　部	工場事務部
部　門　費（円）	5,200,000	7,050,000	252,900	352,200	210,000
材料出庫額（円）	676,000	390,000	–	234,000	–
動力消費量（kWh）	33,000	26,400	6,600	–	–
従業員数（人）	114	46	18	22	10

10 相互配賦法（連立方程式法）2

★★★☆☆ 基本
答案用紙　P.14
解答・解説　P.3-16

日付	/	/	/
✓			

　当社では実際部門別個別原価計算を行っている。製造部門として切削部門と組立部門を、補助部門として動力部門、修繕部門と事務部門を設けている。補助部門費の製造部門への配賦は連立方程式法による相互配賦法によっている。そこで、次の資料を参照して当月における実際補助部門費配賦表を作成し、各製造部門費勘定の借方の記入を示しなさい。

📋 資料

1. 部門個別費実際発生額

切削部門	組立部門	動力部門	修繕部門	事務部門
800,000円	750,000円	400,000円	360,000円	200,000円

2. 部門共通費実際配賦額

切削部門	組立部門	動力部門	修繕部門	事務部門
200,000円	150,000円	200,000円	60,000円	100,000円

3. 補助部門費の配賦基準

	切削部門	組立部門	動力部門	修繕部門	事務部門
動力消費量	3,000kWh	4,500kWh	–	2,500kWh	–
修繕時間	320時間	320時間	160時間	–	–
従業員数	60人	70人	30人	40人	30人

11 理論問題～原価の部門別計算～

★★☆☆☆ 基本
答案用紙　P.14
解答・解説　P.3-19

日付	/	/	/
✓			

　次の文章は『原価計算基準』から、原価の部門別に関する文章を一部抜粋したものである。空欄に入る適切な語句を解答しなさい。

1. 原価の部門別計算とは、費目別計算において把握された原価要素を、原価部門別に分類集計する手続をいい、原価計算における（　ア　）の計算段階である。
2. （　イ　）とは、直接製造作業の行なわれる部門をいい、製品の種類別、製品生成の段階、製造活動の種類別等にしたがって、これを各種の部門又は工程に分ける。
3. （　ウ　）とは、製造部門に対して補助的関係にある部門をいい、これを補助経営部門と（　エ　）部門とに分け、さらに機能の種類別等にしたがって、これを各種の部門に分ける。

問題
12
製造部門別予定配賦
（補助部門費・直接配賦法）

★★★☆☆　基本
答案用紙　P.15
解答・解説　P.3-19

日付	/	/	/
✓			

　当社では切削部と仕上部の2つの製造部門を有し、製造間接費の製品への配賦について機械作業時間にもとづいて部門別に予定配賦している。また、補助部門費の製造部門への配賦については直接配賦法によって実際配賦する。次の資料にもとづき、各問に答えなさい。

　なお、部門費実際発生額は答案用紙に印刷されている。

 資料

1．公式法変動予算

	切削部	仕上部	動力部	事務部	合　計
第1次集計額	269,000円	211,000円	80,000円	19,000円	579,000円
月間正常機械作業時間	500時間	800時間	－	－	1,300時間
月間正常電力消費量	450kWh	550kWh	－	－	1,000kWh
従 業 員 数	100人	90人	10人	5人	205人

(注)事務部門費はすべて固定費である。

2．予定配賦率のうち、切削部、仕上部の変動費率はそれぞれ@230円、@180円であった。

3．製造部門実際操業度

　　切削部：480時間

　　仕上部：810時間

4．補助部門実際用役提供量

	切削部	仕上部	動力部	事務部	合　計
従 業 員 数	100人	90人	10人	5人	205人
電力供給量	420kWh	530kWh	－	－	950kWh

問1．答案用紙の予算部門費配賦表に記入を行って完成させ、製造部門別予定配賦率を算定しなさい。

問2．実際製造部門費の集計を行って、答案用紙の実際部門費配賦表を完成させなさい。

問3．答案用紙の各勘定に記入を行いなさい。

問題 **13** 製造部門別予定配賦
（補助部門費・階梯式配賦法）

★★★★☆ 応用
答案用紙 P.16
解答・解説 P.3-22

日付	/	/	/
✓			

当社では切削部と仕上部の2つの製造部門を有し、製造間接費の製品への配賦については機械作業時間にもとづいて部門別に予定配賦している。また、補助部門費の製造部門への配賦については階梯式配賦法によって実際配賦する。次の資料にもとづき、各問に答えなさい。

なお、部門費実際発生額は答案用紙に印刷されている。

📋 資料

1．公式法変動予算

	切削部	仕上部	動力部	事務部	合　計
部　　門　　費	84,000円	117,000円	79,000円	20,000円	300,000円
月間正常機械作業時間	500時間	800時間	－	－	1,300時間
月間正常電力消費量	450kWh	550kWh	－	－	1,000kWh
従　業　員　数	100人	90人	10人	5人	205人

（注）事務部門費はすべて固定費である。

2．予定配賦率のうち、切削部、仕上部の変動費率はそれぞれ@140円、@112.5円であった。

3．製造部門実際操業度

　　切削部：480時間

　　仕上部：810時間

4．補助部門実際用役提供量

	切削部	仕上部	動力部	事務部	合　計
従　業　員　数	100人	90人	10人	5人	205人
電力供給量	420kWh	530kWh	－	－	950kWh

問1．答案用紙の予算部門費配賦表に記入を行って完成させ、製造部門別予定配賦率を算定しなさい。

問2．実際製造部門費の集計を行って、答案用紙の実際部門費配賦表を完成させなさい。

問3．答案用紙の各勘定に記入を行いなさい。

Chapter 4 個別原価計算

Section 1 個別原価計算の基礎知識

問題 1 **完成品原価と仕掛品原価**

★★☆☆☆ 基本
答案用紙 P.17
解答・解説 P.4-1

日付	/	/	/
✓			

次の資料にもとづき、11月の指図書別原価計算表を作成し、仕掛品勘定および製品勘定に記入しなさい。

📋 資料

1. 当社では全部実際個別原価計算制度を採用しており、11月の原価計算に関するデータは次のとおりである。

指図書No.	No.100		No.101	No.102	No.103
生産命令量	80個		90個	40個	20個
日　　付	10/20〜10/31	11/1〜11/6	10/21〜10/31	11/9〜11/22	11/20〜11/30
直接材料費	50,000円	—	40,000円	30,000円	20,000円
直接作業時間	60時間	20時間	100時間	40時間	30時間
直接労務費	18,000円	?	30,000円	?	?
製造間接費	24,000円	?	40,000円	?	?
合　　計	92,000円	?	110,000円	?	?
備　　考	10/20　製造着手 10/31　60個完成 11/6　20個完成 11/18　販売		10/21　製造着手 10/31　90個完成 11/24　販売	11/9　製造着手 11/22　40個完成 11/30　在庫	11/20　製造着手 11/30　10個完成

2. 直接工の1時間あたりの消費賃率は先月(10月)と同様である。

3. 製造間接費は直接作業時間を基準に予定配賦しており、1時間あたりの配賦率は先月と同様である。

4. 分割納入制は採用していない。

2 個別原価計算における仕損

仕損費の直接経費処理

★★★☆☆ 基本
答案用紙 P.18
解答・解説 P.4-2

日付	/	/	/
✓			

次の資料にもとづき、製造指図書No.100とNo.200に集計される製造原価の金額を計算しなさい。

📖 資料

1．当月の直接材料費関係の資料

当社では原材料甲の受入価格には予定価格を用いており、予定価格は@120円である。また、当月の原材料甲の各製造指図書への払出状況は以下のとおりである。

製造指図書No.100　11,000個　　製造指図書No.200　12,000個

製造指図書No.100-1　　0個　　製造指図書No.200-1　150個

2．当月の直接労務費関係の資料

当社では予定消費賃率を用いており、予定消費賃率は@1,000円である。また、当月の各製造指図書の直接作業時間は以下のとおりである。

製造指図書No.100　5,000時間　　製造指図書No.200　13,000時間

製造指図書No.100-1　120時間　　製造指図書No.200-1　100時間

3．当月の製造間接費関係の資料

当社では公式法変動予算を用いて製造間接費を管理している。また、各製造指図書への配賦にあたっては直接作業時間を基準に予定配賦を行っており、予定配賦率は@700円である。なお、製造間接費予算額には仕損費予算を含めていない。

4．その他に関する資料

(1) 作業屑の発生状況

・製造指図書No.100において作業屑が発生した。この作業屑の評価額は12,000円である。当該製造指図書の製造原価からこれを控除する。

・製造指図書No.200において作業屑が発生した。この作業屑の評価額は600円である。軽微なため、売却時に原価計算外の収益として処理する。

(2) 仕損の発生状況

・製造指図書No.100において補修可能な仕損が一部発生した。製造指図書No.100-1はこの補修のために発行された補修指図書である。

・製造指図書No.200において補修不能な仕損が一部発生した。製造指図書No.200-1はこの代品製造のために発行された代品製造製造指図書である。仕損品評価額は20,000円である。

問題 **3** 仕損費の間接経費処理

当社では特殊機械の受注生産を行っており、実際部門別個別原価計算を行っている。次の資料にもとづき、(イ)指図書別原価計算表を完成させるとともに、(ロ)原価計算関係諸勘定の記入を行い、(ハ)製造間接費－B製造部門の差異分析を行いなさい。

📄 資料

1．×8年10月期の指図書別データ

	No.101	No.102	No.103	No.104	No.105	No.106
月初仕掛品棚卸高 （円）	612,300	–	–	–	–	–
直接材料消費量 （kg）	240	2,160	3,120	36	2,400	672
直接作業時間 （時間）						
A製造部門	180	1,740	3,600	78	1,944	492
B製造部門	324	1,260	2,640	96	1,152	300
機械運転時間 （時間）						
A製造部門	240	1,320	2,220	144	1,194	180
B製造部門	168	1,920	2,520	120	2,160	456

2．当社は直接材料費は予定消費価格（＠300円）、直接労務費は予定消費賃率、製造間接費は予定配賦率によって計算を行っている。予定消費賃率および予定配賦率算定のための資料は次のとおりである。

	賃金手当年間予算額	製造間接費年間予算額	年間予定就業時間	年間予定直接作業時間	年間予定機械運転時間
A製造部門	50,000,000円	23,800,000円	100,000時間	68,000時間	47,600時間
B製造部門	29,000,000円	35,916,000円	72,500時間	46,400時間	87,600時間

（注）製造間接費は、A部門については直接作業時間、B部門については機械運転時間を基準に各指図書に配賦する。なお、B部門の製造間接費予算額には仕損費予算が含まれている。また、B製造部門の製造間接費予算のうち固定費は17,520,000円であり、月間予算は年間予算の $\frac{1}{12}$ である。

3．(1) 指図書No.104は、A製造部門においてNo.101の一部に仕損が生じたために発行した補修指図書である。

(2) 指図書No.105は、A製造部門において通常起こり得ない作業上の事故によりNo.102の全部が仕損となったために発行した代品製造指図書である。なお、仕損品の処分価格は指図書に集計された原価の10％と見積もられる。

(3) 指図書No.106は、B製造部門においてNo.103の一部が仕損となったために発行した代品製造指図書である。なお、仕損品の処分価格は、50,000円と見積もられる。

4．指図書No.103は当月末において仕掛中であり、その他はすべて完成した。

5．当月の製造間接費実際発生額（仕損費は除く）は次のとおりである。

A製造部門　2,950,000円　　B製造部門　2,134,240円

問題 4 理論問題 〜個別原価計算における仕損の処理〜

下記の文章は『原価計算基準』からの引用文である。(　　)内に入る適切な用語を、次の語群から選びなさい。

【語群】

旧製造指図書、新製造指図書、補修指図書、製造原価から控除、
製造原価を見積って、製造原価に賦課、製造原価に配賦

個別原価計算において、仕損が発生する場合には、原則として次の手続により仕損を計算する。

(1)　仕損が補修によって回復でき、補修のために補修指図書を発行する場合には、(　1　)に集計された製造原価を仕損費とする。

(2)　仕損が補修によって回復できず、代品を製作するために新たに製造指図書を発行する場合において

　　1．旧製造指図書の全部が仕損となったときは、(　2　)に集計された製造原価を仕損費とする。

　　2．旧製造指図書の一部が仕損となったときは、(　3　)に集計された製造原価を仕損費とする。

(3)　仕損の補修又は代品の製作のために別個の指図書を発行しない場合には、仕損の補修等に要する(　4　)これを仕損費とする。

　　前記(2)又は(3)の場合において、仕損品が売却価値又は利用価値を有する場合には、その見積額を控除した額を仕損費とする。

　　軽微な仕損については、仕損費を計上しないで、単に仕損品の見積売却価額又は見積利用価額を、当該製造指図書に集計された(　5　)するにとどめることができる。

総合原価計算の基本

Section

1 総合原価計算の基礎知識

問題 1. 月末仕掛品の評価（平均法・修正先入先出法）

★★★★☆ 基本
答案用紙 P.20
解答・解説 P.5-1

日付	/	/	/
✓			

当社の次の資料にもとづき、月末仕掛品原価の計算方法として平均法によった場合と修正先入先出法によった場合の完成品原価の差額を計算しなさい。

📄 資料

1．生産データ

月初仕掛品	1,000個	(0.5)
当月投入	9,000個	
合計	10,000個	
月末仕掛品	3,000個	(0.6)
完成品	7,000個	

（注）直接材料は工程の始点で投入している。仕掛品の（ ）は、加工進捗度を表している。

2．原価データ

	直接材料費	加工費
月初仕掛品	52,000円	16,760円
当月投入	450,000円	249,000円
合計	502,000円	265,760円

当社の次の資料にもとづき、月初仕掛品完成分の完成品単位原価、当月着手完成分の完成品単位原価を求めなさい。

📋 資料

1．生産データ

月初仕掛品	1,000個	(0.5)	
当月投入	9,000個		
合　計	10,000個		
月末仕掛品	3,000個	(0.6)	
完成品	7,000個		

（注）直接材料は工程の始点で投入している。（　　　）は加工進捗度を表している。

2．原価データ

	直接材料費	加工費
月初仕掛品	52,000円	16,760円
当月投入	450,000円	249,000円
合　計	502,000円	265,760円

3．原価配分方法として、純粋先入先出法を採用している。

追加材料の処理（平均的投入・終点投入）

★★★★☆ 応用
答案用紙　P.20
解答・解説　P.5-3

日付	／	／	／
✓			

当社では、工程の始点でＡ材料を、工程を通じて平均的にＢ材料と、工程の終点においてＣ材料を投入して単一製品を製造しており、単純総合原価計算によって製品原価を計算している。追加材料の投入による生産量の増加はないものとし、次の資料にもとづいて、当月の完成品原価を計算しなさい。

📋 資料

1. 生産データ

月初仕掛品	500個	(0.7)
当月投入	2,080個	
合　計	2,580個	
月末仕掛品	380個	(0.5)
完成品	2,200個	

（注）仕掛品の（　）は、加工進捗度を表している。

2. 原価データ

	Ａ材料費	Ｂ材料費	Ｃ材料費	加工費
月初仕掛品	99,750円	43,600円	？円	83,300円
当月投入	457,600円	285,600円	120,640円	489,600円
合　計	557,350円	329,200円	？円	572,900円

3. 仕掛品原価の計算には先入先出法を採用している。

問題 4　追加材料の処理（途中点投入）

★★★★☆　応用
答案用紙　P.20
解答・解説　P.5-4

日付	/	/	/
✓			

　当社は、Ｘ材料を工程の始点において投入加工しているが、その他、Ｙ材料を工程の途中点（加工進捗度40％の点）で投入し、Ｚ材料を工程の終点で投入している。追加材料の投入による生産量の増量はないものとし、次の資料により、当月の完成品原価および完成品単位原価を計算しなさい。

📖 資料

1．生産データ

月初仕掛品	2,000個(0.3)
当 月 投 入	13,000個
合　　　計	15,000個
月末仕掛品	4,000個(0.6)
当月完成品	11,000個

　（注）仕掛品の（　）は、加工進捗度を表している。

2．原価データ

	Ｘ材料費	Ｙ材料費	Ｚ材料費	加工費	合　計
月初仕掛品	？ 円	？ 円	？ 円	20,000円	123,000円
当月投入	650,000円	585,000円	50,000円	384,000円	1,669,000円
合　計	？ 円	？ 円	？ 円	404,000円	1,792,000円

3．仕掛品の計算には先入先出法を採用している。

4．計算上、端数が生じる場合には小数点以下第3位を四捨五入し、第2位までを示すこと。

 問題 5　理論問題〜単純総合原価計算〜

★★★☆☆　基本
答案用紙　P.20
解答・解説　P.5-5

日付	/	/	/
✓			

　次の文章は『原価計算基準』から、単純総合原価計算に関する文章を一部抜粋したものである。空欄に入る適切な語句を解答しなさい。

　単純総合原価計算は、（　ア　）製品を（　イ　）的に生産する生産形態に適用する。単純総合原価計算にあっては、一原価計算期間に発生したすべての原価要素を集計して当期製造費用を求め、これに（　ウ　）原価を加え、この合計額を、完成品と期末仕掛品とに分割計算することにより、完成品総合原価を計算し、これを製品単位に均分して（　エ　）を計算する。

Section

1 仕損・減損の処理〜度外視法〜

問題 **1** 正常減損度外視法 〜 減損が定点で発生〜

★★★★☆ 基本
答案用紙 P.21
解答・解説 P.6-1

日付	/	/	/
✓			

　当社の次の資料にもとづき、各問における月末仕掛品原価、完成品総合原価および完成品単位原価を求めなさい。なお、解答数値に端数が生じる場合には、円未満の端数を四捨五入すること。

🗎 資料

1．生産データ

月初仕掛品	900kg	(0.6)
当月投入	5,850	
計	6,750kg	
正常減損	450	
月末仕掛品	1,800	(0.8)
完成品	4,500kg	

　(注)材料は工程の始点で投入している。(　)は加工進捗度を表している。

2．原価データ

	直接材料費	加工費
月初仕掛品	128,250円	101,700円
当月投入	789,750円	1,053,000円
合計	918,000円	1,154,700円

3．原価配分方法として、先入先出法を採用している。

4．正常減損の処理方法として、度外視法を採用している。正常減損費の負担については、月末仕掛品の加工進捗度を考慮するものとする。

5．正常減損は当月投入分からのみ生じたものとする。

問1　正常減損が工程の終点で発生した場合
問2　正常減損が工程の50％点で発生した場合

正常減損度外視法 ～ 減損が平均的に発生～

　当社の次の資料にもとづき、月末仕掛品原価、完成品総合原価および完成品単位原価を求めなさい。なお、解答数値に端数が生じる場合には、円未満の端数を四捨五入すること。

📋 資料

1．生産データ

月初仕掛品	900kg	(0.6)
当月投入	5,850	
計	6,750kg	
正常減損	450	
月末仕掛品	1,800	(0.8)
完成品	4,500kg	

　(注)材料は工程の始点で投入している。(　)は加工進捗度を表している。

2．原価データ

	直接材料費	加工費
月初仕掛品	128,250円	101,700円
当月投入	789,750円	1,053,000円
合計	918,000円	1,154,700円

3．原価配分方法として、先入先出法を採用している。

4．正常減損の処理方法として、度外視法を採用している。

5．正常減損は減損率は安定していないものの工程を通じて平均的に発生している。なお、正常減損は当月投入分からのみ生じたものとする。

★★★☆☆ 基本
答案用紙 P.21
解答・解説 P.6-4

日付	/	/	/
✓			

当社の次の資料にもとづき、月末仕掛品原価、異常仕損費、完成品総合原価および完成品単位原価を求め、仕掛品勘定に記入しなさい。なお、解答数値に端数が生じる場合には、円未満の端数を四捨五入すること。

📋 資料

1．生産データ

月初仕掛品	900個	(0.6)
当月投入	5,850	
計	6,750個	
異常仕損	450	
月末仕掛品	1,800	(0.8)
完成品	4,500個	

（注）材料は工程の始点で投入している。（　）は加工進捗度を表している。

2．原価データ

	直接材料費	加工費
月初仕掛品	128,250円	101,700円
当月投入	789,750円	1,053,000円
合計	918,000円	1,154,700円

3．原価配分方法として、先入先出法を採用している。

4．異常仕損は工程の終点で発生した。なお、異常仕損は当月投入分からのみ生じたものとする。

5．異常仕損品に処分価値はない。

2 仕損・減損の処理〜非度外視法〜

問題 4 正常減損非度外視法 〜 減損が定点で発生〜

★★★★☆ 基本
答案用紙 P.22
解答・解説 P.6-5

日付	/	/	/
✓			

当社の次の資料にもとづき、各問における月末仕掛品原価、完成品総合原価および完成品単位原価を求めなさい。なお、解答数値に端数が生じる場合には、円未満の端数を四捨五入すること。

📖 資料

1. 生産データ

月初仕掛品	900kg	(0.6)
当月投入	5,850	
計	6,750kg	
正常減損	450	
月末仕掛品	1,800	(0.8)
完成品	4,500kg	

(注)材料は工程の始点で投入している。( )は加工進捗度を表している。

2. 原価データ

	直接材料費	加工費
月初仕掛品	128,250円	101,700円
当月投入	789,750円	1,053,000円
合計	918,000円	1,154,700円

3. 原価配分方法として、先入先出法を採用している。

4. 正常減損の処理方法として、非度外視法を採用している。

5. 正常減損は当月投入分からのみ生じたものとする。

問1 正常減損が工程の終点で発生した場合

問2 正常減損が工程の50%点で発生した場合

当社の次の資料にもとづき、月末仕掛品原価、完成品総合原価および完成品単位原価を求めなさい。なお、解答数値に端数が生じる場合には、円未満の端数を四捨五入すること。

資料

1．生産データ

月初仕掛品	900kg	(0.6)
当月投入	5,850	
計	6,750kg	
正常減損	450	
月末仕掛品	1,800	(0.8)
完成品	4,500kg	

（注）材料は工程の始点で投入している。（　）は加工進捗度を表している。

2．原価データ

	直接材料費	加工費
月初仕掛品	128,250円	101,700円
当月投入	789,750円	1,053,000円
合計	918,000円	1,154,700円

3．原価配分方法として、先入先出法を採用している。

4．正常減損の処理方法として、非度外視法を採用している。

5．正常減損は減損率は安定していないものの工程を通じて平均的に発生している。

問題 6 理論問題
〜総合原価計算における減損費の処理〜

★★★☆☆ 基本
答案用紙　P.22
解答・解説　P.6-9

日付	/	/	/
✓			

総合原価計算における正常減損費の処理に関する次の各文章について、正しいと思われるものには○、誤っていると思われるものには×を記入しなさい。

1．正常減損が製造工程の終点で発生した場合で、理論的に望ましいと考えられる負担関係により正常減損費を良品に負担させるとき、完成品総合原価の計算結果は正常減損非度外視法と正常減損度外視法のいずれによっても同じになる。

2．正常減損が製造工程途中の定点で発生した場合で、正常減損費を完成品と月末仕掛品に負担させるとき、完成品総合原価の計算結果は正常減損非度外視法と正常減損度外視法のいずれによっても同じになる。

3．正常減損が製造工程の始点で発生した場合で、理論的に望ましいと考えられる負担関係により正常減損費を良品に負担させるとき、完成品総合原価の計算結果は正常減損非度外視法と正常減損度外視法のいずれによっても同じになる。

4．正常減損が製造工程において平均的に発生した場合で、正常減損費を完成品と月末仕掛品に負担させるとき、完成品総合原価の計算結果は正常減損非度外視法と正常減損度外視法のいずれによっても同じになる。

5．正常減損度外視法は、減損の発生を度外視する方法であるため、異常な状態を原因とする減損による損失を独立して計算することはない。

減損の安定的発生

当社の次の資料にもとづき、仕掛品勘定に記入しなさい。なお、解答数値に端数が生じる場合には、円未満の端数を四捨五入すること。

📋 資料

1．生産データ

月初仕掛品	0kg	
当 月 投 入	4,500	
計	4,500kg	
正 常 減 損	360	
月末仕掛品	1,440	(0.4)
完 成 品	2,700kg	

（注）原料は工程の始点で投入している。（　　）は加工進捗度を表している。

2．原価データ

	原料費	加工費
当 月 投 入	90,000円	85,950円

3．正常減損の処理方法として、非度外視法を採用している。

4．正常減損は加工作業の進捗に比例して安定的に生じる。なお、歩留率は90％である（投入量1kgに対して完成品は0.9kgである）。

問題 **8** 正常仕損度外視法（仕損品評価額あり）
〜仕損が定点で発生〜

★★★★★　応用
答案用紙　P.23
解答・解説 P.6-12

日付	/	/	/
✓			

　当社の次の資料にもとづき、月末仕掛品原価、完成品総合原価および完成品単位原価を求め、仕掛品勘定に記入しなさい。なお、解答数値に端数が生じる場合には、円未満の端数を四捨五入すること。

📄 **資料**

1．生産データ

月初仕掛品	900個	(0.6)
当 月 投 入	5,850	
計	6,750個	
正 常 仕 損	450	
月末仕掛品	1,800	(0.8)
完 成 品	4,500個	

（注）材料は工程の始点で投入している。（　　）は加工進捗度を表している。

2．原価データ

	直接材料費	加 工 費
月初仕掛品	128,250円	101,700円
当 月 投 入	789,750円	1,053,000円
合 計	918,000円	1,154,700円

3．原価配分方法として、先入先出法を採用している。

4．正常仕損の処理方法として、度外視法を採用している。正常仕損費の負担については、月末仕掛品の加工進捗度を考慮するものとする。

5．正常仕損は工程の50％点で発生している。なお、正常仕損は当月投入分からのみ生じたものとする。

6．正常仕損品には1個あたり@90円の処分価値がある。これは主として材料の価値に依存するものである。

問題 9　正常仕損非度外視法（仕損品評価額あり）　〜仕損が定点で発生〜

★★★★★　応用
答案用紙　P.23
解答・解説　P.6-14

日付	/	/	/
✓			

当社の次の資料にもとづき、月末仕掛品原価、完成品総合原価および完成品単位原価を求め、仕掛品勘定に記入しなさい。なお、解答数値に端数が生じる場合には、円未満の端数を四捨五入すること。

📄 資料

1．生産データ

月初仕掛品	900個	（0.6）
当月投入	5,850	
計	6,750個	
正常仕損	450	
月末仕掛品	1,800	（0.8）
完成品	4,500個	

（注）材料は工程の始点で投入している。（　）は加工進捗度を表している。

2．原価データ

	直接材料費	加工費
月初仕掛品	128,250円	101,700円
当月投入	789,750円	1,053,000円
合計	918,000円	1,154,700円

3．原価配分方法として、先入先出法を採用している。

4．正常仕損の処理方法として、非度外視法を採用している。

5．正常仕損は工程の50％点で発生している。なお、正常仕損は当月投入分からのみ生じたものとする。

6．正常仕損品には1個あたり@90円の処分価値がある。これは主として材料の価値に依存するものである。

異常仕損と正常仕損の同月内発生（度外視法）

当社の次の資料にもとづき、異常仕損費、月末仕掛品原価、完成品総合原価および完成品単位原価を求め、仕掛品勘定に記入しなさい。なお、解答数値に端数が生じる場合には、円未満の端数を四捨五入すること。

📄 資料

1．生産データ

月初仕掛品	100個	(0.6)
当 月 投 入	1,200	
計	1,300個	
正 常 仕 損	100	
異 常 仕 損	100	
月末仕掛品	200	(0.5)
完 成 品	900個	

（注）材料は工程の始点で投入している。（　　）は加工進捗度を表している。

2．原価データ

	直接材料費	加　工　費
月初仕掛品	22,000円	17,938円
当 月 投 入	240,000円	300,000円
合　計	262,000円	317,938円

3．原価配分方法として、先入先出法を採用している。

4．正常仕損の処理方法として、度外視法を採用している。正常仕損費の負担については、月末仕掛品の加工進捗度を考慮するものとし、異常仕損品には正常仕損費を負担させない。

5．正常仕損は工程の20％点、異常仕損は工程の40％点で発生している。なお、仕損は当月投入分からのみ生じたものとする。

6．正常仕損品には総額で10,000円の処分価値がある。これは主として材料の価値に依存するものである。なお、異常仕損品には処分価値はない。

問題 11 異常仕損と正常仕損の同月内発生（非度外視法）

★★★☆☆　応用
答案用紙　P.24
解答・解説　P.6-18

日付	/	/	/
✓			

当社の次の資料にもとづき、異常仕損費、月末仕掛品原価、完成品総合原価および完成品単位原価を求め、仕掛品勘定に記入しなさい。なお、解答数値に端数が生じる場合には、円未満の端数を四捨五入すること。

資料

1. 生産データ

月初仕掛品	200個	(0.2)
当月投入	5,800	
計	6,000個	
正常仕損	400	
異常仕損	100	
月末仕掛品	500	(0.8)
完成品	5,000個	

(注)材料は工程の始点で投入している。（　）は加工進捗度を表している。

2. 原価データ

	直接材料費	加工費
月初仕掛品	56,000円	8,400円
当月投入	1,744,000円	1,101,600円
合計	1,800,000円	1,110,000円

3. 原価配分方法として、平均法を採用している。

4. 正常仕損の処理方法として、非度外視法を採用している。

5. 正常仕損費を異常仕損品に負担させるか否かは、それぞれの仕損の発生点を考慮して判断する。
なお、正常仕損は工程の25％点、異常仕損は工程の50％点で発生している。

6. 正常仕損品には総額で11,200円の処分価値がある。これは主として材料の価値に依存するものである。なお、異常仕損品には処分価値はない。

Chapter 6

総合原価計算における仕損・減損

Section

1 工程別総合原価計算 ～累加法～

 累加法

★★★★☆	基本
答案用紙　P.25	
解答・解説　P.7-1	

日付	/	/	/
✓			

当社では、累加法による工程別総合原価計算によって製品原価の計算を行っている。以下の資料にもとづいて、答案用紙の諸勘定に記入し、完成品単位原価および月末仕掛品原価を求めなさい。

📋 資料

1．生産データ

第1工程		第2工程	
月初仕掛品	500kg（50％）	月初仕掛品	200kg（20％）
当月投入	2,400kg	当工程受入	2,000kg
合　計	2,900kg	合　計	2,200kg
正常減損	100kg（40％）	正常減損	100kg
月末仕掛品	400kg（80％）	月末仕掛品	300kg（40％）
完成品	2,400kg	完成品	1,800kg

（注）（　）は仕掛品の加工進捗度または減損の発生点を表している。

また第2工程の減損は、工程を通じて平均的に発生している。

2．原価データ

	直接材料費	加工費	前工程費
第1工程			
月初仕掛品	266,400円	166,560円	–
当月投入	1,296,000円	1,677,600円	–
合　計	1,562,400円	1,844,160円	
第2工程			
月初仕掛品	–	85,464円	252,372円
当月投入	–	4,113,000円	?　円
合　計	4,198,464円		?　円

3．その他のデータ

(1) 原価配分は、平均法による。

(2) 材料は第1工程の始点ですべて投入している。

(3) 正常減損費の処理は度外視法による。正常減損費を月末仕掛品にも負担させるか否かは、月末仕掛品の加工進捗度と減損の発生点を考慮して判断している。

累加法〜工程間振替での予定価格の適用〜

当社は、製品Xを生産しており、工程別総合原価計算を採用している。すでに製品Xに関する第1工程の原価計算を完了し、これから第2工程の原価計算を実施しようとしている。当月の第1工程完成品はすべて予定価格@245円で第2工程に振り替えている。第2工程に関する次の資料にもとづいて、製品Xの完成品総合原価を計算し、振替差異（借方差異、貸方差異を明示すること）を求めなさい。

📋 資料

1．生産データ

月初仕掛品	100kg	（50％）
当月投入	900kg	
合計	1,000kg	
正常減損	20kg	（平均的に発生）
月末仕掛品	100kg	（60％）
完成品	880kg	

2．原価データ

	前工程費	加工費
月初仕掛品	24,500円	11,000円
当月投入	？円	212,250円
合計	？円	223,250円

3．その他

(1) 原価配分は、平均法による。

(2) 正常減損費の処理は度外視法による。

(3) 仕掛品の（ ）は、加工進捗度を表している。

(4) 当月の第1工程完成品総合原価の実際発生額は217,290円であった。

★★☆☆☆　基本
答案用紙　P.25
解答・解説　P.7-3

日付	/	/	/
✓			

次の文章は『原価計算基準』から、工程別総合原価計算に関する文章を一部抜粋したものである。空欄に入る適切な語句を解答しなさい。

　総合原価計算において、製造工程が二以上の連続する工程に分けられ、工程ごとにその工程製品の総合原価を計算する場合には、一工程から次工程へ振り替えられた工程製品の総合原価を、（　ア　）又は（　イ　）として次工程の製造費用に加算する。この場合、工程間に振り替えられる工程製品の計算は、（　ウ　）又は正常原価によることができる。

当工場では2つの工程を経て製品Sを製造しており、累加法による工程別総合原価計算を採用している。次の資料にもとづいて、仕掛品勘定を完成しなさい。

📋資料

1．直接材料費（当月に棚卸減耗は生じていない）

材料 X	月初有高		当月仕入高		月末有高
	単価	数量	単価	数量	
	1,358 円	120 個	1,374 円	900 個	60 個

材料Xは第1工程のみで使用される。材料の払出単価の計算は先入先出法による。

2．加工費

加工費は直接作業時間を配賦基準として正常配賦している。

	正常配賦率	直接作業時間	実際発生額
第1工程	1,220 円／時間	654 時間	800,700 円
第2工程	1,540 円／時間	757 時間	1,172,590 円

3．仕掛品

月初有高	月末有高	第2工程への投入量
230 個（516,680 円）	350 個	820 個

当工場の仕掛品とは、第1工程と第2工程の間にバッファーとしてある第1工程完成品在庫のことをいい、各工程内に月初・月末仕掛品は存在しない。なお、第1工程完成品の払出単価の計算は先入先出法による。

4．各工程の完成量

第1工程	第2工程
940 個	810 個

各工程の終点で正常仕損が生じている（正常仕損品に処分価値はなかった）。

2 工程別総合原価計算 〜非累加法〜

問題 5	非累加法 〜累加法と計算結果が一致する方法〜	★★☆☆☆ 基本 答案用紙　P.26 解答・解説　P.7-6	日付	/	/	/
			✓			

　当社では、非累加法による工程別総合原価計算によって製品原価の計算を行っている。当社の採用している非累加法は、累加法によるときの計算結果と一致する計算方式である。以下の資料にもとづいて、最終工程の完成品単位原価を求め、諸勘定に記入しなさい。なお、解答数値に端数が生じる場合には、円未満の端数を四捨五入すること。

📋 資料

1．生産データ

第1工程			第2工程		
月初仕掛品	250個	（40％）	月初仕掛品	240個	（60％）
当月投入	930		当月投入	980	
合　計	1,180個		合　計	1,220個	
月末仕掛品	200	（60％）	月末仕掛品	220	（50％）
完成品	980個		完成品	1,000個	

（注）（　）は仕掛品の加工進捗度を表している。

2．原価データ

	第1工程		第2工程
	直接材料費	加工費	加工費
月初仕掛品			
第1工程	236,270円	119,820円	―
第2工程	226,520円	293,680円	124,424円
当月投入	882,570円	1,208,000円	841,386円
合　計	1,345,360円	1,621,500円	965,810円

3．その他のデータ

(1) 原価配分は、先入先出法による。

(2) 直接材料は第1工程の始点ですべて投入している。

問題 6　非累加法
～工程全体を単一工程とみなす方法～

★☆☆☆☆　基本
答案用紙　P.27
解答・解説　P.7-8

日付	/	/	/
✓			

　当社では、非累加法による工程別総合原価計算によって製品原価の計算を行っている。当社の採用している非累加法は、累加法によるときの計算結果とは一致しない通常の計算方式である。以下の資料にもとづいて、最終工程の完成品単位原価を求め、諸勘定に記入しなさい。なお、解答数値に端数が生じる場合には、円未満の端数を四捨五入すること。

📑 資料

1．生産データ

第1工程			第2工程		
月初仕掛品	250個	（40%）	月初仕掛品	240個	（60%）
当月投入	930		当月投入	980	
合計	1,180個		合計	1,220個	
月末仕掛品	200	（60%）	月末仕掛品	220	（50%）
完成品	980個		完成品	1,000個	

（注）（　）は仕掛品の加工進捗度を表している。

2．原価データ

	第1工程		第2工程
	直接材料費	加工費	加工費
月初仕掛品			
第1工程	240,000円	120,000円	―
第2工程	230,400円	288,000円	124,560円
当月投入	878,600円	1,213,400円	841,140円
合計	1,349,000円	1,621,400円	965,700円

3．その他のデータ

（1）原価配分は、平均法による。

（2）直接材料は第1工程の始点ですべて投入している。

当社では、非累加法による工程別総合原価計算によって製品原価の計算を行っている。当社の採用している非累加法は、累加法によるときの計算結果とは一致しない通常の計算方式である。以下の資料にもとづいて、最終工程の完成品原価を求め、諸勘定に記入しなさい。なお、解答数値に端数が生じる場合には、円未満の端数を四捨五入すること。

📄 資料

1．生産データ

第1工程			第2工程		
月初仕掛品	240kg	（60％）	月初仕掛品	180kg	（60％）
当月投入	1,440		当月投入	1,200	
合　計	1,680kg		合　計	1,380kg	
正常減損	120		正常減損	96	
月末仕掛品	360	（40％）	月末仕掛品	180	（70％）
完成品	1,200kg		完成品	1,104kg	

（注）（　）は仕掛品の加工進捗度を表している。

2．原価データ

	第1工程		第2工程
	直接材料費	加工費	加工費
月初仕掛品			
第1工程	264,000円	316,800円	－
第2工程	207,000円	243,000円	43,200円
当月投入	1,728,000円	3,036,000円	511,560円
合　計	2,199,000円	3,595,800円	554,760円

3．その他のデータ

(1) 原価配分は、先入先出法による。

(2) 直接材料は第1工程の始点ですべて投入している。

(3) 正常減損費の処理は度外視法による。ただし、正常減損費はその発生点にかかわらず、すべて最終工程の完成品にのみ負担させる。

(4) 正常減損は各工程の終点で発生した。なお、正常減損は当月投入分からのみ生じたものとする。

3 加工費工程別総合原価計算

 加工費工程別総合原価計算 1

　当社では、累加法による加工費工程別総合原価計算によって製品原価の計算を行っている。以下の資料にもとづいて、最終工程の完成品単位原価を求めなさい。なお、解答数値に端数が生じる場合には、円未満の端数を四捨五入すること。

📄 **資料**

1．生産データ

第1工程			第2工程		
月初仕掛品	800kg	（30％）	月初仕掛品	1,600kg	（60％）
当月投入	6,700		当月投入	6,800	
合　計	7,500kg		合　計	8,400kg	
月末仕掛品	700	（70％）	月末仕掛品	1,400	（80％）
完成品	6,800kg		完成品	7,000kg	

　（注）（　）は仕掛品の加工進捗度を表している。

2．原価データ

	直接材料費	自工程加工費	前工程加工費
第1工程			
月初仕掛品	477,400円	164,600円	―
当月投入	4,174,100円	4,935,000円	―
第2工程			
月初仕掛品	954,800円	627,700円	972,000円
当月投入	―	4,654,000円	？

3．その他のデータ

　(1)　原価配分は、先入先出法による。
　(2)　直接材料は第1工程の始点ですべて投入している。

加工費工程別総合原価計算2 ～仕損～

当社では、累加法による加工費工程別総合原価計算によって製品原価の計算を行っている。以下の資料にもとづいて、異常仕損費および最終工程の完成品原価を求めなさい。なお、解答数値に端数が生じる場合には、円未満の端数を四捨五入すること。

📑 資料

1. 生産データ

第1工程			第2工程		
月初仕掛品	250個	(40%)	月初仕掛品	350個	(80%)
当月投入	2,070		当月投入	1,900	
合計	2,320個		合計	2,250個	
正常仕損	100		正常仕損	160	
異常仕損	―		異常仕損	40	
月末仕掛品	320	(75%)	月末仕掛品	200	(50%)
完成品	1,900個		完成品	1,850個	

(注)（　）は仕掛品の加工進捗度を表している。

2. 原価データ

	直接材料費	自工程加工費	前工程加工費
第1工程			
月初仕掛品	68,500円	72,200円	―
当月投入	558,900円	1,465,900円	―
第2工程			
月初仕掛品	97,300円	24,000円	276,920円
当月投入	―	617,100円	?

3. その他のデータ

(1) 原価配分は、先入先出法による。

(2) 直接材料は第1工程の始点ですべて投入している。

(3) 正常仕損費の処理は度外視法による。ただし、材料費の計算において、正常仕損費はその発生点にかかわらず、すべて最終工程の完成品にのみ負担させる。また、加工費の計算において、正常仕損費の負担関係については、月末仕掛品の加工進捗度を考慮するものとし、異常仕損品には負担させない。

(4) 仕損はいずれも各工程の終点で発生した。なお、仕損は当月投入分からのみ生じたものとする。また、仕損品に処分価値はない。

Chapter 8 組別・等級別総合原価計算

Section 1 組別総合原価計算

問題 1 組別総合原価計算

★★★☆☆ 基本
答案用紙 P.29
解答・解説 P.8-1

日付	/	/	/
✓			

当社では2種の異なる製品A、Bを量産しており、組別総合原価計算により製品原価を計算している。次の資料にもとづいて、各設問に答えなさい。

📋 資料

1．生産データ

	製品A		製品B	
月初仕掛品	200個	（20％）	500個	（50％）
当月投入	2,000		2,400	
合　計	2,200個		2,900個	
月末仕掛品	300	（40％）	400	（80％）
完成品	1,900個		2,500個	

〔注〕（　）は進捗度を表している。

2．原価データ

(1) 月初仕掛品原価

	製品A	製品B
直接材料費	106,000円	265,400円

(2) 当社では材料Xを製品Aの、材料Yを製品Bの主要材料として使用し、これを工程の始点で投入している。当月における材料消費量は材料X 530kg、材料Y 1,200kgである。なお、各材料の予定価格は材料X 2,000円／kg、材料Y 1,050円／kgである。

(3) 直接工総平均賃率は1,300円／時間であり、直接作業時間は製品A 460時間、製品B 540時間である。

(4) 製造間接費は組間接費として処理し、直接作業時間を基準に各製品に配賦している。当月の製造間接費の実際発生額は1,800,000円である。

(5) 原価配分は平均法による。

問1．組間接費を実際配賦しているものとして、各製品の完成品原価を計算しなさい。なお、月初仕掛品の加工費は、製品A 28,400円、製品B 161,820円とする。

問2．組間接費を予定配賦しているものとして、各製品の完成品原価を計算しなさい。なお、月初仕掛品の加工費は、製品A 27,160円、製品B 160,620　円とする。また、年間製造間接費予算は23,100,000円、年間正常直接作業時間は13,200時間とする。

Chapter 8 組別・等級別総合原価計算

8-1

工程別組別総合原価計算

★★★☆☆ 応用
答案用紙 P.29
解答・解説 P.8-4

日付 / / /
✓

当社では2種の異なる製品X、Yを量産しており、累加法による工程別組別総合原価計算により製品原価を計算している。次の資料にもとづいて、各製品の完成品原価を計算しなさい。なお、解答数値に端数が生じる場合には、円未満の端数を四捨五入すること。

📋 資料

1. 生産データ

| | 第1工程 | | 第2工程 | |
	製品X	製品Y	製品X	製品Y
月初仕掛品	250kg（40％）	900kg（50％）	―	―
当 月 投 入	4,350	4,900	4,000kg	5,000kg
合 計	4,600kg	5,800kg	4,000kg	5,000kg
月末仕掛品	500 （80％）	800 （40％）	400 （60％）	500 （60％）
正 常 減 損	100 （50％）	―	―	200 （100％）
完 成 品	4,000kg	5,000kg	3,600kg	4,300kg

（注）（ ）は仕掛品の加工進捗度または減損の発生点を表している。

2. 原価データ

(1) 月初仕掛品原価

| | 第1工程 | |
	製品X	製品Y
直接材料費	105,000円	389,000円
加 工 費	95,000円	332,600円

(2) 当月の直接材料払出単価と直接工平均賃率

直接材料 400円/kg

第1工程直接工 1,200円/時間 第2工程直接工 1,100円/時間

(3) 組間接費の配賦

製造間接費は組間接費として処理し、工程ごとに予定配賦している。

	第1工程	第2工程
年間製造間接費予算	30,000,000円	64,800,000円
年 間 基 準 操 業 度	60,000直接作業時間	108,000機械作業時間

(4) 当月の実際作業時間

| | 第1工程 | | 第2工程 | |
	製品X	製品Y	製品X	製品Y
直接作業時間	2,610時間	1,948時間	1,152時間	1,440時間
機械作業時間	1,305時間	1,461時間	4,608時間	3,840時間

3. その他のデータ

(1) 原価配分は、平均法による。

(2) 材料は第1工程の始点ですべて投入している。

(3) 正常減損費の処理は度外視法による。正常減損費の負担関係については、月末仕掛品の加工進捗度を考慮するものとする。

2 等級別総合原価計算

問題 3 単純総合原価計算に近い方法① 〜第1法〜

★★☆☆☆ 基本
答案用紙 P.30
解答・解説 P.8-6

日付	/	/	/
✓			

当社では、等級製品 X、Y を生産しており、等級別総合原価計算を実施している。次の資料にもとづいて、各等級製品の完成品原価と月末仕掛品原価を計算しなさい。なお、解答数値に端数が生じる場合には、円未満の端数を四捨五入すること。

📋 資料

1. 生産データ

月初仕掛品	640個	(0.6)
当月投入	5,160	
計	5,800個	
正常仕損	100	
月末仕掛品	700	(0.8)
完成品	5,000個	(製品X 3,000個、製品Y 2,000個)

（注）（ ）は仕掛品の加工進捗度を表している。

2. 原価データ

	直接材料費	加工費
月初仕掛品	39,200円	29,840円
当月投入	511,800円	304,100円
合計	551,000円	333,940円

3. 等価係数

等価係数は、下記の各等級製品の重量にもとづいて算定しており、この等価係数を基礎として、一括的に把握された完成品原価を各等級製品に按分する。

	製品X	製品Y
当月完成品重量	6,000kg	3,600kg

4. その他のデータ

(1) 原価配分は平均法による。

(2) 材料は工程の始点ですべて投入している。

(3) 正常仕損費の処理は度外視法による。正常仕損費の負担関係については、月末仕掛の加工進捗度を考慮するものとする。

(4) 正常仕損は工程の終点で発生した。また、仕損品に処分価値はない。

組別総合原価計算に近い方法 ～第2法～

★★☆☆☆ 基本

答案用紙 P.30
解答・解説 P.8-8

日付	/	/	/
✓			

　当社では、等級製品X、Yを生産しており、等級別総合原価計算を実施している。次の資料にもとづいて、各等級製品の完成品原価を計算しなさい。なお、解答数値に端数が生じる場合には、円未満の端数を四捨五入すること。

📋 資料

1．生産データ

月初仕掛品	750kg	（製品X 350kg（0.4）、製品Y 400kg（0.6））
当月投入	6,680	
計	7,430kg	
正常仕損	200	（製品X 100kg（0.5）、製品Y 100kg（0.6））
月末仕掛品	680	（製品X 300kg（0.6）、製品Y 380kg（0.5））
完成品	6,550kg	（製品X 3,050kg、製品Y 3,500kg）

　（注）（　）は仕掛品の加工進捗度または仕損の発生点を表している。

2．原価データ

	直接材料費		加工費	
	製品X	製品Y	製品X	製品Y
月初仕掛品	542,450円	496,000円	569,184円	697,200円
当月投入	9,184,560円		21,662,440円	

3．等価係数

	製品X	製品Y
直接材料費	1	0.8
加工費	1.4	1

　この等価係数を基礎として、直接材料費と加工費の当月発生額を各等級製品に按分する。

4．その他のデータ

⑴　原価配分は、製品Xは平均法、製品Yは修正先入先出法による。

⑵　材料は工程の始点ですべて投入している。

⑶　正常仕損費の処理は非度外視法による。正常仕損費の負担関係については、月末仕掛品の加工進捗度を考慮するものとする。

⑷　製品Yの正常仕損は当月投入分からのみ生じたものとする。また、仕損品に処分価値はない。

問題 5 単純総合原価計算に近い方法② ～第3法～

★★☆☆☆ 基本
答案用紙 P.30
解答・解説 P.8-11

日付	/	/	/
✓			

当社では、等級製品X、Yを生産しており、等級別総合原価計算を実施している。次の資料にもとづいて、各等級製品の完成品原価を計算しなさい。なお、解答数値に端数が生じる場合には、円未満の端数を四捨五入すること。

▤ 資料

1. 生産データ

月初仕掛品	750kg	（製品X 350kg（0.4）、製品Y 400kg（0.6））
当月投入	6,680	
計	7,430kg	
正常仕損	200	（製品X 100kg（0.5）、製品Y 100kg（0.6））
月末仕掛品	680	（製品X 300kg（0.6）、製品Y 380kg（0.5））
完成品	6,550kg	（製品X 3,050kg、製品Y 3,500kg）

（注）（ ）は仕掛品の加工進捗度または仕損の発生点を表している。

2. 原価データ

	直接材料費		加工費	
	製品X	製品Y	製品X	製品Y
月初仕掛品	542,450円	496,000円	569,184円	697,200円
当月投入	9,184,560円		21,662,440円	

3. 等価係数

	製品X	製品Y
直接材料費	1	0.8
加工費	1.4	1

この等価係数を基礎として、月初仕掛品原価と当月原価発生額を各等級製品の完成品と月末仕掛品に按分する。

4. その他のデータ

(1) 原価配分は修正先入先出法による。

(2) 材料は工程の始点ですべて投入している。

(3) 正常仕損費の処理は非度外視法による。正常仕損費の負担関係については、月末仕掛品の加工進捗度を考慮するものとする。

(4) 正常仕損は当月投入分からのみ生じたものとする。また、仕損品に処分価値はない。

Chapter 8

組別・等級別総合原価計算

9 連産品と副産物

1 連産品

 1 連産品の原価計算

★★★ ☆☆　基本
答案用紙　P.31
解答・解説　P.9-1

日付	／	／	／
✓			

　当社では、同一の原料から連産品として中間製品 X1、Y1、Z1 を生産し、これら中間製品に加工を加え、最終製品 X2、Y2、Z2 として販売している。等価係数を用いた物量基準により、（イ）各中間製品の単位原価、（ロ）各最終製品の単位原価を計算しなさい。

📋 資料

1. 連結原価（連産品の分離点までの原価総額）　239,700円

2. 中間製品の生産量および等価係数

中間製品	生産量	等価係数
X1	300 ℓ	0.8
Y1	400 ℓ	1.0
Z1	500 ℓ	0.6

3. 分離後個別費

製品	個別加工費	個別販売費
X2	7,500円	2,100円
Y2	18,000円	4,000円
Z2	8,000円	－

2 副産物と作業屑

問題		★★★☆☆ 基本	日付	/	/	/
2	連産品と副産物1	答案用紙 P.31 解答・解説 P.9-2	✓			

当社では第1工程でX原料を分留して、連産品A、B、Cと副産物Dを産出している。連産品C（製品C）と副産物Dはそのまま外部に売却されるが、連産品Aおよび連産品Bはそれぞれ第2工程、第3工程で追加加工したのちに製品Aおよび製品Bとして販売される。以下の資料をもとに、⑴副産物Dの評価額と⑵各製品の当月の完成品原価を計算し、⑶当月の実際損益計算書を作成しなさい。

なお、売上総利益率の計算において端数が生じる場合は、小数点以下第2位を四捨五入して小数点以下第1位まで求めなさい。

📎 資料

1．当月の生産データ

製　品	A	800kg
製　品	B	400kg
製　品	C	200kg
副 産 物	D	80kg

（注）月初、月末に仕掛品と製品の在庫はない。

2．当月の実際原価データ

	第1工程	第2工程	第3工程
X　原　料　費	105,000円	－	－
加　　工　　費	77,000円	32,000円	15,000円

3．各製品の売価（正常市価）

製　品	A	245円／kg
製　品	B	400円／kg
製　品	C	315円／kg

4．副産物Dは85円／kgで外部に売却できる見込みであり、そのさいの見積販売費は10円／kgである。

5．第2工程および第3工程における見積個別加工費はそれぞれ35円／kg、45円／kgである。

6．製品の見積個別販売費はいずれも15円／kgである。

7．当社では売価から分離後見積個別費を控除した見積正味実現可能価額を基準として連結原価を各連産品に按分している。

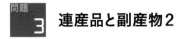

当社は、原料αから製品A、B、Cおよび副産物Dを生産している。製品A、B、Cは連産品であり、これらの連産品はいずれも追加的な加工を行ったうえで製品AA、BB、CCとして販売される。以下に示す×5年の予算資料にもとづき、各問に答えなさい。

📖 資料

1. ×5年は原料α4,000kgを投入して連産品Aを2,000kg、Bを1,000kg、Cを800kgと、副産物Dを200kg産出する予定である。これらは第1工程の終点で分離され、副産物Dは@25円でそのまま売却予定であるが、連産品はいずれも次工程でさらに個別加工を行い連産品Aを製品AA、連産品Bを製品BB、連産品Cを製品CCとして販売する予定である。なお、分離点までにかかる製造原価は855,000円である。また、個別加工により産出量に増減は生じない。

2. 各製品の市場価格および個別加工費は次のとおりである。

	市 場 価 格	個 別 加 工 費
製品AA	@600円	120,000円
製品BB	@500円	200,000円
製品CC	@1,000円	55,000円

問1. 連結原価を分離点における見積正味実現可能価額を基準に配賦し、製品別の売上総利益を計算しなさい。見積正味実現可能価額とは、最終製品の市価から分離後の個別費を控除した金額である。

問2. 各製品の売上総利益率が全社的な売上総利益率に等しくなるように連結原価を配賦する場合の各連産品への配賦額を計算しなさい。

次の文章は、等級別総合原価計算における各等級製品(以下、「等級製品」という)と連産品の相違について説明した文章である。空欄に入る適切な語句を下記の語群から選びなさい。なお、同じ記号には同じ語句が入る。

1．等級製品と連産品は、いずれも（ ア ）において連続生産され、一定の原価を（ イ ）にもとづいて按分することにより各製品原価を計算する点で類似している。

2．等級製品は、随意に個別生産可能な（ ウ ）の製品である。このため、各製品への原価の按分においては、（ エ ）主義にもとづく（ イ ）が用いられる。これに対して、連産品は、（ オ ）的にあわせて生産される（ カ ）の製品であり、相互に主副を明確に区別することができない。このため、通常、各製品への原価の按分においては、（ キ ）主義にもとづいて（ ク ）を基礎とした（ イ ）が用いられる。

【語群】

標準原価	単一の工程	生産量	負担能力	必然
同種	正常市価	副産物	偶然	同一の工程
異種	保守	等価係数	正常原価	原価発生原因

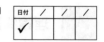
　当工場では、第1工程の始点で原料Xと原料Yを投入し、終点で連産品A、B、Cおよび副産物Dを産出している。連産品A、B、Cおよび副産物Dの産出量は重量比で、6：1：3：1である。以下に示す資料にもとづいて、各問に答えなさい。

📄 資料

１．生産工程

　連産品Aはそのまま製品Aとして販売している。連産品BとCは中間生産物であり、そのままでは販売できない。連産品Bは第2工程で加工され製品Bとして、連産品Cは第3工程で加工され製品Cとして販売される。また、副産物Dは第4工程で加工されたうえで売却される。

２．第1工程に関するデータ

　(1)　当月の原価発生額

　　　原料費

　　　　原料X　300円/kg　×　4,250kg

　　　　原料Y　750円/kg　×　2,550kg

　　　加工費　2,586,800円

　(2)　工程の終点で180kgの減損が発生している。また、これとは別に20kgの作業屑を回収したが、その評価額は2,300円であった。作業屑の評価額の処理は副産物の処理方法に準じる。なお、月初、月末ともに仕掛品はなかった。

３．副産物Dに関するデータ

　(1)　副産物Dの見積売却価額は200円/kgである。

　(2)　副産物Dは分離点後の見積個別加工費総額は12,000円である。

　(3)　副産物Dの見積販売費総額は6,000円である。

　(4)　副産物の評価額の処理は主産物の原価から控除する方法によること。

４．連産品に関するデータ

	正常販売価格	正常個別加工費
連産品A	3,000円/kg	0円/kg
連産品B	14,000円/kg	4,000円/kg
連産品C	5,000円/kg	1,000円/kg

５．第2工程および第3工程に関するデータ

　(1)　仕掛品

	月初			月末数量
	数　量	前工程費	加工費	
第2工程仕掛品	50 kg	118,000 円	100,600 円	50 kg
第3工程仕掛品	200 kg	190,000 円	110,500 円	300 kg

　(注1)仕掛品の加工進捗度は月初、月末とも50％である。

　(注2)原価配分方法は先入先出法による。

(2) 第2工程、第3工程には第1工程で産出された連産品B、Cの全量が投入されている。

(3) 当月の実際加工費は第2工程が2,406,000円、第3工程が1,802,500円である。

6．販売データ

	月　初		当月	月末
	在庫数量	金　額	販売数量	在庫数量
製品A	0 kg	0 円	3,600 kg	0 kg
製品B	100 kg	637,400 円	?	200 kg
製品C	200 kg	394,000 円	?	100 kg

(注)原価配分方法は先入先出法による。

問1．物量基準により、連結原価を連産品A、B、Cに配賦するとして、次の設問に答えなさい。

(1) 製品B、Cの完成品原価を計算しなさい。

(2) 製品A、B、Cの売上高、売上原価、売上総利益をそれぞれ計算しなさい。なお、各製品は正常販売価格で販売されたものとする。

問2．見積正味実現可能価額基準により、連結原価を連産品A、B、Cに配賦する場合における問1の(1)および(2)の各金額を計算しなさい。なお、各製品は正常販売価格で販売されたものとする。

問3．各製品の売上総利益率が全体の売上総利益率と一致するように連結原価を配賦した場合の各連産品への配賦額を計算しなさい。なお、売上総利益率は、正常販売価格、正常個別加工費、当月の各製品の生産量にもとづいて計算すること。

10 標準原価計算の基本

1 標準原価計算の基礎知識

問題 1 理論問題 ～標準原価計算の目的～

★★★☆☆ 基本
答案用紙　P.33
解答・解説　P.10-1

日付	/	/	/
✓			

次の文章は『原価計算基準』から、標準原価計算の目的に関する文章を一部抜粋したものである。空欄に入る適切な語句を解答しなさい。

標準原価算定の目的としては、おおむね次のものをあげることができる（原価計算基準・40）。

（一）（　イ　）を効果的にするための原価の標準として標準原価を設定する。

（二）標準原価は、（　ロ　）として仕掛品、製品等のたな卸資産価額および（　ハ　）の算定の基礎となる。

（三）標準原価は、（　ニ　）、とくに見積財務諸表の作成に、信頼しうる基礎を提供する。

（四）標準原価は、これを（　ホ　）の中に組み入れることによって、記帳を簡略化し、じん速化する。

標準原価計算の計算手続

★★★☆☆　基本
答案用紙　P.33
解答・解説　P.10-2

日付	/	/	/
✓			

当社では、標準規格製品Ｓを量産しており、標準総合原価計算制度を採用している。次の資料をもとに、各問に答えなさい。

📄 資料

1．製品Ｓ１個あたりの標準原価

製品Ｓ１個の製造に要する直接材料の標準消費量は８kg、標準単価は550円／kgであり、すべて工程の始点で投入される。製品Ｓ１個の加工に要する標準直接作業時間は３時間、標準賃率は900円／時間である。製造間接費予算は月額18,900,000円（変動費：8,400,000円、固定費：10,500,000円）、配賦基準は直接作業時間であり、月間の正常直接作業時間は7,000時間である。

2．生産および販売データ

月初仕掛品	400	（60%）	月初製品	200個	
当月投入	2,300個		完成品	2,400個	
合　　計	2,700個		合　　計	2,600個	
月末仕掛品	300個	（40%）	月末製品	100個	
完成品	2,400個		販売数量	2,500個	

〔注〕（　）の数値は加工進捗度である。

3．実際原価データ

a．直接材料費　　10,138,000円

b．直接労務費　　6,307,850円

c．製造間接費　　18,789,500円

問１　資料にもとづき、製品Ｓ１個あたり標準原価を算定しなさい。

問２　パーシャル・プランにより勘定記入を行いなさい。

3 標準原価計算の勘定記入

問題 3 勘定記入の方法

★★★★☆ 基本
答案用紙 P.34
解答・解説 P.10-3

日付	/	/	/
✓			

当社では、Ａ製品を生産しており、標準総合原価計算を採用している。そこで、以下の資料にもとづき、勘定記入の方法として⑴シングル・プランを採用している場合、⑵パーシャル・プランを採用している場合および⑶修正パーシャル・プランを採用している場合の仕掛品勘定の記入を行ないなさい。なお、修正パーシャル・プランを採用している場合の製造間接費については、その実際発生額を仕掛品勘定の借方に記入している。

📄 資料

1. Ａ製品標準原価カード

直接材料費　　　520円／kg　×15kg／個　＝　　7,800円

直接労務費　1,000円／時　×18時間／個　＝　18,000円

製造間接費　1,800円／時*　×18時間／個　＝　32,400円

　　　Ａ製品１個あたり標準製造原価　　　　58,200円

* うち、固定費は1,000円／時であり、基準操業度36,900時間を前提として算定している。また、直接作業時間を基準に配賦している。

2. 当月の生産データ

月初仕掛品　　　 180個（加工進捗度60％）

当 月 投 入　 1,970個

　　　計　　　 2,150個

月末仕掛品　　　 150個（加工進捗度50％）

完 成 品　 2,000個

〔注〕材料はすべて始点で投入している。

3. 当月の実際原価データ

直接材料費　524円／kg×31,000kg　＝　16,244,000円

直接労務費　980円／時×36,000時間　＝　35,280,000円

製造間接費　　　　　　　　　　　　　65,000,000円

　　　　　　　　　　　　　　　　 116,524,000円

〔注〕能率差異は固定費と変動費の両方から発生するものとする。

当社では、修正パーシャル・プランによる標準原価計算制度を採用している。以下の資料にもとづき、各問に答えなさい。

📄 資料

1．原価標準（製品1単位あたり）

　　直接材料費　　　　　@400円×10kg ＝ 4,000円

2．生産データ（当月実績）

　　　月初仕掛品　　 1,000個
　　　当 月 投 入　　 2,500個
　　　合　　 計　　 3,500個
　　　完 成 品　　 2,300個
　　　月末仕掛品　　 1,200個
　　　合　　 計　　 3,500個

　　〔注〕材料は始点で投入される。

3．当月材料データ

材料購入量	材料消費量	期末在庫量	実際購入価格
30,000kg	25,500kg	4,500kg	@450円

　　〔注〕月初在庫はなかった。

問1　材料の購入段階で標準単価を用いて記帳を行い、実際購入額との差額を材料受入価格差異勘定で処理しているものとして、答案用紙の各勘定の記入を行いなさい（勘定は締め切らなくてよい）。なお、仕掛品勘定は原価要素別に独立させている。

問2　材料の購入段階で実際単価を用いて記帳を行っているものとして、答案用紙の各勘定の記入を行いなさい。他の条件は、問1と同様とする。

4 標準原価差異の分析

直接材料費差異と直接労務費差異

★★★★☆ 基本
答案用紙 P.36
解答・解説 P.10-8

日付	/	/	/
✓			

　当社では、標準総合原価計算制度を採用している。次の資料にもとづいて、(1)月末仕掛品原価および(2)完成品原価を求め、(3)直接材料費差異および(4)直接労務費差異の差異分析を行いなさい。

資料

1. 標準原価カード（製造間接費については省略するものとする）

　　　直接材料費　　@550円× 8 kg　＝　4,400円／個

　　　直接労務費　　@900円× 3 時間　＝　<u>2,700円／個</u>

　　　　　　　　　　　　　　　　　　　　<u>7,100円／個</u>

2. 実際発生額

　　　当月の実際直接材料消費量は18,500kg、実際直接材料費は10,138,000円であった。

　　　当月の実際直接作業時間は6,970時間、実際直接労務費は6,307,850円であった。

3. 生産データ

　　　月初仕掛品　　　400個

　　　当月完成品　　2,400個

　　　月末仕掛品　　　300個

　　　なお、月初仕掛品の進捗度は60％、月末仕掛品の進捗度は40％である。

4. 材料は工程の始点ですべて投入している。

問題 6 製造間接費差異（公式法変動予算1）

★★★★☆ 基本
答案用紙 P.36
解答・解説 P.10-9

日付	/	/	/
✓			

当社では、標準総合原価計算制度を採用している。次の資料にもとづいて、公式法変動予算による製造間接費の差異分析を行いなさい。なお、製造間接費差異は4種類の分類方法それぞれによる分析をすること。ただし、三分法(1)では能率差異を変動費と固定費の両方について、三分法(2)では能率差異を変動費のみについて把握する。

📄 資料

(1) 製造間接費の標準は8,100円／個（＝2,700円／時間×3時間／個）である。

(2) 生産データ

月初仕掛品	400個（0.6）
当月投入	2,300個
計	2,700個
月末仕掛品	300個（0.4）
完成品	2,400個

〔注〕（　）の数値は進捗度を表す。

(3) 当月製造間接費予算額は変動費8,400,000円、固定費10,500,000円である。

製造間接費配賦基準は直接作業時間であり、月間の正常操業時間は7,000時間である。

(4) 当月の実際直接作業時間は6,970時間であり、実際製造間接費発生総額は18,789,500円である。

問題 7 製造間接費差異（公式法変動予算2）

★★★★☆ 基本
答案用紙 P.37
解答・解説 P.10-11

日付	/	/	/
✓			

当社では、標準総合原価計算制度を採用している。次の資料にもとづいて、公式法変動予算による製造間接費の差異分析を行いなさい。

📄 資料

1. 標準原価カード（直接材料費、直接労務費については省略するものとする）

製造間接費　＠250円×6時間＝1,500円／個

2. 実際発生額

当月の機械作業時間は26,500時間、製造間接費実際発生額は6,800,000円であった。

3. 生産データ

月初仕掛品	250個
当月完成品	4,000個
月末仕掛品	350個

月初仕掛品の進捗度は30％、月末仕掛品の進捗度は90％である。

4. 製造間接費配賦データ

変動費予算（年間）	32,400,000円	固定費予算（年間）	48,600,000円
年間基準操業度	324,000時間（機械作業時間）		

問1 標準配賦率を用いて能率差異を算定する場合の製造間接費の差異分析を行いなさい。

問2 能率差異を変動費についてのみ算定する場合の製造間接費の差異分析を行いなさい。

Chapter 10

標準原価計算の基本

問題 8 製造間接費差異（固定予算）

次の資料にもとづいて、固定予算による製造間接費の差異分析を行いなさい。

📄 資料

1．年間の製造間接費予算

製造間接費予算額　　81,000,000円

基 準 操 業 度　　324,000直接作業時間

〔注〕基準操業度は、製品の年間正常生産量54,000個により算定されている。

2．当月の実績データ

(1)　生産データ

月初仕掛品　　　　250個（30％）

当 月 投 入　　4,100個

合 計　　　4,350個

月末仕掛品　　　　350個（90％）

完 成 品　　　4,000個

〔注〕（ ）は加工進捗度を表す。

(2)　原価データ

実際発生額　　　　6,800,000円（26,500直接作業時間）

 問題 9 製造間接費差異（実査法変動予算）

当社では、単一種類の製品を生産し、標準総合原価計算を採用している。次の資料にもとづいて、実査法変動予算による製造間接費の差異分析を行いなさい。なお、能率差異は標準操業度と実際操業度の差に標準配賦率を乗じた額として算定すること。

📄 資料

1．製造間接費月間予算

操 業 度	80％	90％	100％	110％
製造間接費予算額	5,481,000円	6,129,000円	6,750,000円	7,425,000円

〔注〕月間の基準操業度は27,000直接作業時間であり、製品単位あたり標準直接作業時間は6時間である。

2．当月の実績データ

当 月 完 成 品　　　4,240個（月初および月末の仕掛品はない）

製造間接費発生額　　6,800,000円（実際直接作業時間　26,500時間）

Chapter 11 標準原価計算の応用

Section 1 仕損・減損の処理

問題 1 仕損を考慮しない場合

★★☆☆☆ 基本
答案用紙 P.38
解答・解説 P.11-1

日付 / / /

当社では、単一製品を連続生産しており、パーシャル・プランによる標準原価計算を実施している。以下の資料にもとづいて設問に答えなさい。

📋 資料

1．標準原価算定のためのデータ

(1) 直接材料費

製品1個を生産するために必要な直接材料は8kgである。なお、材料の標準単価は700円／kgである。

(2) 直接労務費

製品1個を生産するのに必要な直接作業時間2.4時間である。また、直接工の標準賃率は1,100円／時間である。

(3) 製造間接費

製造間接費は公式法変動予算にもとづいて標準配賦率を算定し、機械時間を基準として製品に配賦している。製品1個を生産するのに必要な機械時間は2時間である。なお、基準操業度は13,500時間であり、そのときの変動製造間接費予算は9,450千円、固定製造間接費予算は14,850千円である。

(4) 工程の終点で仕損が発生する。ただし、当工場では、仕損に関する管理はしておらず、原価標準の設定においては、正常仕損を考慮していない。仕損品の評価額はゼロである。

なお、(1)から(3)までのデータには仕損分は含まれていない。

2．当月の実績データ

(1) 当月の完成品量は5,000個、月末仕掛品は800個（加工進捗度60％）であり、月初仕掛品は600個（加工進捗度40％）であった。なお、直接材料は工程の始点で全量投入される。

(2) 原価データ

直接材料実際消費量	53,000kg	直接労務費当月実際発生額	17,280,000円
直接材料費当月実際発生額	37,630,000円	実際機械時間	13,200時間
実際直接作業時間	16,000時間	製造間接費当月実際発生額	24,400,000円

問1．標準原価カードの記入を行いなさい。

問2．問1の標準原価カードを用いて、仕掛品勘定の記入を行いなさい。

問3．問2で求めた標準原価差異の分析を行いなさい。なお、能率差異は固定費部分からも把握すること。

標準原価計算における仕損の処理
～第1法による計算～

当社では、単一製品を連続生産しており、パーシャル・プランによる標準原価計算を実施している。原価標準の設定においては、原価要素別の標準消費量に正常仕損分を含めている。以下の資料にもとづいて設問に答えなさい。

資料

1．標準原価算定のためのデータ

(1) 直接材料費

　製品1個を生産するために必要な直接材料は8kgである。なお、材料の標準単価は700円／kgである。

(2) 直接労務費

　製品1個を生産するのに必要な直接作業時間は2.4時間である。また、直接工の標準賃率は1,100円／時間である。

(3) 製造間接費

　製造間接費は公式法変動予算にもとづいて標準配賦率を算定し、機械時間を基準として製品に配賦している。製品1個を生産するのに必要な機械時間は2時間である。なお、基準操業度は13,500時間であり、そのときの変動製造間接費予算は9,450千円、固定製造間接費予算は14,850千円である。

(4) 仕損について

　工程の終点で仕損が発生する。正常仕損率は良品に対して25％であり、それを超えて発生した仕損は異常仕損である。なお、仕損品の評価額はゼロである。

　なお、(1)から(3)までのデータには仕損分は含まれていない。

2．当月の実績データ

(1) 生産データ

月初仕掛品	600個	(40%)
当月投入	6,500個	
計	7,100個	
仕損	1,300個	
月末仕掛品	800個	(60%)
完成品	5,000個	

〔注〕（　）の数値は加工進捗度を表している。

(2) 原価データ

直接材料実際消費量	53,000kg
直接材料費当月実際発生額	37,630,000円
実際直接作業時間	16,000時間
直接労務費当月実際発生額	17,280,000円
実際機械時間	13,200時間
製造間接費当月実際発生額	24,400,000円

問1．標準原価カードの記入を行いなさい。

問2．問1の標準原価カードを用いて、仕掛品勘定の記入を行いなさい。

問3．問2で求めた標準原価差異の分析を行いなさい。

　　　なお、能率差異は固定費部分からも把握すること。

標準原価計算における仕損の処理
～第2法による計算～

★★★★☆ 基本
答案用紙　P.40
解答・解説　P.11-7

日付	/	/	/
✓			

当社では、単一製品を連続生産しており、パーシャル・プランによる標準原価計算を実施している。原価標準の設定においては、正常仕損費を特別費として正味標準製造原価に加算している。以下の資料にもとづいて設問に答えなさい。

📄 資料

1．標準原価算定のためのデータ

（1）直接材料費

　　製品1個を生産するために必要な直接材料は8kgである。なお、材料の標準単価は700円／kgである。

（2）直接労務費

　　製品1個を生産するのに必要な直接作業時間は2.4時間である。また、直接工の標準賃率は1,100円／時間である。

（3）製造間接費

　　製造間接費は公式法変動予算にもとづいて標準配賦率を算定し、機械時間を基準として製品に配賦している。製品1個を生産するのに必要な機械時間は2時間である。なお、基準操業度は13,500時間であり、そのときの変動製造間接費予算は9,450千円、固定製造間接費予算は14,850千円である。

（4）仕損について

　　工程の終点で仕損が発生する。正常仕損率は良品に対して25％であり、それを超えて発生した仕損は異常仕損である。異常仕損には正常仕損費を負担させない。なお、仕損品の評価額はゼロである。

　　なお、(1)から(3)までのデータには仕損分は含まれていない。

2．当月の実績データ

（1）生産データ

月初仕掛品	600個	(40％)
当月投入	6,500個	
計	7,100個	
仕損	1,300個	
月末仕掛品	800個	(60％)
完成品	5,000個	

〔注〕（　）の数値は加工進捗度を表している。

(2) 原価データ

直接材料実際消費量	53,000kg
直接材料費当月実際発生額	37,630,000円
実際直接作業時間	16,000時間
直接労務費当月実際発生額	17,280,000円
実際機械時間	13,200時間
製造間接費当月実際発生額	24,400,000円

問1．標準原価カードの記入を行いなさい。

問2．問1の標準原価カードを用いて、仕掛品勘定の記入を行いなさい。

問3．問2で求めた標準原価差異の分析を行いなさい。

　　　なお、能率差異は固定費部分からも把握すること。

理論問題
～第1法と第2法の比較～

基本

答案用紙　P.41
解答・解説　P.11-10

日付	/	/	/
✓			

　問題2と問題3の計算結果に関する次の文章について、（　　）内の語句のうち正しい語句を選択しなさい。

　問題2と問題3の計算結果を比較すると、問題2で計算した月末仕掛品原価には正常仕損費が、①（　含まれる・含まれない　）のに対して、問題3で計算した月末仕掛品原価には正常仕損費が②（含まれる・含まれない　）。また、問題2で計算した能率差異には異常仕損費が③（　含まれる・含まれない　）のに対して、問題3で計算した能率差異には異常仕損費が④（　含まれる・含まれない　）。以上より、問題2の計算は問題3の計算よりも、⑤（　正確・不正確　）といえる。

★★★★☆ 応用
答案用紙 P.41
解答・解説 P.11-11

日付	/	/	/
✓			

製品Yを連続大量生産している当社は、標準総合原価計算を実施しており、パーシャル・プランを採用し勘定記入を行っている。そこで、以下の資料にもとづいて設問に答えなさい。

📋 資料

1．製品Yの正味標準製造原価（正常仕損を含まない原価）

直接材料費 @1,000円×15kg ＝ 15,000円

直接労務費 @1,200円×4時間 ＝ 4,800円

製造間接費 @1,500円×3時間 ＝ 4,500円

合　　計　　　　　　　　24,300円

※　製造間接費は公式法変動予算にもとづいて標準配賦率を算定し、機械作業時間を基準として製品に配賦している。なお、基準操業度は月間3,300時間であり、そのときの固定製造間接費は月間3,300,000円である。

2．工程の終点で仕損が発生する。正常仕損率は良品に対して2.5％であり、それを超えて発生した仕損は異常仕損である。異常仕損には正常仕損費を負担させない。なお、仕損品には1個あたり1,300円の売却価値がある。

3．当月の実績データ

(1) 生産データ

月初仕掛品　　　　80個（30％）

当月投入　　　1,020個

計　　　　1,100個

仕　　損　　　　30個　　　　（　）は加工進捗度を示している。

月末仕掛品　　　　70個（70％）

完　成　品　　1,000個

(2) 当月原価発生額

直接材料費 @　980円×15,500kg ＝ 15,190,000円

直接労務費 @1,250円×4,230時間 ＝ 5,287,500円

製造間接費 @1,450円×3,180時間 ＝ 4,611,000円

問1．正常仕損費を別建てで正味標準製造原価に加算する方法により、標準原価カードの記入を行いなさい。

問2．問1の標準原価カードを用いて、仕掛品勘定の記入を行いなさい。

問3．問2で求めた標準原価差異の分析を行いなさい。

なお、能率差異は変動費部分のみから把握すること。

Section

2 歩留差異・配合差異の分析

 歩留差異と配合差異1

★★★★☆　基本
答案用紙　P.42
解答・解説　P.11-15

日付	/	/	/
✓			

　修正パーシャル・プランによる標準総合原価計算制度を採用している当社では、原料A・B・Cを配合投入することにより製品Xを生産している。以下の資料にもとづき、設問に答えなさい。

📄 資料

1．製品Xを10kg製造するための標準直接材料費

原料A	@ 360円×	6 kg	= 2,160円
原料B	@ 420円×	4 kg	= 1,680円
原料C	@ 540円×	2 kg	= 1,080円
計		12kg	4,920円

　　原料A、B、Cを上記の比率により工程の始点で配合投入すると、工程の終点で10kgの製品Xが産出され、同時に減損が発生する。なお、各原料間には代替性がある。

2．当期原料費実績データ

	平均消費単価	実際消費量
原料A	@ 358円	1,780kg
原料B	@ 421円	1,270kg
原料C	@ 542円	670kg
計		3,720kg

3．当月の製品Xの完成品量は3,000kgであった。なお、月初仕掛品および月末仕掛品はなかった。

4．当社では、原料消費数量差異について、さらに配合差異と歩留差異に分析している。

5．原価標準の設定は、正味標準原価に正常減損費を別途加算する方法によっている。

問1．答案用紙に示した勘定の（　　）に適切な金額を記入しなさい。ただし、記入の必要がない（　　）には何も記入しないこと。

問2．各原料の歩留差異と配合差異を計算しなさい。なお、有利差異の場合には＋、不利差異の場合は－を（　　）内に記入しなさい。

当社では、原料X、YおよびZを配合して製品Aを製造し、標準原価計算を採用している。以下に示す資料にもとづき、加重平均標準単価を用いて各原料の歩留差異と配合差異を分析しなさい。なお、有利差異の場合には＋、不利差異の場合には－を(　　)内に記入しなさい。

📑 資料

1．製品Aを12kg製造するための標準直接材料費

原料X	@150円×	8kg	=	1,200円
原料Y	@220円×	5kg	=	1,100円
原料Z	@350円×	2kg	=	700円
計		15kg		3,000円

　原料X、Y、Zは、工程の始点で配合投入され、工程の終点で減損が生じる。なお、各原料間には代替性がある。

2．原料費実績データ

	平均消費単価	実際消費量
原料X	@162円	18,200kg
原料Y	@216円	10,800kg
原料Z	@360円	3,200kg
計		32,200kg

3．当月の製品Aの完成品量は24,000kgであった。なお、月初仕掛品および月末仕掛品はなかった。

問題 8 労働歩留差異と労働能率差異

★★★★☆ 基本
答案用紙 P.43
解答・解説 P.11-20

日付	/	/	/
✓			

Ｚ社では、パーシャル・プランによる標準総合原価計算制度を採用している。以下の資料にもとづき、設問に答えなさい。

📄 資料

1. 完成品1kgあたりの原料標準投入量は$\frac{10}{9}$kgである。すなわち、原料10kgを投入すると9kgの完成品が産出される。歩減は終点で発生する。

2. 原料10kgを9kgの完成品に加工するための標準直接作業時間は3時間であり、標準賃率は900円／時間である。

3. 原価標準の設定は、正味標準原価に正常減損費を別途加算する方法によっている。

4. 当月実績

　原料実際投入量　14,100kg　　　実際直接作業時間　　4,250時間
　製品完成品量　12,600kg　　　実際直接労務費　3,910,000円

5. 月初仕掛品および月末仕掛品は存在しない。

問1. 労働歩留差異と労働能率差異を計算しなさい。なお、有利差異の場合には「有利」、不利差異の場合には「不利」を（　）内に記入しなさい。

問2. 答案用紙に示した勘定科目の（　）に適切な金額を記入しなさい。ただし、記入の必要がない（　）には何も記入しないこと。

問題 9　理論問題 ～標準原価計算の目的と差異分析～

★★★★☆　基本
答案用紙　P.43
解答・解説　P.11-23

日付 / / /

　次の文章は、標準原価計算の目的と差異分析等について説明した文章である。空欄に入る適切な語句を下記の語群から選びなさい。なお、同じ記号には同じ語句が入る。

(1)　原価計算の目的のひとつとして、原価管理があげられる。原価計算は、原価の標準の設定、指示から原価の報告に至るまでのすべての計算過程を通じて、原価の（　ア　）を測定表示することに重点をおくことで、原価管理に役立つ情報を提供する。また、原価の標準は、原価発生の責任を明らかにし、原価能率を判定する尺度として、理想的には（　イ　）として設定するが、過去の（　ウ　）をもってすることもできる。

(2)　標準原価計算の主要な目的は、狭義の原価管理、すなわち、（　エ　）にある。また、標準原価計算は、その目的に役立つ原価情報を提供する原価計算技法であり、（　オ　）の理念を基礎としている。

(3)　標準原価計算では、統計的・科学的調査により、製品単位あたりの物量標準を算定する。その物量標準に原価財の予定価格または正常価格を乗じて設定される（　カ　）に（　キ　）を乗じて（　イ　）が計算されるが、これを原価の実際発生額と比較して標準原価差異が計算される。

(4)　原価計算担当者は、標準原価差異を原価要素別に直接材料費、直接労務費、製造間接費に区分し、さらに、それらの原価差異を価格と数量という2つの要素に分けて分析する。特に、数量に係る差異は、歩留配合分析に代表されるような詳細な分析がなされることも多い。これらは（　ク　）と呼ばれ、その結果を踏まえて、製造部長や工場長などにより、差異のより具体的な発生原因や責任者などを特定し、改善策を講ずるための（　ケ　）が実施される。

【語群】

金　額	物　量	原価標準	標準原価	実際原価
コスト・コントロール	原価低減	実際生産量	予定生産量	科学的管理法
目標管理	会計的分析	技術的分析		

問題 10　総合問題

★★★★★　応用
答案用紙　P.44
解答・解説　P.11-24

日付 / / /

　当工場は標準原価計算を採用し製品Aを量産している。次の資料にもとづき、下記の設問に答えなさい。なお、原価差異を解答するにあたっては、不利差異の場合には△を表示し、有利差異の場合には＋を表示すること。

資料

1．製品Aを10kg製造するための標準直接材料費

	標準投入量	標準単価	標準原価
原料X	7.5kg	760円/kg	5,700円
原料Y	5.0kg	840円/kg	4,200円
	12.5kg		9,900円

（注1）原料Xと原料Yは工程の始点で投入される。

（注2）製造工程の終点で減損が発生する。

2．原料12.5kgを10kgの製品Aに加工するための標準直接労務費と標準製造間接費

標準直接労務費　@1,600円/時×6.6時間＝10,560円

標準製造間接費　@2,750円/時×6.6時間＝18,150円

（注1）製造間接費は公式法変動予算を採用しており、直接作業時間を基準として配賦している。月間予定直接作業時間は9,900時間、月間固定製造間接費予算は14,850,000円である。

（注2）当社では、正常減損費を含まない正味標準製造原価に正常減損費を別途加算する方法により原価標準を設定している。

3．当月の原料記録

	実際消費量	実際消費単価
原料X	11,200kg	758円/kg
原料Y	7,150kg	817円/kg
合　計	18,350kg	

4．当月の実際直接作業時間、実際直接労務費および実際製造間接費

実際直接作業時間　　9,800時間

実際直接労務費　　15,268,000円

実際製造間接費　　26,072,000円

5．当月生産データ

月初仕掛品　　1,500kg　（20％）

月末仕掛品　　1,800kg　（50％）

完　成　品　14,000kg

（注）（　）内の数値は、加工進捗度を示している。

問1．各原料における差異分析を行いなさい。数量差異は歩留差異と配合差異に詳細分析しなさい。

問2．直接労務費における差異分析を行いなさい。作業時間差異は労働歩留差異と労働能率差異に詳細分析しなさい。

問3．製造間接費差異における差異分析を行いなさい。能率差異は歩留差異と純粋な能率差異に詳細分析しなさい。なお、能率差異は標準配賦率を用いて計算している。

3 標準原価計算のその他の計算形態

問題 11 工程別標準総合原価計算

★★★★☆ 基本
答案用紙 P.45
解答・解説 P.11-28

日付	/	/	/
✓			

当社では第1工程および第2工程を設け、製品Qを連続生産しており、工程別標準総合原価計算を採用している。以下の資料にもとづき、答案用紙の勘定を完成させなさい。解答にあたって、記入が不要の( )には(−)を記入すること。

📄 資料

1. 完成品1個あたりの標準原価

直 接 材 料 費　1,500円／kg × 8kg ＝ 12,000円
第1工程加工費　600円／時 × 4時間 ＝ 　2,400円
第2工程加工費　800円／時 × 6時間 ＝ 　4,800円
　　　　　　　　　　　　　　　　　　　19,200円

直接材料はすべて工程の始点で投入される。

2. 加工費について

各工程における月間加工費予算額(公式法変動予算)および月間基準操業度は次のとおりである。また、第1工程、第2工程いずれも直接作業時間を配賦基準としている。

	変 動 費 率	固 定 費	基準操業度
第1工程	200円／時	1,600,000円	4,000時間
第2工程	250円／時	3,025,000円	5,500時間

〔注〕加工費の差異分析は第1工程、第2工程いずれも3分法によるが、能率差異については変動費と固定費の両方から把握すること。

3. 生産データ[( )の数値は加工進捗度を示す]

	第1工程		第2工程	
月初仕掛品	180個	(30%)	300個	(20%)
当 月 投 入	870		800	
計	1,050個		1,100個	
月末仕掛品	250	(80%)	380	(60%)
完 成 品	800個		720個	

4. 当月の実際発生額

(1) 直接材料費：10,644,400円(実際消費量は7,120kg)

(2) 第1工程加工費：2,250,000円(実際直接作業時間は3,850時間)

(3) 第2工程加工費：4,500,000円(実際直接作業時間は5,400時間)

12 標準個別原価計算

　当社では製品の製造にあたり特定製造指図書を発行しているが、設計図にもとづき材料仕様書および作業仕様書を作成し指図書別の標準製造原価を定めるため、指図書別標準原価計算を実施している。

　以下の資料にもとづき、設問に答えなさい。

📋 資料

1. 今月の作業に関連した製造指図書別標準原価カード

	# 95	# 100	# 105
標準直接材料費	@250円×60kg　=15,000円	@250円×58kg　=14,500円	@250円×55kg　=13,750円
標準直接労務費	@300円×120時間=36,000円	@300円×100時間=30,000円	@300円×110時間=33,000円
標準製造間接費	@200円×120時間=24,000円	@200円×100時間=20,000円	@200円×110時間=22,000円
合　　計	75,000円	64,500円	68,750円

　　製造間接費配賦率のうち@70円は変動費率、月間固定製造間接費予算額は35,100円、基準操業度は270直接作業時間である。

2. 作業進捗状況

　　# 95…前月に作業に着手し、前月に直接材料はすべて投入され加工作業の30%が終了した。なお当月中にすべての作業を完了した。

　　# 100…当月に作業に着手し、当月中に完成した。

　　# 105…当月に作業に着手し、直接材料のすべてが投入され、加工作業は60%まで終了している。

3. 当月のその他のデータ

(1) 指図書別消費データ

	# 95	# 100	# 105	計
直接材料実際消費量	—	62kg	54kg	116kg
実際直接作業時間	90時間	106時間	70時間	266時間

(2)

直接材料実際消費価格	@260円
実際消費賃率	@315円
製造間接費実際発生額	55,000円

問1. 指図書別原価計算表を完成させなさい。

問2. 当月の標準原価差異を分析しなさい。なお、差異の有利・不利を(　　)内に記入しなさい。

13 部品階層構造問題

　当工場では、製品 X 、製品 Y 、製品 Z の三種類を製造している。製品 X 、製品 Y 、製品 Z はそれぞれ自製部品 x 、自製部品 y 、自製部品 z で構成されている。製品の組立は、製品組立部門で行っており、自製部品の組立は部品組立部門で行っている。月初・月末に自製部品の在庫は保有しないと仮定する。なお、当工場では標準原価計算を採用している。次の資料をもとに、以下の問に答えなさい。

資料

1．製品構成および部品構成

製品構成表

製品	必要部品	必要量
X	自製部品 x	1個
Y	自製部品 y	1個
Z	自製部品 z	2個

部品構成表

自製部品	必要部品	必要量
x	買入部品 1	1個
y	買入部品 2	1個
z	自製部品 x	1個

2．各部門の標準消費賃率と製造間接費標準配賦率

	標準消費賃率	製造間接費標準配賦率
製品組立部門	2,000円/時間	4,000円/時間
部品組立部門	1,500円/時間	3,000円/時間

※製造間接費配賦基準は、直接作業時間とする。

3．各製品、各部品の所要直接作業時間

製品および部品	所要直接作業時間
X	2時間
Y	1時間
Z	2時間
x	1時間
y	3時間
z	2時間

4．買入部品の標準単価

買入部品	標準単価
1	2,000円
2	1,000円

5．2015年10月の実際生産量

製品	実際生産量
X	950個
Y	1,600個
Z	1,850個

6. 2015年10月の実際消費量

自製部品	実際消費量
x （製品組立部門での消費）	950個
x （部品組立部門での消費）	3,800個
y	1,650個
z	3,800個

買入部品	実際消費量
1	4,800個
2	1,800個

7. 2015年10月の実際作業時間と製造間接費実際発生額

	製品組立部門	部品組立部門
実際作業時間	7,300時間	17,500時間
製造間接費実際発生額	29,000,000円	52,000,000円

問1. 自製部品 x 、自製部品 y 、自製部品 z の原価標準を計算しなさい。

問2. 製品Ｘ、製品Ｙ、製品Ｚの原価標準を計算しなさい。

問3. 2015年10月の計画生産量が製品Ｘ 1,000個、製品Ｙ 1,500個、製品Ｚ 2,000個であったとする。このとき、買入部品1、買入部品2の各必要量はどれだけか。

問4. 問3の場合における部品組立部門および製品組立部門それぞれの直接作業時間はどれだけか。

問5. 部品組立部門における買入部品消費量差異、作業時間差異を計算しなさい。借方差異か貸方差異を明記すること。部品組立部門における標準消費量・標準作業時間の計算は、製品組立部門における自製部品の実際消費量を前提として行うことにより、部品組立部門における差異に製品組立部門における不能率が混入しないようにすること。

問6. 製品組立部品における自製部品消費量差異、作業時間差異を計算しなさい。借方差異か貸方差異かを明記すること。

問7. 部品組立部門および製品組立部門における製造間接費総差異を計算しなさい。借方差異か貸方差異を明記すること。

★★☆☆☆　応用
答案用紙　P.48
解答・解説　P.11-39

日付	/	/	/
✓			

　当社では、標準原価計算制度を採用しており、加工費は設備の稼働時間を基準として標準配賦を行っている。次の資料にもとづいて以下の各問に答えなさい。なお、標準原価差異の分析にあたって、能率差異は標準配賦率を用いて計算すること。

📄 資料

1. 設備の当月稼働時間など

　　勤務時間　9,600分（うち、休憩などによる計画停止時間600分）

　　実際稼働時間　8,710分、段取替ロス時間　210分、故障停止時間80分

　　標準稼働時間　？分、速度低下ロス時間　？分、チョコ停ロス時間　？分

　（注1）速度低下ロス時間とは、設備が安定的に稼働したとしても、設計値どおりに稼働しなかったために生じた時間を意味する。

　（注2）チョコ停ロス時間とは、投入材料の加工に要したはずの実際時間と実際稼働時間の差である。なお、チョコ停とは停止時間が5分以内の機械の停止を意味する。

2. 製品製造に関するデータ

　　製品1個の製造のために、材料1個を必要とする。

　　当月の材料投入量　3,400個（仕損は生じていない）

　　理論（標準）サイクル・タイム　2.50分／個、実際サイクル・タイム　2.55分／個

　（注3）サイクル・タイムとは、当該設備で製品1個を加工するのに要する時間を意味する。

3. 原価に関するデータ

　（1）標準加工費　　変動費率　840／分、月間固定加工費　5,040,000円

　（2）当月実際加工費　　12,267,300円

問1　能率差異を、速度低下ロス差異とチョコ停ロス差異に分析しなさい。なお、不利差異の場合には金額の前に△を付すこと（問2についても同様とする）。

問2　操業度差異を、段取替ロス差異と故障・停止ロス差異に分析しなさい。

Section

4　標準原価差異の会計処理

問題
15　標準原価差異の会計処理1

★★★★☆　基本
答案用紙　P.48
解答・解説　P.11-41

日付	/	/	/
✓			

当社では、原料Aを投入することにより、製品Sを連続大量生産しており、原価計算方式として全部標準総合原価計算を採用している。そこで、次に示す当年度の資料にもとづいて、以下の問に答えなさい。

📋 資料

1．原価標準データ

直接材料費	@1,925円×2kg	= 3,850円
直接労務費	@1,100円×4時間	= 4,400円
製造間接費	@1,650円×5時間	= 8,250円
製品単位あたり標準原価		16,500円

2．生産および販売データ

期首仕掛品	—	期首製品	—
当期投入	10,200個	完成品	9,400個
合計	10,200個	合計	9,400個
期末仕掛品	800個（3/4）	期末製品	400個
完成品	9,400個	売上品	9,000個

〔注〕（　）の数値は加工進捗度である。

3．実際原価データ

直接材料費：42,343,600円

直接労務費：46,297,500円

製造間接費：88,732,800円

問　標準原価差異は異常な状態にもとづくものではないが、比較的多額であると判断された場合の期末仕掛品原価、期末製品原価および売上原価を計算しなさい。なお、標準原価差異は総額を一括して処理するものとする。

当社では、材料P、Q、Rを用いて製品Aを量産している。そこで、直接材料費に関する次の資料にもとづいて、以下の問に答えなさい。

📋 資料

1. 製品A原価標準(材料費のみ)

P材料費　＠200円　×　4kg　＝　800円

Q材料費　＠100円　×　2kg　＝　200円

R材料費　＠ 30円　×　1kg　＝　 30円

〔注〕P材料は工程始点で投入され、Q材料は工程を通じて平均的に投入され、R材料は工程の終点において投入される。

2. 製品A生産および販売データ[( )の数値は加工進捗度を示す]

期首仕掛品	—	期首製品	—
当期投入	1,000個	完成品	800個
合計	1,000個	合計	800個
期末仕掛品	200個 (50%)	期末製品	300個
完成品	800個	売上品	500個

3. 当期材料データ

	材料購入量	材料消費量	期末在庫量	実際購入価格
P材料	5,000kg	4,200kg	800kg	＠202円
Q材料	2,000kg	1,890kg	110kg	＠110円
R材料	950kg	840kg	110kg	＠ 35円

4. 期首材料・仕掛品・製品はなかった。

5. P材料、Q材料、R材料は購入時に標準単価で借方記入している。

問　当年度に発生した標準原価差異は異常な状態にもとづくものではないが、比較的多額であったとして、標準原価差異を売上原価と期末棚卸資産に追加配賦を行い、(1)追加配賦後の売上原価、期末製品、期末仕掛品、期末材料の金額と、(2)材料受入価格差異を追加配賦後の材料数量差異の金額を計算するとともに、(3)答案用紙に示した勘定科目の記入をパーシャル・プランにより行いなさい。また、追加配賦は追加配賦後の各科目の金額ができる限り実際原価に一致するように行うこと。なお、加工費に関するデータは省略している。

問題 17 理論問題 ～標準原価差異の処理～

★★☆☆☆ 基本
答案用紙 P.50
解答・解説 P.11-48

日付	/	/	/
✓			

　次の文章はわが国の『原価計算基準』からの抜粋である。空欄に入る適切な語句を下記の語群から選びなさい。なお、同じ記号には同じ語句が入る。

(一)実際原価計算制度における原価差異の処理は、次の方法による。

1　原価差異は、（　ア　）を除き、原則として当年度の（　イ　）に賦課する。

2　（　ア　）は、当年度の材料の払出高と期末在高に配賦する。この場合、材料の期末在高については、材料の適当な種類群別に配賦する。

3　（　ウ　）等が不適当なため、比較的（　エ　）の原価差異が生ずる場合、直接材料費、直接労務費、直接経費および製造間接費に関する原価差異の処理は、次の方法による。

(1)　個別原価計算の場合

　　次の方法のいずれかによる。

　イ　当年度の（　イ　）と期末における（　オ　）に（　カ　）別に配賦する。

　ロ　当年度の（　イ　）と期末における（　オ　）に（　キ　）別に配賦する。

(2)　総合原価計算の場合

　　当年度の（　イ　）と期末における（　オ　）に（　キ　）別に配賦する。

(二)標準原価計算制度における原価差異の処理は、次の方法による。

1　数量差異、作業時間差異、能率差異等であって異常な状態に基づくと認められるものは、これを（　ク　）として処理する。

2　前記1の場合を除き、原価差異はすべて実際原価計算制度における処理の方法に準じて処理する。

【語群】

材料消費価格差異	たな卸資産	予定価格	少　額	指図書	非原価項目
材料受入価格差異	売上原価	実際価格	多　額	科　目	製品原価

当工場では、ある単一の製品を製造・販売しており、修正パーシャル・プランの工程別全部標準総合原価計算を採用している。下記の条件にもとづき各問に答えなさい。

1．製品1個あたりの標準原価

第1工程

材料α　標準単価1,200円／kg×標準消費量1kg ………………… 1,200円／個

材料β　標準単価2,000円／kg×標準消費量1kg ……………… 2,000円／個

材料費計 …………………………………………………………… 3,200円／個

加工費　標準加工費率2,000円／h×標準機械加工時間1h …… 2,000円／個

第1工程完成品1個あたりの標準原価 ……………………… 5,200円／個

第2工程

前工程費　標準単価5,200円／個×標準消費量2個…………… 10,400円／個

加工費　標準加工費率2,000円／h×標準機械加工時間3h … 6,000円／個

製品1個あたりの標準原価 …………………………………… 16,400円／個

なお、材料αと材料βは工程の始点で投入される。

2．加工費変動予算と製品別配賦

加工費については、公式法変動予算が設定されている。年間の正常機械加工時間（基準操業度）は25,000hであり、そのときの年間変動加工費予算は18,750,000円、年間固定加工費予算は31,250,000円である。

3．年間取引データ

(1) 材料購入量と消費量

材料種類	実際購入単価	実際購入量	実際消費量
材料α	1,400円	12,000kg	9,000kg
材料β	2,100円	13,000kg	9,200kg

(2) 材料は購入時に、標準単価で材料勘定に借方記入している。

(3) 期首材料、期首仕掛品、期首製品はないものとする。

(4) 年間生産量

第1工程

期首仕掛品	0	
当 期 投 入	8,000個	
合 計	8,000個	
期末仕掛品	500個	（加工進捗度50％）
当期完成品	7,500	

第2工程

期首仕掛品	0	
当 期 投 入	3,750個	
合 計	3,750個	
期末仕掛品	250個	（加工進捗度50％）
当期完成品	3,500	

(5) 年間販売量は3,000個である。

(6) 年間実際加工費発生額は41,440,625円で、仕掛品勘定の借方に集計している。

(7) 原価差異分析は、材料については材料受入価格差異と材料消費量差異に分析し、加工費については加工費配賦差異のみを計算している。

問1．上記条件を利用して修正パーシャル・プランの標準原価計算を行い、(1)材料受入価格差異、(2)材料消費量差異、(3)加工費配賦差異を計算し、答案用紙に記入しなさい。

問2．上記のすべての原価差異は異常な状態で発生したものではなく、標準の設定が不適当であったため多額に発生したものである。外部報告目的のため標準原価差異の会計処理を行い、その結果を答案用紙の仕掛品勘定、製品勘定、売上原価勘定に記入しなさい。

　　標準原価差異を追加配賦するさいには、追加配賦してえられた各関係勘定の期末残高が可能なかぎり実際原価に一致するように追加配賦すること。ただし、標準加工時間に対する実際加工時間の割合は、第1工程・第2工程ともに同程度であった。

問題 1 実際消費額

★★☆☆☆　基本
答案用紙　P.52
解答・解説　P.12-1

日付	/	/	/
✓			

次の材料の月間受払データにもとづき、先入先出法、移動平均法、総平均法による材料の月末残高を示しなさい。なお、減耗は発生しなかったものと仮定する。

📋 資料

5月1日	100kg 購入	（@ 108円）	10,800円
5月6日	200kg 購入	（@ 120円）	24,000円
5月15日	150kg 払出		
5月21日	250kg 購入	（@ 160円）	40,000円
5月27日	280kg 払出		

問題 2 継続記録法と棚卸計算法

★★☆☆☆　基本
答案用紙　P.52
解答・解説　P.12-2

日付	/	/	/
✓			

次の資料にもとづき、答案用紙の諸勘定に記入を行いなさい。

📋 資料

1. 材料の月初有高および当月の購入状況は次のとおりである。なお、材料の購入はすべて掛けによっている。

	月初有高		当月購入	
	数　量	購入原価	数　　量	購入原価
主 要 材 料	250kg	55,000円	1,000kg	231,000円
補 助 材 料	150kg	22,050円	400kg	67,200円

2. 主要材料は継続記録法、補助材料は棚卸計算法により実際消費量を把握しており、当月の材料払出および実地棚卸の状況は次のとおりである。なお、主要材料は購入時に予定価格（@ 220円）により受入記帳をしている。実際価格の計算は主要材料、補助材料どちらも先入先出法によっている。補助材料の実地棚卸数量は50kgであった。主要材料については棚卸減耗は生じていない。

	払		出	
主要材料	第1回払出 （すべて直接材料）	900kg	第2回払出 （すべて間接材料）	50kg
補助材料	? kg			

材料費会計の勘定連絡

★★★★☆ 応用
答案用紙　P.52
解答・解説　P.12-3

日付	／	／	／
✓			

次の資料にもとづき、答案用紙の諸勘定に記入を行いなさい。

📋 資料

1．材料の月初有高および当月の購入に関する資料は、次のとおりである。

	月初有高		当月購入	
	数　量	購入原価	数　量	購入代価
A　材　料	800kg	307,440円	2,000kg	760,000円
B　材　料	400kg	163,800円	5,000kg	2,100,000円

2．実際購入原価の算定にあたって、外部副費は購入代価の5％という予定配賦率を使用して、購入原価に算入する。内部副費は実際発生額を間接経費とする。なお、当月の材料副費の実際発生額は、次のとおりである。

引取運賃	28,800円	保管費	40,000円
購入事務費	23,000円	保険料	42,800円
買入手数料	71,800円	検収費	15,000円

3．材料の実際消費量は、継続記録法により把握している。出庫票の記載内容を示すと、次のとおりである。なお、材料の実際消費価格は、先入先出法により計算している。

A材料	第1回払出	主要材料として	1,300kg
	第2回払出	補助材料として	700kg
B材料	第1回払出	補助材料として	800kg
	第2回払出	主要材料として	4,100kg

4．月末に実地棚卸を行ったところ、実地棚卸高はA材料が800kg、B材料が400kgであった。なお、当月に発生した減耗はすべて経常性があると認められる。

5．材料の払出しには予定消費価格を用いており、A材料の予定消費価格は390円/kg、B材料の予定消費価格は430円/kgである。

次のア．〜キ．の文章は、材料費会計について述べたものである。妥当と思われるものには○を、妥当ではないと思われるものには×を記入しなさい。なお、重要性の原則は考慮しない。

ア．形態別分類によると、材料費はおおむね、素材費、買入部品費、工場消耗品費等に細分される。

イ．材料の購入原価は、原則として購入代価に買入手数料、引取運賃、荷役費、保険料等の材料買入に要した引取費用を加算した金額、または、これらの金額に購入事務、検収、整理、選別、手入、保管等に要した費用を加算した金額によって計算するが、材料輸入のさいに課せられる関税は税金であるので引取費用に含めない。

ウ．材料の購入原価は、必要のある場合には、引取費用が生じていたとしても購入代価のみから計算することもできる。

エ．実際原価計算においては、出入記録を行う材料に関する原価は、原価計算期間における実際の消費量に、実際の消費価格を乗じて計算しなければならない。

オ．材料の実際の消費量は、原則として継続記録法によって計算する。ただし、材料であってその消費量を継続記録法によって計算することが困難なもの、またはその必要のないものについては、棚卸計算法を適用することができる。

カ．同種材料の購入原価が異なる場合、その実際の消費価格の計算には先入先出法、移動平均法、総平均法、個別法のうち、いずれかが適用される。

キ．材料の購入原価は実際原価で計算する必要があるため、予定価格等をもって計算することができない。

Section

2 消費賃金の計算

問題
5 直接労務費と間接労務費

★★☆☆☆　基本
答案用紙　P.54
解答・解説　P.12-6

日付	/	/	/
✓			

次の資料にもとづき、当期の直接労務費および間接労務費の金額を求めなさい。

📄 資料

1．直接工の労務費に関する資料は、次のとおりである。

　　直接工の予定消費賃率　　1,600円／時間

　　直接作業時間　　　　2,000時間　　　　間接作業時間　　　　400時間

　　手待時間　　　　　　　70時間　　　　休憩時間　　　　　　50時間

2．間接工の労務費に関する資料は、次のとおりである。

　　間接工賃金当月要支払額　665,000円　　　間接工賃金当月支払額　680,000円

3．その他の資料

　　工場事務職員給料当月要支払額　425,000円　　　工場事務職員給料当月支払額　430,000円

　　社会保険料会社負担額　　　　　370,000円

　　（内訳：直接工対応分 300,000円、間接工対応分 40,000円、工場事務職員対応分 30,000円）

　　工員募集費　160,000円

　　工員用社宅、託児所などの福利施設負担額　120,000円

　　工場従業員のためのパソコン研修講師料　　240,000円

次の資料にもとづき、各問に答えなさい。

📄 資料

1．当社は原価計算期間を毎月1日から末日まで、支払賃金の計算期間を前月21日から当月20日までとしている。

2．前月末未払賃金

　　直接工分：420,000円、間接工分：130,000円

3．当月の賃金支払総額　2,700,000円（間接工分　750,000円）

　　控除額　社会保険料　150,000円

　　　　　　源泉所得税　200,000円

　　　　　　住　民　税　　80,000円

　　なお、正味支給額はすでに現金で支払われている。

4．当月中の直接工分の作業状況

　　間接作業時間と手待時間に対応する直接工の賃金は、間接労務費として処理する。

職種	直接作業時間	間接作業時間	手待時間
機械工	1,400時間	500時間	50時間
組立工	1,250時間	200時間	150時間

　　※間接工については時間記録を行っていない。

5．直接工の労務費は予定職種別平均賃率で計算している。

　　機械工　@500円、組立工　@600円

6．当月末未払賃金

　　直接工分：450,000円、間接工分：150,000円

問1．次の仕訳をそれぞれ示しなさい。

　(1)　前月末未払賃金の再振替　　　(2)　当月の賃金支払い

　(3)　直接工の消費賃金　　　　　　(4)　賃率差異の把握

　(5)　間接工の消費賃金　　　　　　(6)　当月末未払賃金

問2．賃金勘定等の記入を行い、締切りなさい。

問題 7 労務費会計の勘定連絡

★★★★☆ 応用
答案用紙 P.56
解答・解説 P.12-9

日付	／	／	／
✓			

当社の5月中の直接工の労務費に関するデータは次のとおりである。下記の資料および条件にもとづき賃金計算を行い、その結果を賃金勘定、仕掛品勘定、製造間接費勘定、賃率差異勘定、未払賃金勘定、現金勘定、預り金勘定、および立替金勘定に記入しなさい（「諸口」は用いずに相手勘定を番号で示すこと）。

📋 資料

1. 直接工作業票のデータ（5月1日～5月31日）

直接作業時間	17,900	（時間）
間接作業時間	1,240	
手待時間	50	
計	19,190	
予定平均賃率	@150円	

2. 直接工出勤票のデータ （5月1日～5月31日）

定時間内作業	（5月1日～5月20日）	12,200 （時間）
定時間内作業	（5月21日～5月31日）	6,990
計		19,190

3. 直接工給与支給帳のデータ（4月21日～5月20日）

賃金総額	2,990,000円
控除額	
源泉所得税	106,000円
社会保険料	28,000円
差引	2,856,000円
立替金回収額	300,000円
差引　現金支給額	2,556,000円

〈計算の条件〉

(1) 未払賃金は予定平均賃率をもって計算する。

(2) 4月末の未払賃金は1,110,000円であった。

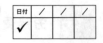

問題 8 定時間外作業手当

★★★☆☆　応用

答案用紙　P.57
解答・解説　P.12-10

日付	/	/	/
✓			

　当社の5月中の直接工の労務費に関するデータは次のとおりである。下記の資料および条件にもとづき賃金計算を行い、その結果を賃金勘定、仕掛品勘定、製造間接費勘定、賃率差異勘定、未払賃金勘定、現金勘定、預り金勘定、および立替金勘定に記入しなさい（「諸口」を用いずに相手勘定を番号で示すこと）。

📄 資料

1．直接工作業票のデータ（5月1日〜5月31日）

直接作業時間	17,900（時間）
間接作業時間	1,240
手待時間	50
計	19,190
予定平均賃率	@150円

2．直接工出勤票のデータ（5月1日〜5月31日）

定時間内作業	（5月1日〜5月20日）	12,200（時間）
定時間内作業	（5月21日〜5月31日）	6,840
定時間外作業	（5月23日、24日、26日）	150
計		19,190

3．直接工給与支給帳のデータ（4月21日〜5月20日）

賃金総額	2,990,000円
控除額	
源泉所得税	106,000円
社会保険料	28,000円
差引	2,856,000円
立替金回収額	300,000円
差引　現金支給額	2,556,000円

〈計算の条件〉

(1) 定時間外作業手当は製造間接費として処理する。

(2) 定時間外作業手当は原価計算上、当該作業時間数に予定平均賃率の40％を乗じて計算する。

(3) 未払賃金は予定平均賃率をもって計算する。

(4) 4月末の未払賃金は1,110,000円であった。なお、5月末の未払賃金には定時間外作業手当が含まれることに留意すること。

問題 9　理論問題〜労務費〜

　次のア．〜ウ．の文章は労務費会計について述べたものである。妥当と思われるものには○を、妥当でないと思われるものには×を記入しなさい。

ア．機能別分類によると、直接工の賃金は、作業種類別直接賃金、間接作業賃金、手待賃金に分類される。

イ．賃率は、実際の個別賃率または職場もしくは作業区分ごとの平均賃率によるが、平均賃率は予定賃率をもって計算することもできる。

ウ．直接賃金は、当該原価計算期間の負担に属する要支払額をもって計算することができる。

Section 3 外注加工賃

問題 10 外注加工賃の処理

★★★★★　応用
答案用紙　P.58
解答・解説　P.12-12

日付	／	／	／
✓			

次の外注加工に関する取引を答案用紙の諸勘定に記入しなさい。

📋 取引

問1.　1．主材料100個（原価@600円）を下請会社に無償で支給し、その外注加工を依頼した。

　　　2．外注加工された主材料が納入され、その加工費は@150円であった。

　　　3．納入された加工品は検査終了後、直ちに製造工程に払い出された。

問2.　1．主材料100個（原価@600円）を下請会社に無償で支給し、その外注加工を依頼した。

　　　2．外注加工された主材料が納入され、その加工賃は@200円であった。

　　　3．納入された加工品は検査終了後、部品として倉庫に搬入された。

問題 11 損益計算書の作成

★★★★☆ 応用
答案用紙 P.59
解答・解説 P.12-13

日付	/	/	/
✓			

当社では全部実際原価計算を行っている。下記に示す当年度の資料にもとづき、製造間接費勘定、仕掛品勘定に記入し、損益計算書を作成しなさい。なお、原価差異の会計処理は原則的方法によること。

📄 資料

1. 素材費

　　期首有高 500万円、当期購入代価 3,900万円、当期引取費用 100万円、期末帳簿残高 1,000万円、期末実際残高 950万円。素材は、すべて直接材料として使用された。期末帳簿残高と実際残高との差額は正常な範囲内である。

2. 工場の修理工賃金　当期要支払高 200万円

3. 工場内で使用する工具　当期買入高 350万円

4. 機械工および組立工賃金

　　前期未払高 500万円、当期賃金支給総額 2,500万円（内源泉所得税、社会保険料など控除額 100万円）、当期直接工直接作業賃金 2,200万円、当期直接工間接作業賃金 300万円、当期手待賃金 50万円、当期定時間外作業割増賃金 20万円、当期未払高 700万円。なお、当期の消費賃金および期首、期末の未払高は、予定平均賃率で計算されている。また、定時間外作業割増賃金は製造間接費として処理する。

5. 製造間接費配賦差異 30万円（借方差異）

6. 工員用社宅、託児所など福利施設負担額 60万円

7. 外注加工賃（材料は無償支給、納入加工品は直ちに製造現場に投入した）150万円

8. 工場火災による当期仕損費 1,000万円（特別損失とする）

9. 期首製品有高 800万円、期末製品有高 830万円

10. 受取利息 40万円

11. 本社事務員給料 200万円

12. 売上高 10,500万円

13. 販売員給料 200万円

14. 支払利息 50万円

15. 工場減価償却費 900万円（内　長期休止設備の減価償却費 50万円（営業外費用とする））

16. 当社の株主に対する配当金 300万円

17. 期首仕掛品有高 100万円　期末仕掛品有高 110万円

13 部門別計算の応用

1 単一基準配賦法と複数基準配賦法

問題 1 単一基準配賦法と複数基準配賦法
（基本問題）

★★★★☆ 基本
答案用紙　P.60
解答・解説　P.13-1

日付	/	/	/
✓			

　ＮＳ工業の静岡工場では受注生産方式を採用しており、部門別の全部実際個別原価計算を採用している。そこで、下掲の５月の原価計算関係資料にもとづき、補助部門費の配賦について（Ａ）単一基準配賦法により製造部門に実際配賦を行う場合、（Ｂ）単一基準配賦法により製造部門に予定配賦を行う場合、（Ｃ）複数基準配賦法により固定費はその予算額を配賦し、また、変動費については予定配賦を行う場合、のそれぞれについて答案用紙の電力部門勘定に記入を行って完成させなさい。

📄 資料

1. 当工場では甲製造部門と乙製造部門の他に、補助部門として電力部門を有している。
2. 電力部門の部門費

	固定費	変動費
月間予算額	2,376,000円	2,574,000円
実際発生額	2,400,000円	2,462,000円

3. 電力部門の原価データ

	甲製造部門	乙製造部門	合　計
月間電力消費能力	6,050kWh	4,950kWh	11,000kWh
月間電力予定消費量	5,400kWh	4,500kWh	9,900kWh
月間電力実際消費量	4,900kWh	4,450kWh	9,350kWh

　（注）資料２．の変動費月間予算額 2,574,000円は、上記月間電力予定消費量 9,900kWh にもとづいて算定されている。

問題 2 単一基準配賦法と複数基準配賦法 （もっとも望ましい配賦方法）

★★★★☆ 応用

答案用紙 P.60
解答・解説 P.13-3

日付	/	/	/
✓			

当社工場は製造部門として切削部と組立部、補助部門として動力部がある。次の資料にもとづき、各問に答えなさい。

📄 資料

1. 各製造部門の動力消費量に関するデータ

(1) 年間消費能力

	切削部	組立部	合 計
年間消費能力	25,920kWh	17,280kWh	43,200kWh

(2) 当年度期首における年間予定消費量

	切削部	組立部	合 計
予定消費量	19,440kWh	12,960kWh	32,400kWh

(3) 当年10月の実際消費量

	切削部	組立部	合 計
実際消費量	1,690kWh	910kWh	2,600kWh

2. 動力部に関するデータ

	月間動力供給量	動力部費			
		変動費	固定費		合計
月次予算	2,700kWh	燃 料 費 4,320,000円	労 務 費 1,485,000円 減価償却費 1,755,000円 そ の 他 1,620,000円		9,180,000円
10月実績	2,600kWh	燃 料 費 4,420,000円	労 務 費 1,508,000円 減価償却費 1,755,000円 そ の 他 1,677,000円		9,360,000円

3. 当年11月開催の原価計算会議の内容の一部

切 削 部 長：「補助部門費の配賦計算は直接配賦法による実際配賦が行われています。この方法ですと私たちの部門は動力部の浪費まで負担することになり納得できません」

原価計算課長：「それなら実際配賦ではなく、予定配賦に変更することを考えましょう。予定配賦にすれば動力部の浪費を配賦されることはなくなります。いかがですか？」

動 力 部 長：「この方法では、私たちの部門に操業度差異が出てしまいます。操業度差異は当部門にとって管理不能であり製造部門に負担していただかないと困ります」

原価計算課長：「う〜ん、では動力部の変動費は（ ア ）配賦し、固定費は製造部門の動力（ イ ）の割合で予算額を配賦する（ ウ ）法によって配賦計算をしましょう」

問1. 10月の動力部費を単一基準配賦法により実際配賦した場合、動力部費の実際配賦率と切削部に対する実際配賦額を計算しなさい。

問2．10月の動力部費を単一基準配賦法により予定配賦した場合、予定配賦額と総差異を動力部勘定に記入しなさい。また、総差異を予算差異と操業度差異とに分析し、各勘定に記入しなさい。

問3．資料3．の会話文中の空欄に入る適切な語句を答えなさい。また、原価計算課長が最後に提案した方法によって、組立部に対する動力部費配賦額を計算しなさい。

<table>
<tr><td>問題
3</td><td>複数基準配賦法・予算額配賦
（差異分析）</td><td>★★★★☆　基本
答案用紙　P.62
解答・解説　P.13-5</td><td>日付
✓</td><td>／</td><td>／</td><td>／</td></tr>
</table>

次のシュラッター＝シュラッターの図と計算条件にもとづき、答案用紙の部門別配賦表（当月予算と当月実績）と部門費関係諸勘定の記入を完成しなさい。

📋 計算条件

1．製造部門における予定配賦率には、複数基準配賦法および直接配賦法による配賦額がすでに含まれているものとする。

補助部門費予算額の製造部門への配賦額は次のとおりである。

	切削部	仕上部
電力部	38,700円	47,300円
総務部	10,000円	9,000円

2．補助部門費の配賦は、直接配賦法による複数基準配賦法を採用しており、変動費については用役消費量にもとづき予定配賦する。また、固定費については、その予算額を用役消費能力にもとづき配賦する。

補助部門費の配賦基準は次のとおりである。なお、電力消費能力は予定電力消費量に等しい。

	切削部	仕上部	電力部	総務部
電力消費能力(kWh)	540	660	–	–
実際電力消費量(kWh)	420	530	–	–
従業員数(人)	100	90	10	5

3．その他のデータは以下の図および答案用紙に記入してある。

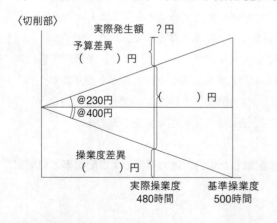

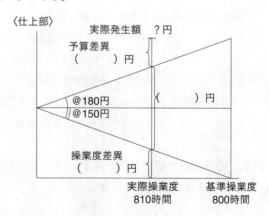

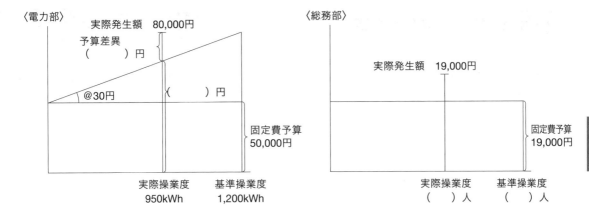

〈電力部〉

実際発生額　80,000円

予算差異
（　　　）円

@30円

（　　　）円

固定費予算
50,000円

実際操業度
950kWh

基準操業度
1,200kWh

〈総務部〉

実際発生額　19,000円

固定費予算
19,000円

実際操業度
（　　　）人

基準操業度
（　　　）人

問題 4 複数基準配賦法（連立方程式法）

★★★★☆　基本
答案用紙　P.63
解答・解説　P.13-8

日付 ／ ／ ／
✓

　当社では実際部門別個別原価計算を行っている。補助部門費の配賦方法は、複数基準配賦法による相互配賦法（連立方程式法）を採用している。次の資料にもとづき、甲製造部門の製品への予定配賦率を示しなさい。

📋 資料

1．補助部門費配賦前の部門費予算

　　甲製造部門　　固定費　315,600円　変動費　224,800円

　　乙製造部門　　固定費　731,900円　変動費　804,000円

　　動 力 部 門　　固定費　323,400円　変動費　202,900円

　　修 繕 部 門　　固定費　129,200円　変動費　86,500円

2．各部門の動力消費能力

　　甲製造部門　299,000kWh　乙製造部門　218,500kWh　修繕部門　57,500kWh

3．各部門の動力予定消費量

　　甲製造部門　220,000kWh　乙製造部門　165,000kWh　修繕部門　55,000kWh

4．各部門の修繕消費能力

　　甲製造部門　3,600時間　　乙製造部門　1,500時間　　動力部門　900時間

5．各部門の修繕予定時間

　　甲製造部門　2,800時間　　乙製造部門　1,450時間　　動力部門　750時間

6．甲製造部門の直接作業時間（基準操業度）　1,600時間

問題 5 部門別計算の総合問題

★★★☆☆ 応用
答案用紙 P.64
解答・解説 P.13-11

日付	/	/	/
✓			

問1. 当社では自動車部品の受注生産を行い、原価計算については、部門別の予定配賦率を用いた予定配賦が行われている。そこで、以下の資料を参照して(a)部門費予定配賦率を算定し、(b)答案用紙の部門費関係勘定に記入し、(c)差異の分析を行い、(d)指図書別原価計算表を完成させなさい。

　　なお、(b)については、締切りも行うこと。

📄 資料

1. 材料費に関するデータ

　　材料の予定消費価格と指図書別消費量は次のとおりである。

種類	予定消費価格	No.1	No.2	No.3	No.4	No.5	備　考
甲材料	250円/kg	20kg	30kg	15kg	40kg	5kg	この他に第1製造部で、17kgを補助材料として使用した。
乙材料	300円/kg	10kg	25kg	36kg	18kg	17kg	この他に動力部で、2kgを補助材料として使用した。

(注)補助材料費は変動費として扱う。

2. 労務費に関するデータ

(1) 直接工の部門別予定消費賃率は以下の資料にもとづいて算定されている(年間)。

　　直接工の消費賃金は基本賃金と加給金にもとづいて算定される予定平均賃率に、実際作業時間を掛けて計算している(間接労務費は固定費として扱う)。

	基本賃金年間予算	加給金年間予算	直接作業時間	間接作業時間	手待時間	定時休憩時間	職場離脱時間
第1製造部	1,500,000円	375,000円	1,200時間	450時間	225時間	178時間	10時間
第2製造部	800,000円	203,000円	960時間	190時間	30時間	20時間	5時間

(2) 当月の作業時間の内訳は次のとおりである。

	直接作業時間	間接作業時間	手待時間	定時休憩時間	職場離脱時間
第1製造部	95時間	12時間	8時間	15時間	2時間
第2製造部	78時間	7時間	2時間	2時間	－時間

　　また、直接作業時間の指図書別内訳は次のとおりである。

	No.1	No.2	No.3	No.4	No.5
第1製造部	15時間	30時間	－時間	30時間	20時間
第2製造部	5時間	25時間	16時間	18時間	14時間

3．製造間接費に関するデータ

(1) 部門費月間予算額

	第1製造部	第2製造部	動力部
変動費	15,900円	5,700円	2,000円
固定費	34,900円	16,920円	6,400円

(2) 補助部門の月間用役提供(消費)能力。なお、予想用役提供(消費)量と等しいものとする。

	第1製造部	第2製造部
動力部	55kWh	45kWh

(3) 補助部門の当月実際用役提供(消費)量

	第1製造部	第2製造部
動力部	50kWh	45kWh

(4) 当月の部門費実際発生額は次のとおりであった（ただし、他の資料から判明するものを除いた金額である）。

	第1製造部	第2製造部	動力部
変動費	12,250円	5,900円	1,600円
固定費	13,980円	8,670円	6,500円

(5) 製造部門費については、公式法変動予算を設定しており、各部門の変動予算許容額は、□ ? □円(月額)＋□ ? □円／時×(直接作業時間)で表されるものとする。なお、基準操業度(月間)は第1製造部門が100直接作業時間、第2製造部門が80直接作業時間である。

(6) 当工場では、従来から動力部費の製造部門への配賦について、動力部の浪費である□ (イ) □を製造部門に配賦しないよう工夫し、単一基準の予定配賦を行ってきた。しかし、この方法では、動力部にとって管理不能な□ (ロ) □が動力部の勘定に残ってしまうことが判明した。そこで、この欠点を改善するために、動力部の変動費は従来どおり□ (ハ) □配賦し、固定費は、製造部門の動力□ (ニ) □の割合で予算額を配賦する□ (ホ) □配賦法を採用することになった。

(7) 指図書No.2とNo.5を除いて、すべて当月中に完成した。

(8) 指図書No.1は前月から繰り越されてきたものであり、月初仕掛品原価は500円（うち製造間接費124円）である。

問2．資料3(6)の□ (イ) □〜□ (ホ) □の空欄に適切な言葉を補充しなさい。また、当月の資料から□ (イ) □と□ (ロ) □の金額はいくらになるかを求めなさい。

問題
6 活動基準原価計算
（基本問題）

★★★☆☆ 　基本
答案用紙　P.66
解答・解説　P.13-16

日付	/	/	/
✓			

当社では製品X、Y、Zを生産販売している。

問1．次の資料1にもとづき、伝統的全部原価計算によりX、Y、Zの製品単位あたり原価を求めなさい。

📋 資料1

製 品 品 種	X	Y	Z
直 接 材 料 費	1,000円	1,200円	700円
直 接 作 業 時 間	1.0時間	1.2時間	0.5時間
生産・販売量	2,000個	1,500個	1,000個

直接工の賃率は1,200円／時、製造間接費予算は6,450,000円である。なお、製造間接費は直接作業時間を配賦基準として配賦している。

問2．次の資料2にもとづき、活動基準原価計算によるX、Y、Zの製品単位あたり原価を求めなさい。
ただし、各製品に直接跡付けられるコストは直課し、その他のコストは適切な活動ドライバーによって配賦する。また、管理活動コスト・プールには適切な基準がないので、資料1の直接作業時間を基準として採用する。

📋 資料2

	金　額
1．生産技術コスト・プール	2,000,000円
2．段取作業コスト・プール	170,000円
3．材料倉庫コスト・プール	440,000円
4．包装出荷コスト・プール	960,000円
5．機械作業コスト・プール	528,000円
6．品質保証コスト・プール	
製品X専用検査費用	18,000円
製品Y専用検査費用	1,000円
製品Z専用検査費用	113,000円
その他の品質保証費	930,000円
7．管理活動コスト・プール	1,290,000円
合　　計	6,450,000円

活動ドライバー	X	Y	Z
製品仕様書作成時間	100時間	130時間	20時間
段取時間	7時間	4時間	6時間
材料倉庫専有面積	1,500㎡	1,100㎡	1,800㎡
出荷回数	4回	7回	9回
機械運転時間	0.6時間／個	0.72時間／個	3時間／個
抜取検査回数	60回	72回	178回

活動基準原価計算
（目標販売単価）

当社では、製品Ａと製品Ｂを生産販売している。各問に答えなさい。

問1．下記の資料にもとづいて、伝統的全部原価計算により製品Ａと製品Ｂの製品単位あたり製造原価および販売単価を計算しなさい。当社では、製造単価に40％のマーク・アップを行って、目標販売単価を設定している。

📋 資料

1．製品単位あたりの当期予算データ

製 品 品 種	製品Ａ	製品Ｂ
直 接 材 料 費	@2,400円	@1,500円
直 接 作 業 時 間	？時間	？時間

　①　直接工の消費賃率は1,200円/時間である。

　②　製品Ａと製品Ｂに対する計画直接作業時間はあわせて210,000時間であり、製品Ａ、製品Ｂの計画生産販売量はそれぞれ12,000個、36,000個である。

　③　製品Ａの単位あたり直接作業時間は、製品Ｂの9分の8である。

2．当期製造間接費予算額　88,200,000円（直接作業時間を基準に予定配賦している）

問2．問1で求めた目標販売単価で営業活動を行ったところ、製品Ａについては、当初の予想をはるかに上回る売行きを示し、販売単価を値上げしても注文が殺到した。しかし、製品Ｂについては大幅な値下げを行わないと売ることができなかった。上層部より、この原因の究明を命じられた担当者は、伝統的全部原価計算における製品単位原価の正確性に疑問を持ち、活動基準原価計算によって製品原価計算を行ってみることにした。また、活動基準原価計算を行うにあたって、発注・受入活動、組立活動、検査活動、補修活動、出荷活動および工場管理活動の6つのコスト・プールを設けた。そこで、次ページの資料にもとづいて各設問に答えなさい。

資料

1. 製品Ａの製造には50種類の部品を利用しているが、各部品について年間40回ずつの発注を行う。また、製品Ｂの製造には20種類の部品を利用しているが、各部品について年間20回ずつ発注を行う。

2. 両製品とも全品検査を行い、1個あたりの検査時間は製品Ａが12分、製品Ｂが6分である。なお、下表中の検査活動にかかる単位あたりコストは1時間あたりのコストである。

3. 製品Ａの生産では生産量の10％の仕損、製品Ｂの生産では1.5％の仕損が発生するが、すべて補修を行う。

4. 製品の出荷については、1回につき製品Ａが15個、製品Ｂが150個である。

5. 製造間接費の配賦計算にかかわるデータは下表のとおりである。

コスト・プール	コスト・ドライバー	単位あたりコスト	各製品のコスト・ドライバー量	
			製品Ａ	製品Ｂ
発注・受入活動	発 注 回 数	@3,600円	（イ）	（ロ）
組 立 活 動	直接作業時間	@46円	？　時間	？　時間
検 査 活 動	検 査 時 間	@900円	（ハ）	（ニ）
補 修 活 動	仕 損 品 数	@9,000円	（ホ）	（ヘ）
出 荷 活 動	出 荷 回 数	@30,000円	（ト）	（チ）
工場管理活動	直接作業時間	@84円	？　時間	？　時間

〔設問1〕 空欄（イ）〜（チ）に入る数値を答えなさい。

〔設問2〕 活動基準原価計算により、製品Ａと製品Ｂの単位あたり製造原価を計算し、製造単価に40％のマーク・アップを行って、各製品の目標販売単価を計算しなさい。

本社・工場間の取引

★★☆☆☆　　基本
答案用紙　P.67
解答・解説　P.14-1

日付	/	/	/
✓			

　次の(1)から(8)の各取引について、本社、工場それぞれの仕訳を示しなさい。なお、工場には本社、材料、賃金、製造間接費、仕掛品、製品の6つの勘定が設けられている。仕訳の必要がない場合には、借方に「仕訳なし」と記入すること。

(1)　本社は、材料80,000円を掛けで購入し、工場に直接納入した。

(2)　直接材料24,000円、間接材料3,000円を消費した。

(3)　本社は、直接工の賃金60,000円を普通預金から支給した。

(4)　上記(3)の賃金の消費額は、直接労務費51,000円、間接労務費9,000円であった。

(5)　本社は、工場の間接経費12,000円を小切手を振り出して支払った。

(6)　製造間接費25,000円(予定配賦額)を製品に配賦した。

(7)　工場で製品78,000円が完成し、そのうち70,000円分を本社の倉庫に、残りを工場の倉庫に納入した。

(8)　本社は、原価44,000円の製品を69,000円で掛売りし、本社の倉庫から出荷した。

問題 2 内部利益

★★★☆☆ 基本
答案用紙 P.68
解答・解説 P.14-2

日付 / / /
✓

以下の各問に答えなさい。

問1. 次の(1)、(2)の各取引について本社、工場それぞれの仕訳を示しなさい。なお、工場の仕訳で用いる勘定科目は、以下から選択すること。また、仕訳の必要がない場合には、借方に「仕訳なし」と記入すること。

> 本社、売掛金、仕掛品、製品、本社売上、本社売上原価

(1) 工場において、製品900個が完成した。その製造原価は990,000円である。

(2) 工場は、上記(1)の製品のうち800個を本社に販売した。なお、工場が本社に製品を販売するさいには、製造原価にその20%の利益を付加している。

問2. 次の取引について本社の仕訳を示し、月末に本社が保有する製品に含まれる内部利益の金額を答えなさい。

本社は、問1の(2)の製品800個のうち750個を外部の顧客に1,650,000円で販売し、代金は掛けとした。なお、本社には月初に製品の在庫はなく、当月の仕入と販売は上記より判明するものの他はない。

問題 3　本社工場会計での帳簿の締切り

★★★☆☆　基本
答案用紙　P.68
解答・解説　P.14-3

日付	／	／	／
✓			

　当社は、工場の会計を独立させている。下記の資料にもとづいて、本社における総合損益勘定への記入を行い、締切りなさい。

📋 資料

1．工場から本社への製品の販売

　　工場は、製造原価@500円（毎期一定）の製品をその原価に10％の利益を付加して本社に販売している。

2．本社による製品販売

　　本社は、工場から仕入れた製品を外部の顧客に販売しており、当月の販売データは次のとおりであった。

月初製品在庫	400 個
当月仕入	2,200 個
計	2,600 個
月末製品在庫	300 個
当月販売量	2,300 個

3．月次損益勘定

　　月末における損益振替後の月次損益勘定は次のとおりであった。

本社		月次損益	
売　上　原　価	（各自推定）	売　　　　　上	1,840,000
販売費及び一般管理費	285,000		

工場		月次損益	
本社売上原価	（各自推定）	本　社　売　上	1,210,000

解答・解説編

【チェック表】

Chapter	Section	重要度	メモ(解けなかった問題、解いた日付など)
1 工業簿記・原価計算の基礎	2 製品原価計算の基礎	★★	
	3 勘定連絡と財務諸表	★★★	
2 費目別計算の基本	2 材料の購入原価と材料副費	★★	
	3 労務費の基礎知識	★★	
	4 経費の基礎知識	★★	
3 製造間接費と部門別計算の基本	2 製造間接費の予定配賦	★★★	
	3 部門別計算の基礎知識	★★★	
	4 部門別配賦 (予定配賦)	★★	
4 個別原価計算	1 個別原価計算の基礎知識	★★	
	2 個別原価計算における仕損	★★	
5 総合原価計算の基本	1 総合原価計算の基礎知識	★★★	
6 総合原価計算における仕損・減損	1 仕損・減損の処理〜度外視法〜	★★★	
	2 仕損・減損の処理〜非度外視法〜	★★★	
	3 仕損品に評価額がある場合	★★★	
7 工程別総合原価計算	1 工程別総合原価計算〜累加法〜	★★	
	2 工程別総合原価計算〜非累加法〜	★	
	3 加工費工程別総合原価計算	★	
8 組別・等級別総合原価計算	1 組別総合原価計算	★	
	2 等級別総合原価計算	★	
9 連産品と副産物	1 連産品	★★	
	2 副産物と作業屑	★	
10 標準原価計算の基本	1 標準原価計算の基礎知識	★	
	2 標準原価計算の計算手続	★★	
	3 標準原価計算の勘定記入	★★	
	4 標準原価差異の分析	★★★	
11 標準原価計算の応用	1 仕損・減損の処理	★★★	
	2 歩留差異・配合差異の分析	★★★	
	3 標準原価計算のその他の計算形態	★	
	4 標準原価差異の会計処理	★	
12 費目別計算の応用	1 材料費の計算	★★	
	2 消費賃金の計算	★★	
	3 外注加工賃	★	
13 部門別計算の応用	1 単一基準配賦法と複数基準配賦法	★★	
	2 活動基準原価計算	★★	
14 本社工場会計	1 本社工場会計の基礎知識	★★	
	2 帳簿の締切り	★★	

Chapter

1 工業簿記・原価計算の基礎

Section

2 製品原価計算の基礎

 1 理論問題～原価計算制度上の原価～

|解答|

Ⅰ	C	Ⅱ	構成しない

|解説|

試験では、本問の形式のような正誤問題が出題されることがあります。

原価は、経営目的に関連したものでなければなりません。ここでの経営目的とは一定の財貨を生産し販売することであり、資金の借入などの財務活動は含まれません。よって、借入金の利息は、原則として原価を構成しません。

 2 理論問題～原価の分類～

|解答|

問1	ア	総 原 価	イ	製 造	ウ	販 売	エ	一般管理

※ウとエは順不同

問2	ア	材 料	イ	労 務	ウ	経	エ	製造直接費	オ	製造間接費

|解説|

原価の分類は、これからの計算の学習を進めるうえで必要不可欠な知識です。

特に、問2の製造原価の分類は2級の復習事項でもありますので、よく理解しておきましょう。

Section

3 勘定連絡と財務諸表

問題
3 勘定連絡

|解答|

(1)	材 料	100,000	支 払 手 形	100,000
(2)	仕 掛 品	50,000	材 料	80,000
	製 造 間 接 費	30,000		
(3)	賃 金 ・ 給 料	300,000	現 金	300,000
(4)	仕 掛 品	210,000	賃 金 ・ 給 料	300,000
	製 造 間 接 費	70,000		
	販売費及び一般管理費	20,000		
(5)	経 費	250,000	当 座 預 金	250,000
(6)	製 造 間 接 費	180,000	経 費	250,000
	販売費及び一般管理費	70,000		
(7)	仕 掛 品	280,000[01]	製 造 間 接 費	280,000
(8)	製 品	520,000	仕 掛 品	520,000
(9)	売 掛 金	1,000,000	売 上	1,000,000
(10)	売 上 原 価	600,000	製 品	600,000
(11)	売 上	1,000,000	月 次 損 益	1,000,000
	月 次 損 益	690,000	売 上 原 価	600,000
			販売費及び一般管理費	90,000

01) 30,000円＋70,000円＋180,000円＝280,000円

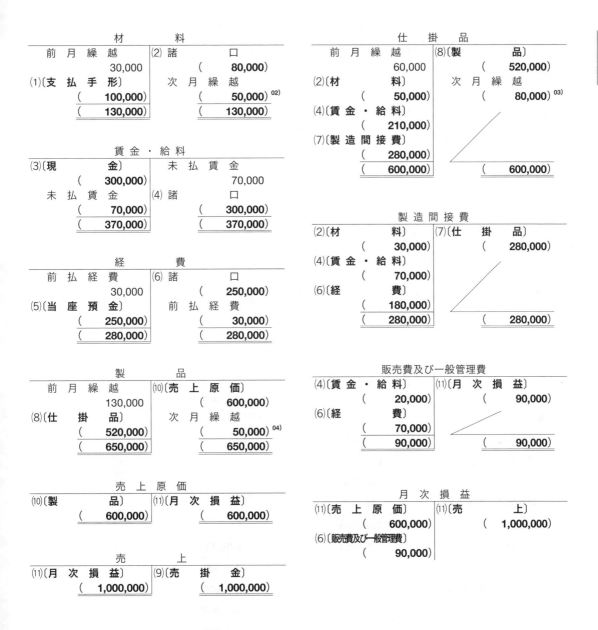

	材	料	
前 月 繰 越	30,000	⑵諸　　　　口	(80,000)
⑴〔支 払 手 形〕	(100,000)	次 月 繰 越	(50,000) 02)
	(130,000)		(130,000)

	賃 金・給 料		
⑶〔現　　　　金〕	(300,000)	未 払 賃 金	70,000
未 払 賃 金	(70,000)	⑷諸　　　　口	(300,000)
	(370,000)		(370,000)

	経	費	
前 払 経 費	30,000	⑹諸　　　　口	(250,000)
⑸〔当 座 預 金〕	(250,000)	前 払 経 費	(30,000)
	(280,000)		(280,000)

	製	品	
前 月 繰 越	130,000	⑽〔売 上 原 価〕	(600,000)
⑻〔仕 掛 品〕	(520,000)	次 月 繰 越	(50,000) 04)
	(650,000)		(650,000)

	売 上 原 価		
⑽〔製　　　　品〕	(600,000)	⑾〔月 次 損 益〕	(600,000)

	売	上	
⑾〔月 次 損 益〕	(1,000,000)	⑼〔売 掛 金〕	(1,000,000)

	仕 掛 品		
前 月 繰 越	60,000	⑻〔製　　　　品〕	(520,000)
⑵〔材　　　　料〕	(50,000)	次 月 繰 越	(80,000) 03)
⑷〔賃 金・給 料〕	(210,000)		
⑺〔製 造 間 接 費〕	(280,000)		
	(600,000)		(600,000)

	製 造 間 接 費		
⑵〔材　　　　料〕	(30,000)	⑺〔仕 掛 品〕	(280,000)
⑷〔賃 金・給 料〕	(70,000)		
⑹〔経　　　　費〕	(180,000)		
	(280,000)		(280,000)

	販売費及び一般管理費		
⑷〔賃 金・給 料〕	(20,000)	⑾〔月 次 損 益〕	(90,000)
⑹〔経　　　　費〕	(70,000)		
	(90,000)		(90,000)

	月 次 損 益		
⑾〔売 上 原 価〕	(600,000)	⑾〔売　　　　上〕	(1,000,000)
⑹〔販売費及び一般管理費〕	(90,000)		

02) 30,000円＋100,000円－80,000円＝50,000円

03) 60,000円＋50,000円＋210,000円＋280,000円－520,000円＝80,000円

04) 130,000円＋520,000円－600,000円＝50,000円

|解答|

仕　掛　品

前 期 繰 越 (	**8,400**)	製 　品 (	**697,200**) 04)
直 接 材 料 費 (	**455,000**) 01)	次 期 繰 越 (	**12,600**)
直 接 労 務 費 (	**148,400**) 02)		
製 造 間 接 費 (	**98,000**) 03)		
(	**709,800**)	(	**709,800**)

01)　25,200円＋462,000円－32,200円＝455,000円
　　　　期首　　　当期仕入　　　期末

02)　142,800円－25,200円＋30,800円＝148,400円
　　　　　　　　期首未払　　期末未払

03)　製造間接費当期予定配賦額を記入します。

04)　貸借差額で求めます。

損益計算書

××社　　　　　　自×1年1月1日　至×1年12月31日　　　　　　　（単位：円）

Ⅰ　売　上　高			(	**1,120,000**)
Ⅱ　売　上　原　価				
1．期首製品棚卸高	(	**28,000**)		
2．当期製品製造原価	(	**697,200**) 05)		
合　　　計	(	**725,200**)		
3．期末製品棚卸高	(	**36,400**)		
差　　　引	(	**688,800**)		
4．原　価　差　額	(	**9,800**) 06)	(	**679,000**)
売上総利益			(	**441,000**)
Ⅲ　販売費及び一般管理費			(	**224,000**)
営 業 利 益			(	**217,000**)
Ⅳ　営 業 外 収 益			(	**42,000**)
Ⅴ　営 業 外 費 用			(	**35,000**)
経 常 利 益			(	**224,000**)

05)　上記仕掛品勘定で求めた完成品原価（製品）を記入します。

06)　製造間接費配賦差異：98,000円－88,200円＝9,800円（有利差異）
　　　　　　　　　　　　　　予定　　　実際

　　有利差異は売上原価から減算します。

問題 5　製造原価報告書の作成

|解答|

製造原価報告書　　　　　　　　（単位：円）

Ⅰ　材　料　費
　1．期首材料棚卸高　　（　　　　82,600）
　2．当期材料仕入高　　（　　　612,000）
　　　　合　　　計　　　（　　　694,600）
　3．期末材料棚卸高　　（　　　　95,400）
　　　　当 期 材 料 費　　　　　　　　　（　　　599,200）
Ⅱ　労　務　費
　　　　当 期 労 務 費　　　　　　　　　（　　　520,800）
Ⅲ　経　　　費
　1．電　力　料　　　　（　　　151,200）
　2．運　　　賃　　　　（　　　　36,400）
　3．保　険　料　　　　（　　　　50,400）
　4．減 価 償 却 費　　（　　　　95,200）
　5．棚 卸 減 耗 費　　（　　　　 1,600）
　　　　当 期 経 費　　　　　　　　　　（　　　334,800）
　　　　当期総製造費用　　　　　　　　　（　　1,454,800）
　　　〔期首仕掛品棚卸高〕　　　　　　　（　　　145,600）
　　　　合　　　計　　　　　　　　　　　（　　1,600,400）
　　　〔期末仕掛品棚卸高〕　　　　　　　（　　　140,000）
　　　〔当期製品製造原価〕　　　　　　　（　　1,460,400）

当期売上原価は　1,530,400　円である。

解説

1. 材料費

主 要 材 料

期首有高 64,400円	当期消費 519,400円⁰³⁾
当期購入 535,000円	棚卸減耗費（製造原価） 1,600円⁰²⁾
	棚卸減耗費（非原価） 400円⁰²⁾
	期末有高（実地） 78,000円⁰¹⁾

工 場 消 耗 品

期首有高 18,200円	当期消費 79,800円
当期購入 77,000円	期末有高（帳簿） 15,400円

期末有高（帳簿） 80,000円

製造原価報告書の材料費欄には、上記の合計を記入します。なお、期末材料棚卸高は帳簿棚卸高の合計です。

01) @100円×780個=78,000円
      実地

02) 棚卸減耗費総額：@100円×(800個−780個)=2,000円
                              帳簿   実地

製造原価（間接経費）とする棚卸減耗費：

$2,000円 \times \dfrac{4}{5} = 1,600円$　…正常な棚卸減耗費

非原価項目とする棚卸減耗費：

$2,000円 \times \dfrac{1}{5} = 400円$　…異常な棚卸減耗費

※ 詳しくは、『テキストⅡ』Chapter12で扱っています。

03) 貸借差額

2. 労務費

賃　　金

当期支払 515,200円	期首未払 33,600円
期末未払 39,200円	当期消費 520,800円

3．経費

経　　費	
当期支払（電力料） 147,000円	期首未払（電力料） 19,600円
当期支払（運賃） 36,400円	期末前払（保険料） 16,800円
当期支払（保険料） 67,200円	
減価償却費 95,200円	当期消費 334,800円
棚卸減耗費（製造原価） 1,600円	
期末未払（電力料） 23,800円	

製造原価報告書上の金額：

電力料：

147,000円 － 19,600円 ＋ 23,800円

＝ 151,200円

保険料：

67,200円 － 16,800円 ＝ 50,400円

4．仕掛品・製品

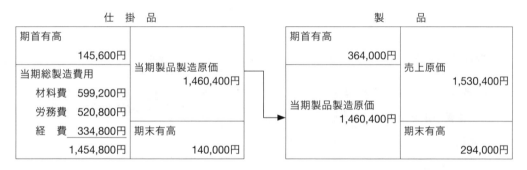

仕　掛　品	
期首有高 145,600円	当期製品製造原価 1,460,400円
当期総製造費用 材料費　599,200円 労務費　520,800円 経　費　334,800円 1,454,800円	期末有高 140,000円

製　　品	
期首有高 364,000円	売上原価 1,530,400円
当期製品製造原価 1,460,400円	期末有高 294,000円

2 材料の購入原価と材料副費

 1 材料副費

|解答|

(1) 材料購入の仕訳

材 料	123,000	当 座 預 金	120,000
		材 料 副 費	3,000 [01]

材料副費実際発生額の仕訳

材 料 副 費	3,500	現 金	3,500

配賦差異計上の仕訳

材料副費配賦差異	500	材 料 副 費	500 [02]

01) 購入代価を配賦基準とします。

材料副費予定配賦率：$\dfrac{50,000円}{2,000,000円}=0.025$

予定配賦額：0.025×120,000円＝3,000円

02) $\underline{3,000円}-\underline{3,500円}=\underline{\triangle500円}$
予定配賦額　実際発生額　不利差異

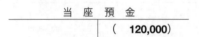

当 座 預 金	
	(120,000)

材 料	
(123,000)	

材 料 副 費	
(3,500)	(3,000)
	(500)

材料副費配賦差異	
(500)	

(2) 材料購入の仕訳

材 料	122,000	当 座 預 金	120,000
		材 料 副 費	2,000 [03]

材料副費実際発生額の仕訳

材 料 副 費	3,500	現 金	3,500

配賦差異計上の仕訳

材料副費配賦差異	1,500	材 料 副 費	1,500 [04]

03) 購入数量を配賦基準とします。

材料副費予定配賦率：$\dfrac{50,000円}{10,000個}=5円/個$

予定配賦額：5円/個×400個＝2,000円

04) $\underline{2,000円}-\underline{3,500円}=\underline{\triangle1,500円}$
予定配賦額　実際発生額　不利差異

問題 2 **賃金の処理**

|解答|

1. 当月の要支払額 **170,000** 01)円

01) 160,000円−20,000円+30,000円＝170,000円

2. 各取引の仕訳

(1)未払賃金勘定で繰り越す方法

ア.	未 払 賃 金	20,000	賃 金	20,000
イ.	賃 金	160,000	預 り 金	15,000
			当 座 預 金	145,000
ウ.	賃 金	30,000	未 払 賃 金	30,000
エ.	仕 掛 品	170,000	賃 金	170,000

(2)賃金勘定で繰り越す方法

ア.	仕 訳 な し			
イ.	賃 金	160,000	預 り 金	15,000
			当 座 預 金	145,000
ウ.	仕 訳 な し			
エ.	仕 掛 品	170,000	賃 金	170,000

Section 4 経費の基礎知識

問題 3 理論問題〜経費〜

|解答|

ア	×	イ	×

|解説|

　アとイの2つの文章は下線部分が誤りです。

ア．費目別計算においては、原価要素を原則として形態別分類を基礎とし、これを直接費と間接費とに大別し、さらに必要に応じて機能別分類を加味して分類する。このように分類すると、法定福利費（健康保険料分担金等）は間接経費に分類される。

　★法定福利費は**間接労務費**です。福利施設負担額(間接経費)とは区別してください。

イ．材料の棚卸減耗の原因が盗難であることが判明したため、この材料の購入原価を間接経費として製品原価に算入した。

　★棚卸減耗についての問題です。減耗の原因が盗難という異常な状態であるため、**非原価項目**として処理すべきです。

Chapter 3 製造間接費と部門別計算の基本

問題 1 基準操業度の選択

|解答|

製品Yへの配賦額 | **67,500** | 円

差異分析：

予 算 差 異 | **5,000** | 円 (**不利**)差異

操業度差異 | **22,500** | 円 (**有利**)差異

|解説|

1. 予定配賦率の計算

$$\frac{1,800,000\,円}{12,000\,時間\,^{01)}} = @150円$$

2. 製品Yへの予定配賦額の計算

$$@150円 \times 450時間 = 67,500円$$

3. 製造間接費配賦差異の差異分析

(1)予算差異

$$\frac{1,800,000\,円\,^{02)}}{12\,カ月} - 155,000円$$
$$= \triangle 5,000円(不利)$$

(2)操業度差異

$$@150円 \times (1,150時間^{03)} - \frac{12,000\,時間}{12\,カ月})$$
$$= 22,500円(有利)$$

01) 本問では、期待実際操業度を基準操業度としています。期待実際操業度は、次の1年間に予想される製品販売量を基礎として計算された操業水準のことです。
資料2–(1)は実際的生産能力（あるいは理論的生産能力）を求めるための資料、2–(2)は平均操業度です。

02) 固定予算を採用しているので年間予算額を単純に1/12とします。

03) 製品Xに対する当月機械時間（700時間）と製品Yに対する当月機械時間（450時間）の合計です。

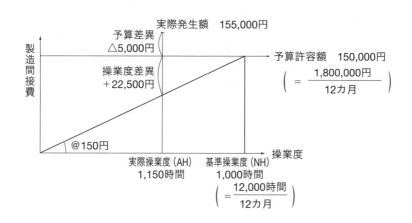

問題 **2** 公式法変動予算と固定予算

|解答|

①予算差異　　　（－）　**3,000**円

　操業度差異　　（－）　**24,500**円

　総　差　異[01]　（－）　**27,500**円

②予算差異　　　（＋）　**25,000**円

　操業度差異　　（－）　**52,500**円

　総　差　異[01]　（－）　**27,500**円

> **01)**　①、②のどちらの方法によっても総差異の金額は同じになります。
> 差異の内訳のみが変わることに注意してください。

|解説|

1. 公式法変動予算における差異分析[02]

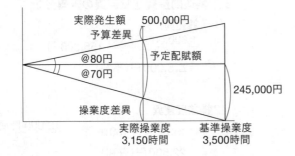

固定費率：

$$\frac{245,000 \text{円}}{3,500 \text{時間}} = @70 \text{円}$$

予定配賦額：

$$(@80\text{円} + @70\text{円}) \times 3,150\text{時間} = 472,500\text{円}$$

総　差　異：

$$\underset{\text{予定配賦額}}{472,500\text{円}} - \underset{\text{実際発生額}}{500,000\text{円}} = \triangle 27,500\text{円（不利差異）}$$

予算差異[03]：

$$\underset{\text{予算許容額}}{@80\text{円} \times 3,150\text{時間} + 245,000\text{円}} - 500,000\text{円}$$

$$= \triangle 3,000\text{円（不利差異）}$$

操業度差異[04]：

$$\underset{\text{固定費率}}{@70\text{円}} \times (3,150\text{時間} - 3,500\text{時間})$$

$$= \triangle 24,500\text{円（不利差異）}$$

> **02)**　差異分析はそれぞれ解説のような図を書くと求めやすくなります。
> **03)**　予算差異＝予算許容額−実際発生額
> **04)**　操業度差異＝固定費率×（実際操業度−基準操業度）

2．固定予算における差異分析

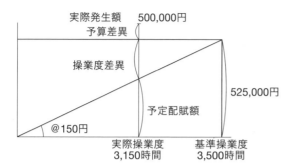

予定配賦率：

$$\frac{525,000\,円}{3,500\,時間} = @150\,円$$

予定配賦額：

@150円 × 3,150時間 = 472,500円

総　差　異 [05]：

472,500円 − 500,000円 = △27,500円（不利差異）

予算差異 [05]：

$$\underset{予算許容額}{525,000\,円} - 500,000\,円$$

= ＋25,000円（有利差異）

操業度差異 [06]：

$$\underset{予定配賦率}{@150\,円} \times (3,150\,時間 - 3,500\,時間)$$

= △52,500円（不利差異）

05) 総差異と予算差異については公式法変動予算と計算式は同じです。ただし、予算許容額の金額は異なります。

06) 操業度差異＝予定配賦率×（実際操業度−基準操業度）

3　製造間接費の予定配賦と配賦差異

|解答|

製造間接費

材　　　料	(400,000)	仕　掛　品	(3,780,000)
賃　　　金	(2,230,000)	〔 操　業　度　差　異 〕	(120,000)
経　　　費	(1,100,000)	〔　　　　　　　　　〕	( )
〔 予　算　差　異 〕	(170,000)		
〔　　　　　　　　〕	( )		
	(3,900,000)		(3,900,000)

予　算　差　異

〔　　　　　　　〕	( )	〔 製　造　間　接　費 〕	(170,000)

操業度差異

〔 製　造　間　接　費 〕	(120,000)	〔　　　　　　〕	( )

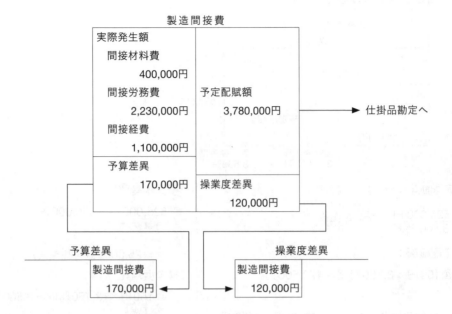

1. 予定配賦率の計算

$$予定配賦率 = \frac{47,880,000 \, 円}{22,800 \, 時間} = @2,100 \, 円$$

2. 予定配賦額の計算

予定配賦額：

@2,100 円 × 1,800 時間 = 3,780,000 円

3. 実際発生額の集計

間接材料費：

@200 円 × 2,000kg = 400,000 円

間接労務費：

直接工の間接労務費

@1,300 円 × 600 時間 = 780,000 円

間接工賃金

1,450,000 円

合計　2,230,000 円

間接経費：

$$13,200,000 \, 円 × \frac{1 \, カ月}{12 \, カ月} = 1,100,000 \, 円$$

実際発生額合計：

400,000 円 + 2,230,000 円 + 1,100,000 円

= 3,730,000 円

4．差異分析

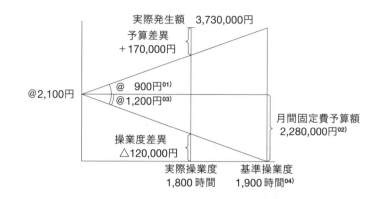

予算差異：

（＠900円[01] × 1,800時間 ＋ 2,280,000円[02]）

－3,730,000円 ＝ 170,000円（有利差異）

操業度差異：

＠1,200円[03] × （1,800時間 － 1,900時間[04]）

＝△120,000円（不利差異）

01) 変動費率

$$\frac{47,880,000円 - 27,360,000円}{22,800時間} = @900円$$

02) 月間固定費予算額

$$27,360,000円 × \frac{1 ヵ月}{12 ヵ月} = 2,280,000円$$

03) 固定費率

$$\frac{27,360,000円}{22,800時間} = @1,200円$$

04) 基準操業度（月間）

$$22,800時間 × \frac{1 ヵ月}{12 ヵ月} = 1,900時間$$

理論問題〜製造間接費〜

|解答|

ア	×	イ	○	ウ	○	エ	×	オ	×

|解説|

ア．実際原価計算制度と標準原価計算制度のそ
れぞれにおいて把握される差異の異同に注意
してください。

実際原価計算制度において生ずる主要な原
価差異としては、材料副費配賦差異、材料消
費価格差異、賃率差異、製造間接費予算差異、
操業度差異があります。

材料数量差異、**作業時間差異**、**能率差異**は、
標準原価計算制度の中でのみ把握される差異
です。

イ．実際配賦率を用いると（a）配賦率が月々変
動する、（b）計算が遅れるという２つのデメ
リットがあることから、原則として**予定配賦
率**を用います。

ウ．実際原価計算において生じた差額は、正常
な発生額で、合理的に僅少である場合、**売上
原価**に賦課します。

エ．この文章は**実際的生産能力**[01] の説明とし
て妥当なものです。

オ．この文章は**期待実際操業度**[02] の説明とし
て妥当なものです。

01) 問題文中の"実現可能な最大操業水準"という言葉に注意します。

02) 問題文中の"次の１年間に予想される製品販売量"という言葉に注意します。

Section

3　部門別計算の基礎知識

問題
5　直接配賦法

|解答|

補助部門費配賦表

摘　要	合　計	製造部門		補助部門		
		切削部	組立部	動力部	修繕部	事務部
部　門　費	3,350,000	1,500,000	1,200,000	300,000	200,000	150,000
動 力 部 費		150,000	150,000			
修 繕 部 費		120,000	80,000			
事 務 部 費		90,000	60,000			
製 造 部 門 費	3,350,000	1,860,000	1,490,000			

切　　削　　部

製 造 間 接 費	1,500,000	仕　掛　品	(	1,860,000)
動　力　部	(150,000)			
修　繕　部	(120,000)			
事　務　部	(90,000)			
	(1,860,000)		(	1,860,000)

組　　立　　部

製 造 間 接 費	1,200,000	仕　掛　品	(	1,490,000)
動　力　部	(150,000)			
修　繕　部	(80,000)			
事　務　部	(60,000)			
	(1,490,000)		(	1,490,000)

動　　力　　部

製 造 間 接 費	300,000	切　削　部	(	150,000)
		組　立　部	(	150,000)
	300,000		(	300,000)

修　　繕　　部

製 造 間 接 費	200,000	切　削　部	(	120,000)
		組　立　部	(	80,000)
	200,000		(	200,000)

事　　務　　部

製 造 間 接 費	150,000	切　削　部	(	90,000)
		組　立　部	(	60,000)
	150,000		(	150,000)

直接配賦法は、補助部門間の用役授受を無視する方法です。

1．動力部費の配賦計算

$$\frac{300,000 円}{800kWh} \times 400kWh = 150,000 円$$

→切削部門へ

$$\frac{300,000 円}{800kWh} \times 400kWh = 150,000 円$$

→組立部門へ

2．修繕部費の配賦計算

$$\frac{200,000 円}{250 時間} \times 150 時間 = 120,000 円$$

→切削部門へ

$$\frac{200,000 円}{250 時間} \times 100 時間 = 80,000 円$$

→組立部門へ

3．事務部費の配賦計算

$$\frac{150,000 円}{50 人} \times 30 人 = 90,000 円$$

→切削部門へ

$$\frac{150,000 円}{50 人} \times 20 人 = 60,000 円$$

→組立部門へ

勘定連絡図

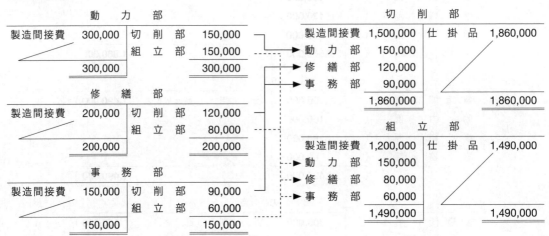

問題 6 相互配賦法（簡便法）

解答

補助部門費配賦表

摘　要	合　計	製造部門		補助部門		
		機械部	組立部	材料部	保全部	事務部
部　門　費	2,900,000	1,000,000	700,000	600,000	400,000	200,000
第 1 次配賦						
材 料 部 費		200,000	280,000	－	120,000	－
保 全 部 費		200,000	150,000	50,000	－	－
事 務 部 費		40,000	100,000	40,000	20,000	－
第 2 次配賦				90,000	140,000	－
材 料 部 費		37,500	52,500			
保 全 部 費		80,000	60,000			
製 造 部 門 費	2,900,000	1,557,500	1,342,500			

解説

簡便法としての相互配賦法とは、第 1 次配賦では補助部門相互の配賦を行い、第 2 次配賦では直接配賦法と同様に配賦を行う方法です。

1．第 1 次配賦

①材料部

$$\frac{600,000円}{1,500kg} \times 500kg = 200,000円 \to 機械部へ$$

$$\frac{600,000円}{1,500kg} \times 700kg = 280,000円 \to 組立部へ$$

$$\frac{600,000円}{1,500kg} \times 300kg = 120,000円 \to 保全部へ$$

②保全部

$$\frac{400,000円}{400時間} \times 200時間 = 200,000円 \to 機械部へ$$

$$\frac{400,000円}{400時間} \times 150時間 = 150,000円 \to 組立部へ$$

$$\frac{400,000円}{400時間} \times 50時間 = 50,000円 \to 材料部へ$$

③事務部

$$\frac{200,000円}{100人} \times 20人 = 40,000円$$

→機械部へ

$$\frac{200,000円}{100人} \times 50人 = 100,000円$$

→組立部へ

$$\frac{200,000円}{100人} \times 20人 = 40,000円$$

→材料部へ

$$\frac{200,000円}{100人} \times 10人 = 20,000円$$

→保全部へ

2．第2次配賦

①材料部

$$\frac{90,000円}{1,200kg^{01)}} \times 500kg = 37,500円$$

→機械部へ

$$\frac{90,000円}{1,200kg^{01)}} \times 700kg = 52,500円$$

→組立部へ

②保全部

$$\frac{140,000円}{350時間^{02)}} \times 200時間 = 80,000円$$

→機械部へ

$$\frac{140,000円}{350時間^{02)}} \times 150時間 = 60,000円$$

→組立部へ

01) 保全部に対する300kgの用役提供を無視します。
02) 材料部に対する50時間の用役提供を無視します。

問題 7
階梯式配賦法～補助部門の順位付け～

|解答|

問1．(1) 加工部門への補助部門費配賦額 　**1,328** 万円

　　(2) 組立部門への補助部門費配賦額 　**1,672** 万円

問2．(1) 加工部門への補助部門費配賦額 　**1,395** 万円

　　(2) 組立部門への補助部門費配賦額 　**1,605** 万円

|解説|

問1．第1次集計費（＝部門費）を比較

　動力部門と修繕部門の第1次集計費の大小によって順位付けします。

動力部門　　1,600万円　…　大
修繕部門　　1,400万円　…　小
よって、動力部門の優先順位を高くします。

摘　　要	加工部門	組立部門	修繕部門	動力部門
部　門　費			1,400	1,600
動　力　部　門	640	640	320	
修　繕　部　門	688	1,032	1,720	
合　　　計	1,328	1,672		

動力部門費の配賦：

$1,600$万円$\times 40\% = 640$万円

$1,600$万円$\times 40\% = 640$万円

$1,600$万円$\times 20\% = 320$万円

修繕部門費の配賦：

$1,720$万円$\times \dfrac{30\%}{30\% + 45\%} = 688$万円

$1,720$万円$\times \dfrac{45\%}{30\% + 45\%} = 1,032$万円

問2．用役提供額を比較

　動力部門と修繕部門、それぞれの他の補助部門への用役提供額の大小によって順位付けします。

　動力部門から修繕部門：

　　$1,600$万円$\times 20\% = 320$万円　…　小

　修繕部門から動力部門：

　　$1,400$万円$\times 25\% = 350$万円　…　大

よって、修繕部門の優先順位を高くします。

摘　　要	加工部門	組立部門	動力部門	修繕部門
部　門　費			1,600	1,400
修　繕　部　門	420	630	350	
動　力　部　門	975	975	1,950	
合　　　計	1,395	1,605		

修繕部門費の配賦：

$1,400$万円$\times 30\% = 420$万円

$1,400$万円$\times 45\% = 630$万円

$1,400$万円$\times 25\% = 350$万円

動力部門費の配賦：

$1,950$万円$\times \dfrac{40\%}{40\% + 40\%} = 975$万円

$1,950$万円$\times \dfrac{40\%}{40\% + 40\%} = 975$万円

|解答|

補助部門費配賦表

摘　要	合　計	製　造　部　門		補　助　部　門		
		切削部	仕上部	〔修　繕〕部	〔動　力〕部	〔事　務〕部
部門個別費	1,585,000	600,000	500,000	150,000	200,000	135,000
部門共通費	1,350,000	350,000	447,500	220,000	255,000	77,500
部門費合計	2,935,000	950,000	947,500	370,000	455,000	212,500
事務部門費		62,500	56,250	43,750	50,000	212,500
動力部門費		151,500	227,250	126,250	505,000	
修繕部門費		216,000	324,000	540,000		
製造部門費	2,935,000	1,380,000	1,555,000			

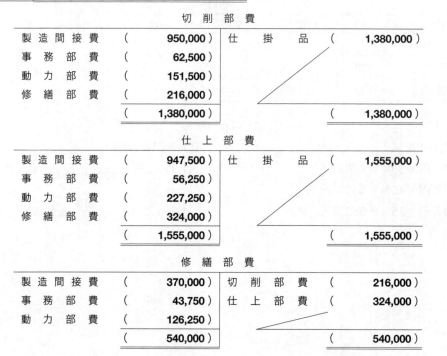

切　削　部　費

製造間接費	（　950,000）	仕　掛　品	（　1,380,000）
事　務　部　費	（　62,500）		
動　力　部　費	（　151,500）		
修　繕　部　費	（　216,000）		
	（　1,380,000）		（　1,380,000）

仕　上　部　費

製造間接費	（　947,500）	仕　掛　品	（　1,555,000）
事　務　部　費	（　56,250）		
動　力　部　費	（　227,250）		
修　繕　部　費	（　324,000）		
	（　1,555,000）		（　1,555,000）

修　繕　部　費

製造間接費	（　370,000）	切　削　部　費	（　216,000）
事　務　部　費	（　43,750）	仕　上　部　費	（　324,000）
動　力　部　費	（　126,250）		
	（　540,000）		（　540,000）

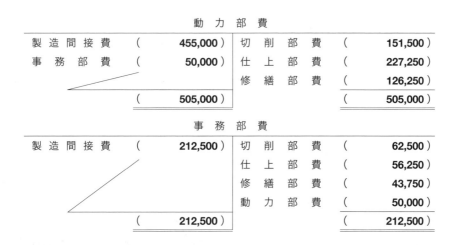

動力部費

製 造 間 接 費 （ 455,000 ）	切 削 部 費 （ 151,500 ）
事 務 部 費 （ 50,000 ）	仕 上 部 費 （ 227,250 ）
	修 繕 部 費 （ 126,250 ）
（ 505,000 ）	（ 505,000 ）

事 務 部 費

製 造 間 接 費 （ 212,500 ）	切 削 部 費 （ 62,500 ）
	仕 上 部 費 （ 56,250 ）
	修 繕 部 費 （ 43,750 ）
	動 力 部 費 （ 50,000 ）
（ 212,500 ）	（ 212,500 ）

解説

1. 補助部門の順位付け

① 他の補助部門に対する用役提供先数が多い部門ほど優先順位を高くします。

動力部→修繕部…1件
修繕部→動力部…1件
事務部→動力部、修繕部…2件

∴第1位　事務部

② ①の提供先数が同数の補助部門について、第1次集計額が多い[01]部門ほど優先順位を高くします。

動力部の第1次集計額→455,000円
修繕部の第1次集計額→370,000円

∴第2位　動力部
　第3位　修繕部

補助部門費配賦表の右から優先順位の高い補助部門を記入します。

[01] 仮に、他の補助部門への用役提供額が多い部門の優先順位を高くする方法によったとしても、結果は同じです。

動力部から修繕部：$455,000円 \times \dfrac{1000kWh}{4000kWh} = 113,750円$

修繕部から動力部：$370,000円 \times \dfrac{125\,時間}{625\,時間} = 74,000円$

∴第2位：動力部、第3位：修繕部

2. 補助部門費の配賦

(1) **事務部費**

$\dfrac{212,500円}{50人 + 45人 + 35人 + 40人} = @1,250円$

切削部へ　@1,250円×50人 = 62,500円
仕上部へ　@1,250円×45人 = 56,250円
修繕部へ　@1,250円×35人 = 43,750円
動力部へ　@1,250円×40人 = 50,000円

(2) **動力部費**

$\dfrac{455,000円 + 50,000円}{1,200kWh + 1,800kWh + 1,000kWh} = @126.25円$

切削部へ　@126.25円×1,200kWh = 151,500円
仕上部へ　@126.25円×1,800kWh = 227,250円
修繕部へ　@126.25円×1,000kWh = 126,250円

(3) **修繕部費**

$\dfrac{370,000円 + 43,750円 + 126,250円}{200\,時間 + 300\,時間} = @1,080円$

切削部へ　@1,080円×200時間 = 216,000円
仕上部へ　@1,080円×300時間 = 324,000円

問題 9 相互配賦法（連立方程式法）1

|解答|

補助部門費配賦表

(単位：円)

費　目	製　造　部　門		補　助　部　門		
	機　械　部	切　削　部	材料倉庫部	動　力　部	工場事務部
部　門　費	5,200,000	7,050,000	252,900	352,200	210,000
補 助 部 門 費					
材料倉庫部費	163,800	94,500	△ 315,000	56,700	－
動　力　部　費	216,000	172,800	43,200	△ 432,000	－
工場事務部費	119,700	48,300	18,900	23,100	△ 210,000
製造部門費合計	5,699,500	7,365,600	0	0	0

|解説|

　連立方程式法とは、用役の授受にもとづいて各補助部門費を相互に配賦しあった最終的な補助部門費を連立方程式を用いて計算し、これを配賦する方法です。

1．最終的な補助部門費の計算

(1)　用役提供割合の把握

　補助部門の各部門への用役提供量を用役提供割合[01]に直すと、次のようになります。

	機械部	切削部	材料倉庫部	動力部	工場事務部
材料倉庫部	52%[02]	30%	－	18%	－
動　力　部	50%	40%	10%	－	－
工場事務部	57%	23%	9%	11%	－[03]

01)　用役提供割合(%)＝$\dfrac{その部門への用役提供量}{用役提供量合計}$×100　で求めます。

02)　$\dfrac{676,000 円}{676,000 円＋390,000 円＋234,000 円}$×100＝52%

03)　工場事務部の工場事務部自体への用役の提供は無視します。

⑵ 連立方程式をたてる

補助部門間相互の用役の授受をすべて考慮して、補助部門費を配賦した後の最終的な材料倉庫部費を x 、動力部費を y 、工場事務部費を z

とおくと、次の連立方程式[04]が成立します。

$$\begin{cases} x = 252,900 + 0.1y + 0.09z & \cdots(\text{ⅰ}) \\ y = 352,200 + 0.18x + 0.11z & \cdots(\text{ⅱ}) \\ z = 210,000 & \cdots\cdots\cdots\cdots\cdots(\text{ⅲ}) \end{cases}$$

04) 左ページの表の破線内を方程式にします。工場事務部(z)は他部門からの用役提供がないため、部門費がそのまま最終的な額となります。

⑶ 連立方程式を解く

・(ⅲ)式を(ⅰ)式と(ⅱ)式に代入する

$$\begin{cases} x = 252,900 + 0.1y + 0.09 \times 210,000 \\ y = 352,200 + 0.18x + 0.11 \times 210,000 \end{cases}$$

これを整理して

$$\begin{cases} x = 271,800 + 0.1y \cdots & (\text{ⅰ})' \\ y = 375,300 + 0.18x \cdots & (\text{ⅱ})' \end{cases}$$

・(ⅱ)'式を(ⅰ)'式に代入する

$x = 271,800 + 0.1 \times (375,300 + 0.18x)$

$x = 271,800 + 37,530 + 0.018x$

$0.982x = 309,330$

$\boxed{x = 315,000}$

・(ⅱ)'式に x = 315,000 を代入する

$y = 375,300 + 0.18 \times 315,000$

$\boxed{y = 432,000}$

以上より

$$\begin{cases} x = 315,000 \\ y = 432,000 \\ z = 210,000 \end{cases}$$

2．補助部門費の配賦

1．で求めた最終的な各補助部門費を用役提供割合にもとづいて配賦します。

材料倉庫部費

機械部へ	315,000 × 0.52 =	163,800 円
切削部へ	315,000 × 0.3　=	94,500 円
動力部へ	315,000 × 0.18 =	56,700 円

動力部費

機械部へ	432,000 × 0.5　=	216,000 円
切削部へ	432,000 × 0.4　=	172,800 円
材料倉庫部へ	432,000 × 0.1　=	43,200 円

工場事務部費

機械部へ	210,000 × 0.57 =	119,700 円
切削部へ	210,000 × 0.23 =	48,300 円
材料倉庫部へ	210,000 × 0.09 =	18,900 円
動力部へ	210,000 × 0.11 =	23,100 円

なお、この工場事務部費の配賦額は、連立方程式をたてる前に前記1．⑴の用役提供割合を用いて計算できるため、先に配賦表に記入してしまうのもひとつの方法です。

3．製造部門費の集計

補助部門費配賦表の製造部門費欄の合計です。

機械部費

5,200,000 円 + 163,800 円 + 216,000 円 + 119,700 円 = 5,699,500 円

切削部費

7,050,000 円 + 94,500 円 + 172,800 円 + 48,300 円 = 7,365,600 円

問題 10 相互配賦法（連立方程式法）2

|解答|

補助部門費配賦表

(単位：円)

費　目	合　計	製　造　部　門		補　助　部　門		
		切削部門	組立部門	動力部門	修繕部門	事務部門
部 門 個 別 費	2,510,000	800,000	750,000	400,000	360,000	200,000
部 門 共 通 費	710,000	200,000	150,000	200,000	60,000	100,000
部 門 費 合 計	3,220,000	1,000,000	900,000	600,000	420,000	300,000
動 力 部 門 費		234,000	351,000	△ 780,000	195,000	－
修 繕 部 門 費		270,000	270,000	135,000	△ 675,000	－
事 務 部 門 費		90,000	105,000	45,000	60,000	△ 300,000
製 造 部 門 費	3,220,000	1,594,000	1,626,000	0	0	0

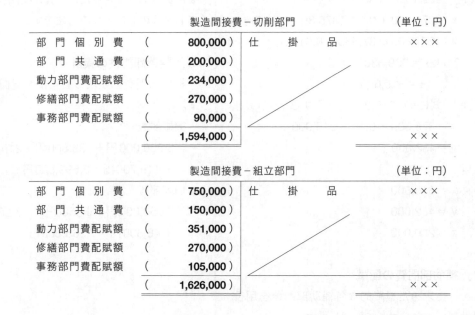

製造間接費－切削部門　　　　　　(単位：円)

部 門 個 別 費	（ 800,000 ）	仕　掛　品	×××
部 門 共 通 費	（ 200,000 ）		
動力部門費配賦額	（ 234,000 ）		
修繕部門費配賦額	（ 270,000 ）		
事務部門費配賦額	（ 90,000 ）		
	（ 1,594,000 ）		×××

製造間接費－組立部門　　　　　　(単位：円)

部 門 個 別 費	（ 750,000 ）	仕　掛　品	×××
部 門 共 通 費	（ 150,000 ）		
動力部門費配賦額	（ 351,000 ）		
修繕部門費配賦額	（ 270,000 ）		
事務部門費配賦額	（ 105,000 ）		
	（ 1,626,000 ）		×××

解説

1．最終的な補助部門費の計算

(1) 補助部門の各部門への用役提供量を用役提供割合[01]に直すと、次のようになります。

	切削部門	組立部門	動力部門	修繕部門	事務部門
動力部門	0.3 [02]	0.45	–	0.25	–
修繕部門	0.4	0.4	0.2	–	–
事務部門	0.3	0.35	0.15	0.2	–[03]

[01] 用役提供割合(%)＝ $\dfrac{\text{その部門への用役提供量}}{\text{用役提供量合計}}$

[02] $\dfrac{3{,}000\text{kWh}}{3{,}000\text{kWh} + 4{,}500\text{kWh} + 2{,}500\text{kWh}}=0.3$

[03] 事務部門の事務部門自体への用役の提供は無視します。

(2) 連立方程式

補助部門費を相互に配賦しあった後の最終的な動力部門費を a 、修繕部門費を b 、事務部門費を c とおくと、次のように式をたてることができます。

$$\begin{cases} a = 600{,}000\text{円} + 0.2\,b + 0.15\,c \\ b = 420{,}000\text{円} + 0.25\,a + 0.2\,c \\ c = 300{,}000\text{円} \end{cases}$$

これを解くと

$$\begin{cases} a = 780{,}000 \\ b = 675{,}000 \\ c = 300{,}000 \quad \text{となります。} \end{cases}$$

2．補助部門費の配賦

1．で求めた各補助部門費を用役提供割合にもとづいて配賦します。

動力部門費

切削部門へ

780,000円×0.3 ＝ 234,000円

組立部門へ

780,000円×0.45 ＝ 351,000円

修繕部門へ

780,000円×0.25 ＝ 195,000円

修繕部門費

切削部門へ

675,000円×0.4 ＝ 270,000円

組立部門へ

675,000円×0.4 ＝ 270,000円

動力部門へ

675,000円×0.2 ＝ 135,000円

事務部門費

切削部門へ

300,000円×0.3 ＝ 90,000円

組立部門へ

300,000円×0.35 ＝ 105,000円

動力部門へ

300,000円×0.15 ＝ 45,000円

修繕部門へ

300,000円×0.2 ＝ 60,000円

3. 製造部門費勘定への記入

製造部門費の実際発生額を各製造部門費勘定の借方に記入します。

補助部門費配賦表

費　目	合　計	製 造 部 門	
		切削部門	組立部門
部 門 個 別 費	2,510,000	800,000	750,000
部 門 共 通 費	710,000	200,000	150,000
部 門 費 合 計	3,220,000	1,000,000	900,000
動 力 部 門 費		234,000	351,000
修 繕 部 門 費		270,000	270,000
事 務 部 門 費		90,000	105,000
製 造 部 門 費	3,220,000	1,594,000	1,626,000

製造間接費－切削部門

部 門 個 別 費	800,000
部 門 共 通 費	200,000
動力部門費配賦額	234,000
修繕部門費配賦額	270,000
事務部門費配賦額	90,000
	1,594,000

製造間接費－組立部門

部 門 個 別 費	750,000
部 門 共 通 費	150,000
動力部門費配賦額	351,000
修繕部門費配賦額	270,000
事務部門費配賦額	105,000
	1,626,000

11 理論問題～原価の部門別計算～

|解答|

ア	第二次	イ	製造部門	ウ	補助部門	エ	工場管理

|解説|

原価計算における**第一次**の計算段階：

原価の費目別計算

原価計算における**第二次**の計算段階：

原価の部門別計算

原価計算における**第三次**の計算段階：

原価の製品別計算

Section

4 部門別配賦（予定配賦）

 12 製造部門別予定配賦（補助部門費・直接配賦法）

|解答|

問1.

予算部門費配賦表

費　目	製 造 部 門		補 助 部 門	
	切 削 部	仕 上 部	動 力 部	事 務 部
部　　門　　費	269,000	211,000	80,000	19,000
動　力　部　費	**36,000**	**44,000**		
事　務　部　費	**10,000**	**9,000**		
製　造　部　門　費	**315,000**	**264,000**		

予定配賦率

切削部 **630** 円／時間

仕上部 **330** 円／時間

問2.

実際部門費配賦表

費　目	製 造 部 門		補 助 部 門	
	切 削 部	仕 上 部	動 力 部	事 務 部
部　　門　　費	276,400	208,600	80,750	19,000
動　力　部　費	**35,700**	**45,050**		
事　務　部　費	**10,000**	**9,000**		
製　造　部　門　費	**322,100**	**262,650**		

問3.

切 削 部 費			
部　門　費	276,400	予定配賦額	(302,400)
動 力 部 費	(35,700)	予 算 差 異	(11,700)
事 務 部 費	(10,000)	操業度差異	(8,000)

仕 上 部 費			
部　門　費	208,600	予定配賦額	(267,300)
動 力 部 費	(45,050)		
事 務 部 費	(9,000)		
予 算 差 異	(3,150)		
操業度差異	(1,500)		

動 力 部 費			
部　門　費	80,750	切 削 部 費	(35,700)
		仕 上 部 費	(45,050)

事 務 部 費			
部　門　費	19,000	切 削 部 費	(10,000)
		仕 上 部 費	(9,000)

解説

問1．予算部門費配賦表

1．補助部門費の配賦

動力部：

80,000円 ÷ (450kWh + 550kWh) = @80円

切削部への配賦額：

@80円 × 450kWh = 36,000円

仕上部への配賦額：

@80円 × 550kWh = 44,000円

事務部：

19,000円 ÷ (100人 + 90人) = @100円

切削部への配賦額：

@100円 × 100人 = 10,000円

仕上部への配賦額：

@100円 × 90人 = 9,000円

2．製造部門費予算

切削部：

269,000円 + 36,000円 + 10,000円

= 315,000円

仕上部：

211,000円 + 44,000円 + 9,000円

= 264,000円

3．部門別予定配賦率

切削部：315,000円 ÷ 500時間 = @630円

仕上部：264,000円 ÷ 800時間 = @330円

問2．実際部門費配賦表

1．補助部門費の配賦

動力部：

80,750円 ÷ (420kWh + 530kWh) = @85円
（実際配賦率）

切削部への配賦額：

@85円 × 420kWh = 35,700円

仕上部への配賦額：

@85円 × 530kWh = 45,050円

事務部：

19,000円 ÷ (100人 + 90人) = @100円
（実際配賦率）

切削部への配賦額：

@100円 × 100人 = 10,000円

仕上部への配賦額：

@100円 × 90人 = 9,000円

2．製造部門費実際発生額

切削部：

276,400円 + 35,700円 + 10,000円

= 322,100円

仕上部：

208,600円 + 45,050円 + 9,000円

= 262,650円

問3．勘定記入および差異分析

1．予定配賦額

切削部：@630円 × 480時間 = 302,400円

仕上部：@330円 × 810時間 = 267,300円

2．差異分析

(1)固定費率

切削部：@630円 − @230円 = @400円

仕上部：@330円 − @180円 = @150円

(2)固定費予算

切削部：@400円 × 500時間 = 200,000円

仕上部：@150円 × 800時間 = 120,000円

(3)各製造部門費配賦差異

切削部：

予算差異：

(@230円 × 480時間 + 200,000円)

− 322,100円 = △11,700円（不利差異）

操業度差異：

@400円 ×（480時間 − 500時間）

= △8,000円（不利差異）

仕上部：

予算差異：

(@180円 × 810時間 + 120,000円)

− 262,650円 = ＋3,150円（有利差異）

操業度差異：

@150円 ×（810時間 − 800時間）

= ＋1,500円（有利差異）

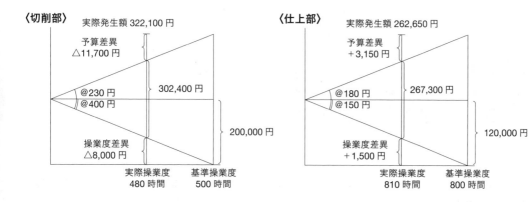

〈切削部〉　実際発生額 322,100 円

予算差異 △11,700 円

@230円

@400円

302,400 円

200,000 円

操業度差異 △8,000 円

実際操業度 480 時間　基準操業度 500 時間

〈仕上部〉　実際発生額 262,650 円

予算差異 ＋3,150 円

@180円

@150円

267,300 円

120,000 円

操業度差異 ＋1,500 円

実際操業度 810 時間　基準操業度 800 時間

製造部門別予定配賦（補助部門費・階梯式配賦法）

|解答|

問1.

予算部門費配賦表

費　目	製造部門		補助部門	
	切削部	仕上部	動力部	事務部
部　　門　　費	84,000	117,000	79,000	20,000
事　務　部　費	10,000	9,000	1,000	
動　力　部　費	36,000	44,000	80,000	
製　造　部　門　費	130,000	170,000		

予定配賦率

切削部	260	円／時間
仕上部	212.5	円／時間

問2.

実際部門費配賦表

費　目	製造部門		補助部門	
	切削部	仕上部	動力部	事務部
部　　門　　費	84,300	115,950	79,750	20,000
事　務　部　費	10,000	9,000	1,000	
動　力　部　費	35,700	45,050	80,750	
製　造　部　門　費	130,000	170,000		

問3.

切　削　部　費

部　門　費	84,300	予定配賦額（ 124,800 ）
事務部費（ 10,000）	予算差異（ 2,800 ）
動力部費（ 35,700）	操業度差異（ 2,400 ）

仕　上　部　費

部　門　費	115,950	予定配賦額（ 172,125 ）
事務部費（ 9,000）	
動力部費（ 45,050）	
予算差異（ 1,125）	
操業度差異（ 1,000）	

動　力　部　費

部　門　費	79,750	切削部費（ 35,700 ）
事務部費（ 1,000）	仕上部費（ 45,050 ）

事　務　部　費

部　門　費	20,000	切削部費（ 10,000 ）
	仕上部費（ 9,000 ）
	動力部費（ 1,000 ）

解説

問1．予算部門費配賦表

1．補助部門の優先順位

　他の補助部門への用役提供先の数は、事務部の方が動力部より多いため、事務部費の配賦を優先的に行います。

2．補助部門費の配賦

事務部：

20,000円÷(100人＋90人＋10人)

＝＠100円

切削部への配賦額：

＠100円×100人＝10,000円

仕上部への配賦額：

＠100円×90人＝9,000円

動力部への配賦額：

＠100円×10人＝1,000円

動力部：

(79,000円＋1,000円)÷(450kWh

＋550kWh)＝＠80円

切削部への配賦額：

＠80円×450kWh＝36,000円

仕上部への配賦額：

＠80円×550kWh＝44,000円

3．製造部門費予算

切削部：

84,000円＋10,000円＋36,000円

＝130,000円

仕上部：

117,000円＋9,000円＋44,000円

＝170,000円

4．部門別予定配賦率

切削部：130,000円÷500時間＝＠260円

仕上部：170,000円÷800時間＝＠212.5円

問2．実際部門費配賦表

1．補助部門費の配賦

事務部：

20,000円÷(100人＋90人＋10人)

＝＠100円
実際配賦率

切削部への配賦額：

＠100円×100人＝10,000円

仕上部への配賦額：

＠100円×90人＝9,000円

動力部への配賦額：

＠100円×10人＝1,000円

動力部：

(79,750円＋1,000円)÷(420kWh

＋530kWh)＝＠85円
実際配賦率

切削部への配賦額：

＠85円×420kWh＝35,700円

仕上部への配賦額：

＠85円×530kWh＝45,050円

2．製造部門費実際発生額

切削部：

84,300円＋10,000円＋35,700円

＝130,000円

仕上部：

115,950円＋9,000円＋45,050円

＝170,000円

問3．勘定記入および差異分析

1．予定配賦額

切削部：＠260円×480時間＝124,800円

仕上部：＠212.5円×810時間＝172,125円

2．差異分析

(1)固定費率

切削部：＠260円－＠140円＝＠120円

仕上部：＠212.5円－＠112.5円＝＠100円

(2)固定費予算

切削部：＠120円×500時間＝60,000円

仕上部：＠100円×800時間＝80,000円

(3)各製造部門費配賦差異

切削部：

予算差異：

(＠140円×480時間＋60,000円)

－130,000円＝△2,800円(不利差異)

操業度差異：

＠120円×(480時間－500時間)

＝△2,400円(不利差異)

仕上部：

　予算差異：

　　（@112.5円×810時間＋80,000円）

　　－170,000円＝＋1,125円（有利差異）

操業度差異：

　　@100円×（810時間－800時間）

　　＝＋1,000円（有利差異）

〈切削部〉
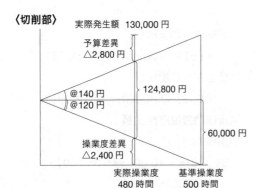

〈仕上部〉
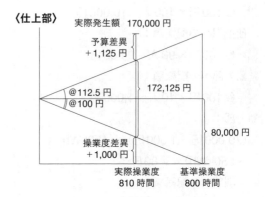

Chapter 4 個別原価計算

個別原価計算の基礎知識

問題 1 完成品原価と仕掛品原価

解答

仕　掛　品

前 月 繰 越	(92,000[01])	製　　　　品	(164,000)
直 接 材 料 費	(50,000)	次 月 繰 越	(41,000)
直 接 労 務 費	(27,000)		
製 造 間 接 費	(36,000)		
	(205,000)		(205,000)

製　　品

前 月 繰 越	(110,000)	売 上 原 価	(216,000)
仕 　 掛 　 品	(164,000)	次 月 繰 越	(58,000)
	(274,000)		(274,000)

01) No.100（10/20～10/31）に集計された原価。

指図書別原価計算表

摘　　要	No.100	No.102	No.103	合計
前 月 繰 越	92,000	―	―	92,000
直 接 材 料 費	―	30,000	20,000	50,000
直 接 労 務 費	6,000[02]	12,000	9,000	27,000
製 造 間 接 費	8,000[03]	16,000	12,000	36,000
合　　計	106,000	58,000	41,000	205,000
備　　考	完　成	完　成	仕掛中	

02) No.100（10/20～10/31）直接労務費より

賃率：$\frac{18,000円}{60時間}$＝@300円　　@300円×20時間＝6,000円

03) No.100（10/20～10/31）製造間接費より

配賦率：$\frac{24,000円}{60時間}$＝@400円　　@400円×20時間＝8,000円

解説

個別原価計算では、指図書の生産命令量すべてが完成するまで、製品勘定に振り替えません。

なお、分割納入制の場合には、納入した分を製品勘定、さらには売上原価勘定に振り替えます。

No.101は前月までにすべて完成しているので、当月の指図書別原価計算表および仕掛品勘定には関係しません。

Section 2 個別原価計算における仕損

問題 2 仕損費の直接経費処理

解答

No.100に集計される製造原価 | **10,012,000** | 円

No.200に集計される製造原価 | **23,708,000** | 円

解説

指図書別原価計算表

摘　　要	No.100	No.200	No.100-1	No.200-1	
直接材料費	1,320,000	1,440,000	0	18,000	←@　120円×払出数量
直接労務費	5,000,000	13,000,000	120,000	100,000	←@1,000円×直接作業時間
製造間接費	3,500,000	9,100,000	84,000	70,000	←@　700円×直接作業時間
作業屑評価額	△12,000	—01)	—	—	
仕損品評価額	—	—	—	△20,000	
仕損費振替額	204,000[02]	168,000[03]	△204,000[02]	△168,000[03]	
製　造　原　価	10,012,000	23,708,000	0	0	

01) 売却時に原価計算外の収益とするので作業屑評価額を控除しません。
02) 補修指図書の原価を仕損費とし、元の指図書に直接経費として賦課します。
03) 一部仕損のため、代品製造指図書の原価から評価額を控除した額を仕損費とし、元の指図書に直接経費として賦課します。

問題

3　仕損費の間接経費処理

|解答|

(イ)

指図書別原価計算表

	No.101	No.102	No.103	No.104	No.105	No.106
前 月 繰 越	612,300	――	――	――	――	――
直 接 材 料 費	72,000	648,000	936,000	10,800	720,000	201,600
直 接 労 務 費						
A製造部門	90,000	870,000	1,800,000	39,000	972,000	246,000
B製造部門	129,600	504,000	1,056,000	38,400	460,800	120,000
製 造 間 接 費						
A製造部門	63,000	609,000	1,260,000	27,300	680,400	172,200
B製造部門	68,880	787,200	1,033,200	49,200	885,600	186,960
小　　　　計	1,035,780	3,418,200	6,085,200	164,700	3,718,800	926,760
仕損品評価額	――	△341,820	――	――	――	△50,000
仕　損　費	164,700	△3,076,380	――	△164,700	――	△876,760
合　　　　計	1,200,480	0	6,085,200	0	3,718,800	0
備　　　　考	完　成	損益勘定へ振替	仕　掛　中	No.101へ賦課	完　成	製造間接費−B製造部門勘定へ振替

(ロ)

製造間接費−A製造部門

諸　口（ 2,950,000 ）	仕 掛 品（ 2,811,900 ）
	総 差 異（ 138,100 ）
（ 2,950,000 ）	（ 2,950,000 ）

製造間接費−B製造部門

諸　口（ 2,134,240 ）	仕 掛 品（ 3,011,040 ）
〔仕損費〕（ 876,760 ）	
総 差 異（ 40 ）	
（ 3,011,040 ）	（ 3,011,040 ）

仕　掛　品

前月繰越（ 612,300 ）	製　　品（ 4,919,280 ）
直接材料費（ 2,588,400 ）	仕 損 品（ 391,820 ）
直接労務費（ 6,325,800 ）	仕 損 費（ 4,117,840 ）
製造間接費（ 5,822,940 ）	次月繰越（ 6,085,200 ）
仕 損 費（ 164,700 ）	
（ 15,514,140 ）	（ 15,514,140 ）

(ハ)製造間接費−B製造部門の差異分析

予 算 差 異　（　8,760）円（借・貸）

操業度差異　（　8,800）円（借・貸）

総 差 異　（　40）円（借・貸）

解説

本問は実際個別原価計算における仕損費の処理を問うものです。

1．指図書別原価計算表の作成（小計まで）

（1）**直接材料費**

各指図書別の直接材料費

＝予定消費価格（＠300円）×各指図書別の直接材料実際消費量

（2）**直接労務費**

① 予定消費賃率の算定

$$予定消費賃率 = \frac{賃金手当年間予算額}{年間予定就業時間}$$

A製造部門：$\dfrac{50,000,000\ 円}{100,000\ 時間} = @500\ 円$

B製造部門：$\dfrac{29,000,000\ 円}{72,500\ 時間} = @400\ 円$

② 予定消費額の算定

各指図書別の直接労務費

＝予定消費賃率×各指図書別の実際直接作業時間

（3）**製造間接費**

① 予定配賦率の算定

$$予定配賦率 = \frac{製造間接費年間予算額}{年間基準操業度}$$

A製造部門：$\dfrac{23,800,000\ 円}{68,000\ 時間^{01)}} = @350\ 円$

B製造部門：$\dfrac{35,916,000\ 円}{87,600\ 時間^{01)}} = @410\ 円$

② 予定配賦額の算定

各指図書別の製造間接費

＝予定配賦率×各指図書別の実際操業度

（4）**仕掛品勘定の借方との関連**

指図書別原価計算表

摘　　要	合　　計
前 月 繰 越	612,300
直 接 材 料 費	2,588,400
直 接 労 務 費	6,325,800
A製造部門	4,017,000
B製造部門	2,308,800
製 造 間 接 費	5,822,940
A製造部門	2,811,900
B製造部門	3,011,040
小　　計	15,349,440

仕　掛　品

前 月 繰 越	612,300	製　　品	4,919,280 [03)]
直 接 材 料 費	2,588,400	仕 損 品	391,820 [04)]
直 接 労 務 費	6,325,800	仕 損 費	4,117,840 [05)]
製 造 間 接 費	5,822,940	次 月 繰 越	6,085,200 [06)]
仕 損 費	164,700 [02)]		
	15,514,140		15,514,140

01)　各製造部門の配賦基準に注意してください。

　　以下の02)～06)は、原価計算表が完成した後にそのデータを用いて仕掛品勘定に記帳する内容です。

02)　No101への賦課

03)　$\underset{No.101}{1,200,480\ 円} + \underset{No.105}{3,718,800\ 円} = 4,919,280\ 円$

04)　$\underset{No.102}{341,820\ 円} + \underset{No.106}{50,000\ 円} = 391,820\ 円$

05)　$\underset{No.102}{3,076,380\ 円} + \underset{No.104}{164,700\ 円} + \underset{No.106}{876,760\ 円} = 4,117,840\ 円$

06)　$\underset{No.103}{6,085,200\ 円}$

2．仕損費の把握

No.101 補修可能のケース

①仕損費＝補修指図書No.104に集
計された原価[07]

No.102 全部仕損・代品製造のケース

②仕損費[08]＝旧製造指図書No.102
に集計された原価－仕損品評価
額

No.103 一部仕損・代品製造のケース

③仕損費[09]＝代品製造指図書No.106
に集計された原価－仕損品評価額

3．仕損費の処理

①正常仕損費・直接経費処理（仕損の発生し
た指図書No.101に賦課）

②異常仕損費→非原価項目[10]

③正常仕損費・間接経費処理

問題文に「B製造部門の製造間接費予算額
には仕損費予算が含まれている」とあるため、
間接経費処理します。したがって、No.103
の仕損費の欄に記入しません。

[07]　164,700円

[08]　3,418,200円−341,820円＝3,076,380円

[09]　926,760円−50,000円＝876,760円

[10]　問題文中に「通常起こり得ない作業上の…」とあるので、異常仕損と判断します。

4．製造間接費−B製造部門の差異分析

(1) 配賦差異

予定配賦額：@410円×（168時間＋
1,920時間＋2,520時間＋120時間＋
2,160時間＋456時間）＝3,011,040円
　　　　　　7,344時間

実際発生額：2,134,240円＋876,760円
　　　　　　　　　　　　　No.106より

＝3,011,000円

配賦差異：3,011,040円−3,011,000円

＝40円（有利差異）

(2) 差異分析

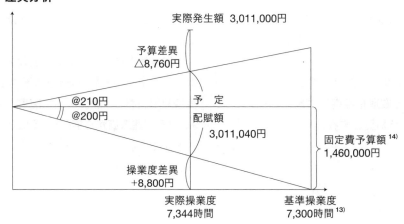

実際発生額　3,011,000円

予算差異
△8,760円

@210円　　　予　定

@200円　　　配賦額
　　　　　　3,011,040円

固定費予算額[14]
1,460,000円

操業度差異
+8,800円

実際操業度　　　　　　基準操業度
7,344時間　　　　　　7,300時間[13]

予算差異：

（@210円×7,344時間＋1,460,000円）

－3,011,000円＝△8,760円（不利差異）

操業度差異：

@200円×（7,344時間－7,300時間）

＝8,800円（有利差異）

13) 月間基準操業度：87,600時間÷12カ月＝7,300時間

14) 17,520,000円÷12カ月＝1,460,000円

$$固定費率：\frac{1,460,000円}{7,300時間}＝@200円$$

変動費率：@410円－@200円＝@210円

理論問題〜個別原価計算における仕損の処理〜

|解答|

1	補修指図書	2	旧製造指図書	3	新製造指図書
4	製造原価を見積って	5	製造原価から控除		

|解説|

文章を完成させると以下のようになります。

個別原価計算において、仕損が発生する場合には、原則として次の手続により仕損を計算する。

(1) 仕損が補修によって回復でき、補修のために補修指図書を発行する場合には、（1**補修指図書**）に集計された製造原価を仕損費とする。

(2) 仕損が補修によって回復できず、代品を製作するために新たに製造指図書を発行する場合において

　1．旧製造指図書の全部が仕損となったときは、（2**旧製造指図書**）に集計された製造原価を仕損費とする。

　2．旧製造指図書の一部が仕損となったときは、（3**新製造指図書**）に集計された製造原価を仕損費とする。

(3) 仕損の補修または代品の製作のために別個の指図書を発行しない場合には、仕損の補修等に要する（4**製造原価を見積って**）これを仕損費とする。

前記(2)または(3)の場合において、仕損品が売却価値または利用価値を有する場合には、その見積額を控除した額を仕損費とする。

軽微な仕損については、仕損費を計上しないで、単に仕損品の見積売却価額または見積利用価額を、当該製造指図書に集計された（5**製造原価から控除**）するにとどめることができる。

総合原価計算の基本

総合原価計算の基礎知識

問題 1　月末仕掛品の評価（平均法・修正先入先出法）

|解答|

完成品原価の差額　　| **960** |　円

|解説|

1．平均法の場合

		月初仕掛品	完成品
材	52,000円	1,000個	7,000個
加	16,760円	（500個）	
		当月投入	
材	450,000円	9,000個	月末仕掛品
加	249,000円	（8,300個）	3,000個
			（1,800個）

	合計	合計	単位原価
材	502,000円	10,000個	@50.2円
加	265,760円	（8,800個）	@30.2円
	767,760円		

（1）　月末仕掛品原価の算定

材　　@ 50.2円 × 3,000個 ＝ 150,600円

加　　@ 30.2円 × 1,800個 ＝　54,360円

　　　　　　　　　　　　　　　204,960円

（2）　完成品原価の算定

767,760円 − 204,960円 ＝ 562,800円

2．修正先入先出法の場合

		月初仕掛品	完成品
材	52,000円	1,000個	7,000個
加	16,760円	（500個）	
		当月投入	
材	450,000円	9,000個	月末仕掛品
加	249,000円	（8,300個）	3,000個
			（1,800個）

	合計
	767,760円

（1）　月末仕掛品原価の算定

材　　$\dfrac{450,000\ 円}{9,000\ 個} × 3,000 個 ＝ 150,000 円$

加　　$\dfrac{249,000\ 円}{8,300\ 個} × 1,800 個 ＝　54,000 円$

　　　　　　　　　　　　　　　　　　　204,000円

（2）　完成品原価の算定

767,760円 − 204,000円 ＝ 563,760円

3．完成品原価の差額

563,760円 − 562,800円 ＝ 960円

問題 2 純粋先入先出法

|解答|

月初仕掛品完成分の完成品単位原価	**83.76**	円／個
当月着手完成分の完成品単位原価	**80**	円／個

|解説|

純粋先入先出法では、月初仕掛品から完成した分の完成品単位原価と、当月着手から完成した分の完成品単位原価とを区別して計算します。

	月初仕掛品	月初仕掛品から
材 52,000円	1,000個	完成
加 16,760円	（500個）	1,000個
	当月投入	当月着手から
材 450,000円	9,000個	完成
加 249,000円	（8,300個）	6,000個
		月末仕掛品 3,000個 （1,800個）

合計 767,760円

1．当月着手から完成した分の完成品原価と完成品単位原価の算定

完成品原価：

材 $\dfrac{450,000\,円}{9,000\,個} \times 6,000\,個 =$ 　300,000円

加 $\dfrac{249,000\,円}{8,300\,個} \times 6,000\,個 =$ 　180,000円

480,000円

完成品単位原価：

480,000円 ÷ 6,000個 ＝＠80円

2．月初仕掛品から完成した分の完成品原価と完成品単位原価の算定

完成品原価：

修正先入先出法による完成品原価563,760円[01]から、上記の当月着手完成分の完成品原価を控除して算定します。

563,760円 － 480,000円 ＝ 83,760円

完成品単位原価：

83,760円 ÷ 1,000個 ＝＠83.76円

01) 問題1での計算結果です。

追加材料の処理（平均的投入・終点投入）

|解答|

当月の完成品原価 **1,424,290** 円

|解説|

追加材料の処理に関する問題です。本問における追加材料はB材料とC材料ですが、B材料は工程を通じて平均的に投入されるため、加工費と同様に処理します。これは追加材料費の発生の仕方が加工費と同様であると考えられるためです。また、C材料は工程の終点で投入されるため、すべて完成品に負担させます。

月初仕掛品		完成品	
A	99,750円	A	500個	2,200個
B	43,600円	B	（350個）[01]	
C	0円	C	0個	
加	83,300円	加	（350個）[01]	

当月投入			
A	457,600円	A	2,080個	月末仕掛品
B	285,600円	B	（2,040個）	A 380個
C	120,640円	C	2,200個	B（190個）[02]
加	489,600円	加	（2,040個）	C 0個
				加（190個）[02]

合計
1,580,090円

01) 500個×70％＝350個
02) 380個×50％＝190個

1．月末仕掛品原価の算定

A材料費（工程の始点で投入）：

$$\frac{457,600\text{円}}{2,080\text{個}} \times 380\text{個} = 83,600\text{円}$$

B材料費（平均的投入）と加工費：

ともに完成品換算量によって配分するため、まとめて計算すると効率的です。

$$\frac{(285,600\text{円} + 489,600\text{円})}{2,040\text{個}} \times 190\text{個}$$

$$= 72,200\text{円}$$

C材料費（工程の終点で投入）：

月末仕掛品にはC材料は含まれていません。

∴0円

2．完成品原価の算定

1,580,090円 － 83,600円 － 72,200円
＝ 1,424,290円

問題 4 追加材料の処理（途中点投入）

|解答|

当月の完成品原価 **1,364,000** 円

当月完成品単位原価 **124** 円／個

|解説|

追加材料の処理に関する問題です。特にY材料は工程の途中点で投入されるため、仕掛品原価の算定に注意が必要です。

			月初仕掛品		完成品	
X	103,000円[01]	X	2,000個		11,000個	
Y	0円[01]	Y	0個			
Z	0円[01]	Z	0個			
加	20,000円	加	（600個）			
		当月投入				
X	650,000円	X	13,000個	**月末仕掛品**		
Y	585,000円	Y	15,000個	X	4,000個	
Z	50,000円	Z	11,000個	Y	4,000個	
加	384,000円	加	（12,800個）	Z	0個	
				加	（2,400個）	

合計
1,792,000円

01) 月初仕掛品の加工進捗度は30％、Y材料の投入点は40％であるため、月初仕掛品にはY材料が含まれていません。また、Z材料の投入点は終点であるため、Z材料も含まれていません。よって、月初仕掛品の材料費はX材料費のみです。

月初仕掛品のX材料費：123,000円（月初仕掛品原価）−20,000円（うち加工費）
　　　　　　　　　　＝103,000円

1．月末仕掛品原価の算定

X材料費（工程の始点で投入）：

$$\frac{650,000円}{13,000個} \times 4,000個 = 200,000円$$

Y材料費（工程の40％点で投入）：

加工進捗度は60％であるため、月末仕掛品にはY材料が含まれています。

$$\frac{585,000円}{15,000個} \times 4,000個 = 156,000円$$

Z材料費（工程の終点で投入）：

月末仕掛品にはZ材料が含まれていません。

∴0円

加工費：

$$\frac{384,000円}{12,800個} \times 2,400個 = 72,000円$$

2．完成品原価と完成品単位原価の算定

1,792,000円 − 200,000円 − 156,000円

− 72,000円 = 1,364,000円

1,364,000円 ÷ 11,000個 = @124円

問題 5 理論問題〜単純総合原価計算〜

|解答|

ア	同　　種	イ	反復連続	ウ	期首仕掛品	エ	単位原価

|解説|

　もっとも基本的な単純総合原価計算を通じて、総合原価計算と個別原価計算の相違点についても確認しておきましょう。

【解】

Chapter 5

総合原価計算の基本

6 総合原価計算における仕損・減損

1 仕損・減損の処理〜度外視法〜

問題 1 正常減損度外視法 〜 減損が定点で発生〜

解答

問1.

月末仕掛品原価	**502,200** 円	
完成品総合原価	**1,570,500** 円	完成品単位原価 **349** 円／kg

問2.

月末仕掛品原価	**544,050** 円	
完成品総合原価	**1,528,650** 円	完成品単位原価 **340** 円／kg

解説

　本問では、正常減損の処理方法として度外視法を採用しています。正常減損の発生点を把握し、正常減損費の負担関係を確認しましょう。

問1．正常減損が工程の終点で発生した場合

　本問では、正常減損は工程の終点で発生しているため、正常減損費を完成品にのみ負担させます。

1．生産データを材料費と加工費に分けて整理し、ボックスに記入します。

		月初仕掛品	完成品
材	128,250円	900kg	4,500kg
加	101,700円	(540kg)	
		当月投入	
材	789,750円	5,850kg	正常減損
加	1,053,000円	(5,850kg)	450kg
			(450kg)
			月末仕掛品
			1,800kg
			(1,440kg)

合計
2,072,700円

2．原価配分

(1) 月末仕掛品原価の算定

材 $\dfrac{789,750\,円}{5,850\,kg} \times 1,800\,kg = $ 243,000円

加 $\dfrac{1,053,000\,円}{5,850\,kg} \times 1,440\,kg = $ 259,200円

502,200円

(2) 完成品原価と完成品単位原価の算定

完成品原価：

　2,072,700円 − 502,200円 = 1,570,500円

完成品単位原価：

　1,570,500円 ÷ 4,500kg = @349円

問2．正常減損が工程の50%点で発生した場合

　本問では、正常減損の発生点（50%）を月末仕掛品（加工進捗度80%）が通過しているため、正常減損費を完成品と月末仕掛品の両者に負担させます。

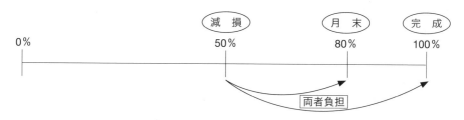

1．生産データを材料費と加工費に分けて整理し、ボックスに記入します。度外視法による両者負担の場合には

下記のように正常減損分を除いたボックスを作成します。

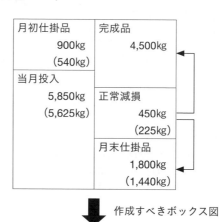

月初仕掛品	完成品
900kg	4,500kg
（540kg）	
当月投入	
5,850kg	正常減損
（5,625kg）	450kg
	（225kg）
	月末仕掛品
	1,800kg
	（1,440kg）

作成すべきボックス図

	月初仕掛品	完成品
材　128,250円	900kg	4,500kg
加　101,700円	（540kg）	
	当月投入	
材　789,750円	5,400kg	月末仕掛品
加 1,053,000円	（5,400kg）	1,800kg
		（1,440kg）

合計
2,072,700円

2．原価配分
(1) 月末仕掛品原価の算定

材　$\dfrac{789,750\,円}{5,400\,kg} \times 1,800\,kg = 263,250\,円$

加　$\dfrac{1,053,000\,円}{5,400\,kg} \times 1,440\,kg = 280,800\,円$

$\underline{\hspace{3cm}}$

544,050円

(2) 完成品原価と完成品単位原価の算定

完成品原価：

　2,072,700円 − 544,050円 = 1,528,650円

完成品単位原価：

　1,528,650円 ÷ 4,500kg ÷ @340円

　　　　　　　（円位未満四捨五入）

問題 2　正常減損度外視法〜減損が平均的に発生〜

|解答|

月末仕掛品原価	**544,050**	円

完成品総合原価	**1,528,650**	円	完成品単位原価	**340**	円／kg

|解説|

本問では、正常減損が工程を通じて平均的に発生しているため、正常減損費を完成品と月末仕掛品の両者に負担させます。

1. 生産データを材料費と加工費に分けて整理し、ボックスに記入します。度外視法による両者負担の場合、正常減損分を除いたボックスを作成します。

		月初仕掛品	完成品
材	128,250円	900kg	4,500kg
加	101,700円	(540kg)	
		当月投入	
材	789,750円	5,400kg	月末仕掛品
加	1,053,000円	(5,400kg)	1,800kg
			(1,440kg)

合計
2,072,700円

2. 原価配分

(1) 月末仕掛品原価の算定

材　$\dfrac{789,750\ 円}{5,400\text{kg}} \times 1,800\text{kg} = 263,250\ 円$

加　$\dfrac{1,053,000\ 円}{5,400\text{kg}} \times 1,440\text{kg} = 280,800\ 円$

$\underline{\hspace{6cm}}$

544,050 円

(2) 完成品原価と完成品単位原価の算定

完成品原価：

2,072,700円 − 544,050円 = 1,528,650円

完成品単位原価：

1,528,650円 ÷ 4,500kg ≒ @340円

（円位未満四捨五入）

3 異常仕損費の計算

|解答|

月末仕掛品原価	502,200	円	異常仕損費	141,750	円
完成品総合原価	1,428,750	円	完成品単位原価	318	円／個

仕 掛 品			(単位：円)
前 月 繰 越	229,950	製　　　品 （ 1,428,750)
直 接 材 料 費	789,750	損　　　益 （ 141,750)
加 工 費	1,053,000	次 月 繰 越 （ 502,200)
	2,072,700		2,072,700

|解説|

異常仕損が生じている場合の処理を問う問題です。

1．生産データを材料費と加工費に分けて整理し、ボックスに記入します。

	月初仕掛品	完成品
材　128,250円	900個	4,500個
加　101,700円	(540個)	
	当月投入	
材　789,750円	5,850個	異常仕損
加　1,053,000円	(5,850個)	450個
		(450個) 01)
		月末仕掛品
		1,800個
		(1,440個)

合計
2,072,700円

01) 異常仕損は終点で発生しているため、加工進捗度100％として計算します。

2．原価配分

(1) 月末仕掛品原価の算定

材　$\dfrac{789,750\,円}{5,850\,個} \times 1,800\,個 = 243,000\,円$

加　$\dfrac{1,053,000\,円}{5,850\,個} \times 1,440\,個 = 259,200\,円$

502,200円

(2) 異常仕損費の算定

材　$\dfrac{789,750\,円}{5,850\,個} \times 450\,個 = 60,750\,円$

加　$\dfrac{1,053,000\,円}{5,850\,個} \times 450\,個 = 81,000\,円$

141,750円

(3) 完成品原価と完成品単位原価の算定

2,072,700円 − 502,200円 − 141,750円

= 1,428,750円

1,428,750円 ÷ 4,500個 ≒ @318円

(円位未満四捨五入)

3．異常仕損費の勘定記入

異常仕損費は非原価項目として製造原価から控除し、損益勘定に振り替えます。

Section 2 仕損・減損の処理〜非度外視法〜

問題
4 正常減損非度外視法 〜減損が定点で発生〜

|解答|

問1.

月末仕掛品原価 **502,200** 円

完成品総合原価 **1,570,500** 円　　完成品単位原価 **349** 円／kg

問2.

月末仕掛品原価 **546,858** 円

完成品総合原価 **1,525,842** 円　　完成品単位原価 **339** 円／kg

|解説|

　本問では、正常減損の処理方法として非度外視法を採用しています。正常減損の発生点を把握し、正常減損費の負担関係を確認しましょう。

問1. 正常減損が工程の終点で発生した場合

　正常減損は工程の終点で発生しているため、正常減損費を完成品にのみ負担させます。

1. 生産データを材料費と加工費に分けて整理し、ボックスに記入します。

		月初仕掛品	完成品
材	128,250円	900kg	4,500kg
加	101,700円	(540kg)	
		当月投入	
材	789,750円	5,850kg	正常減損
加	1,053,000円	(5,850kg)	450kg
			(450kg)[01]
			月末仕掛品
			1,800kg
			(1,440kg)

合計
2,072,700円

01) 正常減損は終点で発生しているため、加工進捗度100%として計算します。

2. 正常減損費負担前の金額の計算

(1) 月末仕掛品原価の算定

材 $\dfrac{789,750\,円}{5,850\,kg} \times 1,800\,kg = 243,000\,円$

加 $\dfrac{1,053,000\,円}{5,850\,kg} \times 1,440\,kg = 259,200\,円$

$502,200\,円$

(2) 正常減損費の算定

材 $\dfrac{789,750\,円}{5,850\,kg} \times 450\,kg = 60,750\,円$

加 $\dfrac{1,053,000\,円}{5,850\,kg} \times 450\,kg = 81,000\,円$

$141,750\,円$

⑶　完成品原価の算定

2,072,700円 − 502,200円 − 141,750円

＝ 1,428,750円

3．正常減損費の追加配賦

正常減損費を完成品にのみ負担させます。

完成品原価：

1,428,750円 ＋ 141,750円 ＝ 1,570,500円
　　　　　　　　　　正常減損費

完成品単位原価：

1,570,500円 ÷ 4,500kg ＝ ＠349円

問2．正常減損が工程の50％点で発生した場合

本問では、正常減損の発生点（50％）を月末仕掛品（加工進捗度80％）が通過しているため、完成品と月末仕掛品の両者に正常減損費を負担させます。

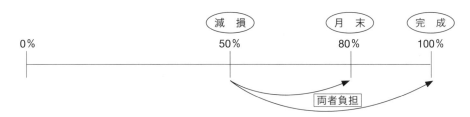

1．生産データを材料費と加工費に分けて整理し、ボックスに記入します。

		月初仕掛品	完成品
材	128,250円	900kg	4,500kg
加	101,700円	（540kg）	
		当月投入	正常減損
材	789,750円	5,850kg	450kg
加	1,053,000円	（5,625kg）	（225kg）**02)**
			月末仕掛品
			1,800kg
			（1,440kg）

合計
2,072,700円

02)　450kg×50％＝225kg

2．正常減損費負担前の金額の計算

⑴　月末仕掛品原価の算定

材　$\dfrac{789,750円}{5,850kg} \times 1,800kg$　＝ 243,000円

加　$\dfrac{1,053,000円}{5,625kg} \times 1,440kg$ ＝ 269,568円

512,568円

⑵　正常減損費の算定

材　$\dfrac{789,750円}{5,850kg} \times 450kg$　　＝ 60,750円

加　$\dfrac{1,053,000円}{5,625kg} \times 225kg$　　＝ 42,120円

102,870円

⑶　完成品原価の算定

2,072,700円 − 512,568円 − 102,870円

＝ 1,457,262円

3．正常減損費の按分

按分基準は数量です。また、先入先出法によっているため、完成品のうち当月投入完成分と月末仕掛品数量の比率で按分します。

完成品負担分：

$102,870円 \times \dfrac{3,600kg \text{ }^{03)}}{3,600kg \text{ }^{03)} + 1,800kg}$

＝ 68,580円

月末仕掛品負担分：

$$102,870 円 \times \frac{1,800kg}{3,600kg + 1,800kg}$$

$$= 34,290 円$$

4．正常減損費の追加配賦

月末仕掛品原価：

$$512,568 円 + \underbrace{34,290 円}_{正常減損費} = 546,858 円$$

完成品原価：

$$1,457,262 円 + \underbrace{68,580 円}_{正常減損費} = 1,525,842 円$$

完成品単位原価：

$$1,525,842 円 \div 4,500kg \doteqdot @ 339 円$$

（円位未満四捨五入）

03） 完成品4,500kg−月初仕掛品完成分900kg=3,600kg

 問題 5 正常減損非度外視法 〜 減損が平均的に発生〜

|解答|

月末仕掛品原価	540,000	円

完成品総合原価	1,532,700	円	完成品単位原価	341	円／kg

|解説|

　正常減損が工程を通じて平均的に発生しているため、正常減損費を完成品と月末仕掛品の両者に負担させます。

1．生産データを材料費と加工費に分けて整理し、ボックスに記入します。

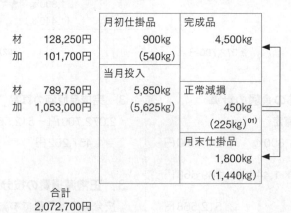

		月初仕掛品	完成品
材	128,250円	900kg	4,500kg
加	101,700円	(540kg)	
		当月投入	正常減損
材	789,750円	5,850kg	450kg
加	1,053,000円	(5,625kg)	(225kg)⁰¹
			月末仕掛品
			1,800kg
			(1,440kg)

合計
2,072,700円

01） 正常減損が工程を通じて平均的に発生している場合には、減損の加工進捗度を50%とみなします。

2．正常減損費負担前の金額の計算

(1) 月末仕掛品原価の算定

材　$\dfrac{789,750 円}{5,850\text{kg}} \times 1,800\text{kg} = 243,000 円$

加　$\dfrac{1,053,000 円}{5,625\text{kg}} \times 1,440\text{kg} = 269,568 円$

$512,568 円$

(2) 正常減損費の算定

材　$\dfrac{789,750 円}{5,850\text{kg}} \times 450\text{kg} = 60,750 円$

加　$\dfrac{1,053,000 円}{5,625\text{kg}} \times 225\text{kg} = 42,120 円$

$102,870 円$

(3) 完成品原価の算定

$2,072,700 円 - 512,568 円 - 102,870 円$

$= 1,457,262 円$

3．正常減損費の按分

　按分基準は完成品換算量です。また、先入先出法によっているため、完成品量のうち当月投入完成分と月末仕掛品量の比率で按分します。

完成品負担分：

$102,870 円 \times \dfrac{3,960\text{kg}^{02)}}{3,960\text{kg}^{02)} + 1,440\text{kg}}$

$= 75,438 円$

月末仕掛品負担分：

$102,870 円 \times \dfrac{1,440\text{kg}}{3,960\text{kg} + 1,440\text{kg}}$

$= 27,432 円$

4．正常減損費の追加配賦

月末仕掛品原価：

$512,568 円 + \underset{\text{正常減損費}}{27,432 円} = 540,000 円$

完成品原価：

$1,457,262 円 + \underset{\text{正常減損費}}{75,438 円} = 1,532,700 円$

完成品単位原価：

$1,532,700 円 \div 4,500 個 \fallingdotseq @341 円$

（円位未満四捨五入）

02)　当月完成品4,500kg－月初仕掛品完成分540kg＝3,960kg

理論問題～総合原価計算における減損費の処理～

|解答|

1	○	2	×	3	○	4	×	5	×

|解説|

正常減損非度外視法と正常減損度外視法について、完成品総合原価や月末仕掛品原価の計算結果の比較をまとめると、次のようになります。

正常減損の発生態様		負担関係	非度外視法と度外視法の計算結果
①始点発生		両者負担	同じ
途中点発生　②正常減損 ≦ 月末仕掛品 の発生点　　加工進捗度		両者負担	**異なる**
③正常減損 > 月末仕掛品 の発生点　加工進捗度		完成品のみ負担	同じ
④終点発生		完成品のみ負担	同じ
⑤平均発生		両者負担	**異なる**

1. 上表の④のケースです。正常減損が終点で発生した場合、正常減損費は完成品のみに負担させることが理論的です。完成品のみに負担させる場合、非度外視法と度外視法のいずれであっても、月末仕掛品には正常減損費をまったく負担させない計算を行うため、双方の計算結果は同じになります。上記③のケースも同様です。

具体的には、問題2 問1と問題4 問1の計算内容と結果を比較してみましょう。

2. 上表の②のケースです。途中点発生の正常減損費を完成品と月末仕掛品の両者に負担させる場合、非度外視法と度外視法とでは正常減損費のうちの加工費の負担の基準が異なります。非度外視法では、数量を基準として負担させる（完成品1単位：月末仕掛品1単位＝1：1）のに対して、度外視法では、完成品換算量を基準として負担させます（完成品1単位：月末仕掛品1単位＝1：月末仕掛品の加工進捗度）。

具体的には、問題2 問2と問題4 問2の計算内容と結果を比較してみましょう。

3. 上表の①のケースです。正常減損が始点で発生した場合、正常減損費は完成品と月末仕掛品の両者に負担させることが理論的です。この場合、正常減損には加工費が生じていません。よって、上記2.のような相違は生じないため、非度外視法と度外視法の計算結果は同じになります。

4. 上表の⑤のケースです。この場合、非度外視法と度外視法とでは正常減損費のうちの直接材料費の負担の基準が異なります。非度外視法では、完成品換算量を基準として負担させる（完成品1単位：月末仕掛品1単位＝1：月末仕掛品の加工進捗度）のに対して、度外視法では、数量を基準として負担させます（完成品1単位：月末仕掛品1単位＝1：1）。

具体的には、問題3 と問題5 の計算内容と結果を比較してみましょう。

5. 非度外視法や度外視法は、正常減損についての処理方法です。異常減損については、非原価項目であるため、必ず独立して計算する必要があります。

具体的には、異常仕損の問題ですが、問題1 において、非度外視法もしくは度外視法の指示がなかったことを確認しましょう。

問題 7 減損の安定的発生

|解答|

仕 掛 品		（単位：円）	
原 料 費 （ **90,000**)	製　　品 （	131,250)	
加 工 費 （ **85,950**)	次 月 繰 越 （	44,700)	
（ **175,950**)	（	175,950)	

|解説|

　本問は、正常減損が工程を通じて安定的に発生しているケースです。

1．正常減損量の区分把握

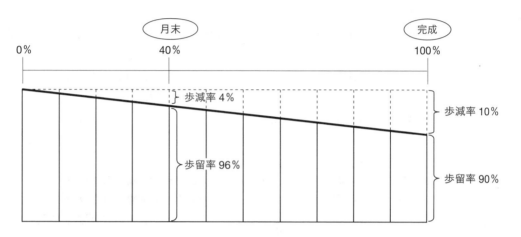

　正常減損量360kgを完成品の製造過程で生じた分と仕掛品の製造過程（加工進捗度40％まで）で生じた分に区分把握します。

　完成品の歩留率は90％であるため、完成品分の原料の始点投入量と減損量は以下のとおりです。

　　投入量：完成品2,700kg ÷ 90％ ＝ 3,000kg

　　減損量：3,000kg − 2,700kg ＝ 300kg

　また、月末仕掛品（加工進捗度40％）の歩減率および歩留率は以下のとおりです。

　　歩減率：10％ × 0.4（加工進捗度）＝ 4％

　　歩留率：100％ − 4％ ＝ 96％

　よって、月末仕掛品分の原料の始点投入量と減損量は以下のとおりです。

　　投入量：月末仕掛品1,440kg ÷ 96％ ＝ 1,500kg

　　減損量：1,500kg − 1,440kg ＝ 60kg

　以上より、正常減損量360kgの内訳は、完成品分が300kg、月末仕掛品分が60kgと判明します。

2．正常減損についての完成品換算量

　正常減損に対して加工費を配分するためには完成品換算量を計算する必要があります。正常減損の完成品換算量は、次の図における面積[01]により把握することができます。

01） それぞれの図のなかの三角形 の面積です。

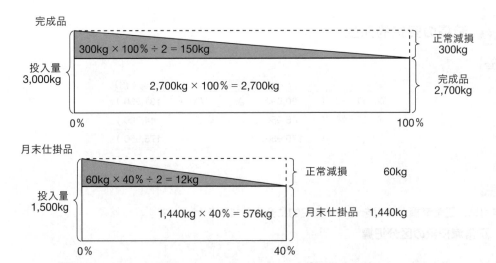

以上より、正常減損の完成品換算量は完成品分が150kg、月末仕掛品分が12kgと判明します。

3．完成品原価、月末仕掛品原価の算定

前記1.と2.より生産データを整理します。
正常減損費は、完成品分と月末仕掛品分とに区分把握された減損量にもとづいて、完成品と月末仕掛品に追加配賦します。

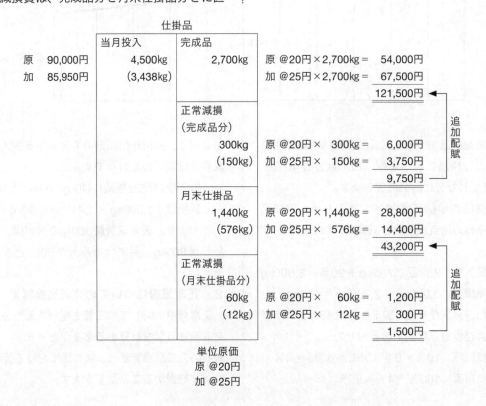

完成品原価：

121,500円＋<u>9,750円</u>＝131,250円
　　　　　正常減損費

月末仕掛品原価：

43,200円＋<u>1,500円</u>＝44,700円
　　　　　正常減損費

3 仕損品に評価額がある場合

問題 正常仕損度外視法（仕損品評価額あり）〜仕損が定点で発生〜

解答

| 月末仕掛品原価 | 530,550 | 円 |
| 完成品総合原価 | 1,501,650 | 円 | 完成品単位原価 | 334 | 円／個 |

（単位：円）

仕 掛 品

前 月 繰 越	（ 229,950 ）	製 品	（ 1,501,650 ）
直 接 材 料 費	（ 789,750 ）	仕 損 品	（ 40,500 ）
加 工 費	（ 1,053,000 ）	次 月 繰 越	（ 530,550 ）
	（ 2,072,700 ）		（ 2,072,700 ）

解説

本問では、正常仕損の発生点（50％）を月末仕掛品（加工進捗度80％）が通過しているため、正常仕損費を完成品と月末仕掛品の両者に負担させます。

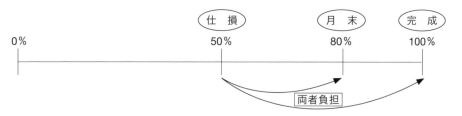

1. **生産データを材料費と加工費に分けて整理し、ボックスに記入します。度外視法による両者負担の場合、正常仕損分を除いたボックスを作成します。**

材	128,250円	月初仕掛品 900個（540個）	完成品 4,500個
加	101,700円		
		当月投入	
材	749,250円[01]	5,400個	月末仕掛品
加	1,053,000円	（5,400個）	1,800個（1,440個）

合計 2,032,200円

01) 仕損品評価額控除後の当月製造費用（材料費）：
789,750円−40,500円[02]＝749,250円

02) 両者負担の場合、当月製造費用から仕損品評価額を控除します。また、本問での仕損品の評価額は、材料の価値に依存しているため、材料費から当該評価額を控除します。
仕損品評価額：@90円×450個＝40,500円
なお、仕損費を完成品のみに負担させる場合は、完成品原価から仕損品評価額を控除します。

2. 原価配分

(1) 月末仕掛品原価の算定

材 $\dfrac{749,250\text{円}}{5,400\text{個}} \times 1,800\text{個} = 249,750\text{円}$

加 $\dfrac{1,053,000\text{円}}{5,400\text{個}} \times 1,440\text{個} = 280,800\text{円}$

$\underline{530,550\text{円}}$

(2) 完成品原価と完成品単位原価の算定

完成品原価：

2,032,200円 − 530,550円 = 1,501,650円

完成品単位原価：

1,501,650円 ÷ 4,500個 ≒ @334円

（円位未満四捨五入）

3. 仕掛品勘定の記入

仕損品評価額は、仕掛品勘定から仕損品勘定に振り替えます。

これに対応して、当月製造費用の直接材料費は、前記のボックスでの金額とは異なり、仕損品評価額控除前の金額となります。

問題
9 正常仕損非度外視法（仕損品評価額あり）〜 仕損が定点で発生〜

|解答|

月末仕掛品原価 | 533,358 | 円

完成品総合原価 | 1,498,842 | 円　　完成品単位原価 | 333 | 円／個

（単位：円）

仕 掛 品

前 月 繰 越	（ 229,950 ）	製　　　　　品	（ 1,498,842 ）
直 接 材 料 費	（ 789,750 ）	仕　　　損　　　品	（ 40,500 ）
加 　工 　費	（ 1,053,000 ）	次 月 繰 越	（ 533,358 ）
	（ 2,072,700 ）		（ 2,072,700 ）

|解説|

　本問では、正常仕損の発生点（50％）を月末仕掛品（加工進捗度80％）が通過しているため、正常仕損費を完成品と月末仕掛品の両者に負担させます。

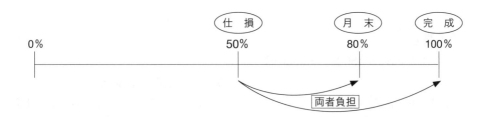

1．生産データを材料費と加工費に分けて整理し、ボックスに記入します。

	月初仕掛品	完成品
材　128,250円	900個	4,500個
加　101,700円	（540個）	
	当月投入	
材　789,750円	5,850個	正常仕損
加　1,053,000円	（5,625個）	450個
		（225個）
		月末仕掛品
		1,800個
		（1,440個）

合計
2,072,700円

【解】
Chapter 6
総合原価計算における仕損・減損

２．正常仕損費負担前の金額の計算

⑴ 月末仕掛品原価の算定

材 $\dfrac{789{,}750\ 円}{5{,}850\ 個} \times 1{,}800\ 個 = 243{,}000\ 円$

加 $\dfrac{1{,}053{,}000\ 円}{5{,}625\ 個} \times 1{,}440\ 個 = 269{,}568\ 円$

$\qquad\qquad\qquad\qquad\qquad\ \ 512{,}568\ 円$

⑵ 正常仕損品原価の算定

材 $\dfrac{789{,}750\ 円}{5{,}850\ 個} \times 450\ 個 = 60{,}750\ 円$

加 $\dfrac{1{,}053{,}000\ 円}{5{,}625\ 個} \times 225\ 個 = 42{,}120\ 円$

$\qquad\qquad\qquad\qquad\qquad\ \ 102{,}870\ 円$

⑶ 完成品原価の算定

$2{,}072{,}700\ 円 - 512{,}568\ 円 - 102{,}870\ 円$

$= 1{,}457{,}262\ 円$

３．正常仕損費の算定

仕損品評価額：＠90 円 × 450 個 = 40,500 円

正常仕損費：

$\underbrace{102{,}870\ 円}_{\text{正常仕損品原価}} - 40{,}500\ 円 = 62{,}370\ 円$

４．正常仕損費の按分

　按分基準は数量です。また、先入先出法によっているため、完成品のうち当月投入完成分と月末仕掛品数量の比率で按分します。

完成品負担分：

$62{,}370\ 円 \times \dfrac{3{,}600\ 個\ ^{01)}}{3{,}600\ 個\ ^{01)} + 1{,}800\ 個}$

$= 41{,}580\ 円$

月末仕掛品負担分：

$62{,}370\ 円 \times \dfrac{1{,}800\ 個}{3{,}600\ 個 + 1{,}800\ 個}$

$= 20{,}790\ 円$

５．原価の集計

月末仕掛品原価：

$512{,}568\ 円 + \underbrace{20{,}790\ 円}_{\text{正常仕損費}} = 533{,}358\ 円$

完成品原価：

$1{,}457{,}262\ 円 + \underbrace{41{,}580\ 円}_{\text{正常仕損費}} = 1{,}498{,}842\ 円$

完成品単位原価：

$1{,}498{,}842\ 円 \div 4{,}500\ 個 \fallingdotseq @\ 333\ 円$

$\qquad\qquad\qquad\qquad$（円位未満四捨五入）

６．仕掛品勘定の記入

　仕損品評価額は、仕掛品勘定から仕損品勘定に振り替えます。

---

01) 当月完成品4,500個－月初仕掛品完成分900個＝3,600個

10 異常仕損と正常仕損の同月内発生（度外視法）

|解答|

異常仕損費	32,000	円	月末仕掛品原価	72,638	円
完成品総合原価	465,300	円	完成品単位原価	517	円／個

	仕　掛　品		（単位：円）
前 月 繰 越 （ 39,938）		製　　　品 （ 465,300 ）	
直接材料費 （ 240,000）		仕　損　品 （ 10,000 ）	
加 工 費 （ 300,000）		損　　　益 （ 32,000 ）	
		次 月 繰 越 （ 72,638 ）	
（ 579,938 ）		（ 579,938 ）	

|解説|

本問では、正常仕損と異常仕損が同月内に両方発生しています。まず、正常仕損費の負担関係を確認します。問題文に「異常仕損品には正常仕損費を負担させない」とあるため、月末仕掛品のみについて、正常仕損の発生点を通過しているか否かを考慮します。

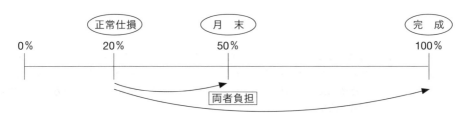

正常仕損の発生点（20％）を月末仕掛品（加工進捗度50％）が通過しているため、正常仕損費を完成品と月末仕掛品の両者に負担させます。

1．生産データを直接材料費と加工費に分けて整理し、ボックスに記入します。

		月初仕掛品	完成品
材	22,000円	100個	900個
加	17,938円	（60個）	
		当月投入	
材	240,000円	1,200個	正常仕損
加	300,000円	（1,000個）	100個
			（20個）01)
			異常仕損
			100個
			（40個）02)
			月末仕掛品
			200個
			（100個）

01) 100個×発生点20％＝20個
02) 100個×発生点40％＝40個

２．原価配分

(1) 異常仕損費の分離把握

異常仕損品原価

材　$\dfrac{240,000\ 円}{1,200\ 個} \times 100\ 個 = 20,000\ 円$

加　$\dfrac{300,000\ 円}{1,000\ 個} \times 40\ 個 = 12,000\ 円$

　　　　　　　　　　$\underline{\underline{32,000\ 円}}$

異常仕損品には処分価値（評価額）がないため、異常仕損品原価がそのまま異常仕損費となります。

(2) 度外視法による月末仕掛品原価と完成品原価の算定

正常仕損分と異常仕損分を除いたボックスを作成します。

	月初仕掛品	完成品
材　22,000円 加　17,938円	100個 (60個)	900個
	当月投入	月末仕掛品
材　210,000円[03)] 加　288,000円[04)]	1,000個 (940個)	200個 (100個)

合計
537,938円

03) 異常仕損費がすでに分離把握されているため、異常仕損費の直接材料費分を控除します。また、度外視法による両者負担の場合、当月製造費用から正常仕損品評価額を控除します。本問での評価額は材料の価値に依存しているため、直接材料費から控除します。
異常仕損費の直接材料費分と正常仕損品評価額を控除した後の当月製造費用（直接材料費）：240,000円−20,000円（異常仕損費）−10,000円（評価額）=210,000円

04) 異常仕損費がすでに分離把握されているため、異常仕損費の加工費分を控除します。
異常仕損費の加工費分を控除した後の当月製造費用（加工費）：
300,000円−12,000円（異常仕損費）=288,000円

月末仕掛品原価：

材　$\dfrac{210,000\ 円}{1,000\ 個} \times 200\ 個 = 42,000\ 円$

加　$\dfrac{288,000\ 円}{940\ 個} \times 100\ 個 ≒ 30,638\ 円$
　　　　　　　　　　　　　　　（円未満四捨五入）
　　　　　　　　　　　　　　$\underline{\underline{72,638\ 円}}$

完成品原価：

537,938円 − 72,638円 = 465,300円

完成品単位原価：

465,300円 ÷ 900個 = @517円

３．仕掛品勘定の記入

仕損品評価額は、仕掛品勘定から仕損品勘定に振り替えます。

異常仕損費は、本問では仕掛品勘定から損益勘定に振り替えていることを答案用紙から読み取ります。

問題 11 異常仕損と正常仕損の同月内発生（非度外視法）

|解答|

異常仕損費 〔 **42,300** 〕円　　月末仕掛品原価 〔 **241,500** 〕円

完成品総合原価 〔 **2,615,000** 〕円　　完成品単位原価 〔 **523** 〕円／個

仕　掛　品		（単位：円）	
前月繰越（ **64,400**）	製　　品（ **2,615,000**）		
直接材料費（ **1,744,000**）	仕　損　品（ **11,200**）		
加　工　費（ **1,101,600**）	損　　益（ **42,300**）		
	次月繰越（ **241,500**）		
（ **2,910,000**）	（ **2,910,000**）		

【解説】

　本問では、正常仕損と異常仕損が同月内に両方発生しています。まず、正常仕損費の負担関係を確認します。問題文に「正常仕損費を異常仕損品に負担させるか否かは、それぞれの仕損の発生点を考慮して判断」とあります。よって、月末仕掛品のみならず異常仕損品についても、正常仕損の発生点を通過しているか否かによって判断します。

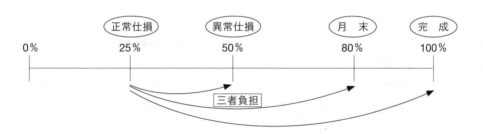

　正常仕損の発生点（25％）を異常仕損品（発生点50％）および月末仕掛品（加工進捗度80％）が通過しているため、正常仕損費を完成品、異常仕損品、月末仕掛品の三者に負担させます。

1．生産データを直接材料費と加工費に分けて整理し、ボックスに記入します。

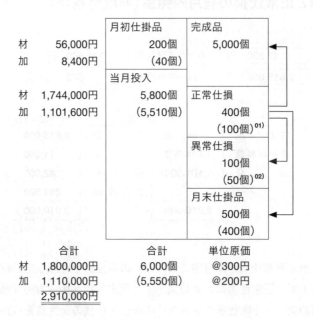

		月初仕掛品	完成品
材	56,000円	200個	5,000個
加	8,400円	(40個)	
		当月投入	
材	1,744,000円	5,800個	正常仕損
加	1,101,600円	(5,510個)	400個
			(100個)⁰¹⁾
			異常仕損
			100個
			(50個)⁰²⁾
			月末仕掛品
			500個
			(400個)

	合計	合計	単位原価
材	1,800,000円	6,000個	@300円
加	1,110,000円	(5,550個)	@200円
	2,910,000円		

01) 400個×発生点25%＝100個
02) 100個×発生点50%＝50個

2．原価配分

(1) 月末仕掛品原価の算定

材　@300円×500個＝150,000円
加　@200円×400個＝　80,000円
　　　　　　　　　　230,000円

(2) 異常仕損品原価の算定

材　@300円×100個＝　30,000円
加　@200円× 50個 ＝　10,000円
　　　　　　　　　　 40,000円

(3) 正常仕損品原価の算定

材　@300円×400個＝120,000円
加　@200円×100個＝　20,000円
　　　　　　　　　　140,000円

(4) 完成品原価の算定

2,910,000円 － 230,000円 － 40,000円
－ 140,000円 ＝ 2,500,000円

3．正常仕損費の算定

正常仕損費：

140,000円 － 11,200円 ＝ 128,800円
正常仕損品原価　正常仕損品評価額

4．正常仕損費の按分

按分基準は数量です。

完成品負担分：

$128{,}800円 \times \dfrac{5{,}000 個}{5{,}000 個 + 100 個 + 500 個}$
＝ 115,000円

異常仕損品負担分：

$128{,}800円 \times \dfrac{100 個}{5{,}000 個 + 100 個 + 500 個}$
＝ 2,300円

月末仕掛品負担分：

$128{,}800円 \times \dfrac{500 個}{5{,}000 個 + 100 個 + 500 個}$
＝ 11,500円

5．原価の集計

異常仕損費：

40,000円 + <u>2,300円</u> = 42,300円 ⁰³⁾
　　　　　正常仕損費

月末仕掛品原価：

230,000円 + <u>11,500円</u> = 241,500円
　　　　　　正常仕損費

完成品原価：

2,500,000円 + <u>115,000円</u> = 2,615,000円
　　　　　　　正常仕損費

完成品単位原価：

2,615,000円 ÷ 5,000個 = @523円

6．仕掛品勘定の記入

仕損品評価額は、仕掛品勘定から仕損品勘定に振り替えます。

異常仕損費は、本問では仕掛品勘定から損益勘定に振り替えていることを答案用紙から読み取ります。

---

03) 本問では、異常仕損品には処分価値（評価額）がありません。処分価値がある場合には異常仕損費の算定上控除します。

7 工程別総合原価計算

1 工程別総合原価計算〜累加法〜

問題 1 累加法

|解答|

（単位：円）

仕 掛 品（第1工程）

月 初 仕 掛 品	(**432,960**)	第1工程完成品	(**2,966,400**)
直 接 材 料 費	1,296,000	月 末 仕 掛 品	(**440,160**)
加 工 費	1,677,600		
	(**3,406,560**)		(**3,406,560**)

仕 掛 品（第2工程）

月 初 仕 掛 品	(**337,836**)	第2工程完成品	(**6,271,236**)
前 工 程 費	(**2,472,000**)	月 末 仕 掛 品	(**651,600**)
加 工 費	4,113,000		
	(**6,922,836**)		(**6,922,836**)

完成品単位原価 **3,484.02** 円／kg

月末仕掛品原価 **1,091,760** 円

|解説|

1．第1工程の計算

　正常減損の発生点（40％）を月末仕掛品（加工進捗度80％）が通過しているため、正常減損費を完成品と月末仕掛品の両者に負担させます。

(1)生産データを材料費と加工費に分けて整理し、ボックスに記入します。

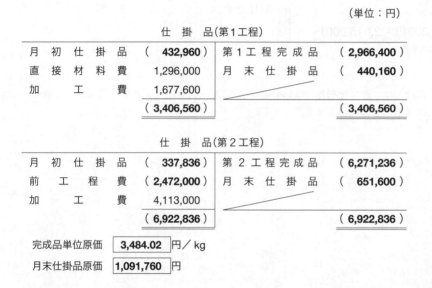

(2)原価配分

① 月末仕掛品原価の算定

材　@558円×400kg＝223,200円

加　@678円×320kg＝216,960円

　　　　　　　　　　 440,160円

② 第1工程完成品原価と単位原価の算定

第1工程完成品原価：

　3,406,560円－440,160円＝2,966,400円

第1工程完成品単位原価：

　2,966,400円÷2,400kg＝@1,236円

2．第2工程の計算

　正常減損は工程を通じて平均的に発生しているため、正常減損費を完成品と月末仕掛品の両者に負担させます。

(1)生産データを前工程費と加工費に分けて整理し、ボックスに記入します。

第2工程

	月初仕掛品	完成品
前 252,372円	200kg	1,800kg
加 85,464円	(40kg)	
	当月投入	
前 2,472,000円[01]	1,900kg	月末仕掛品
加 4,113,000円	(1,880kg)	300kg
		(120kg)

	合計	合計	単位原価
前	2,724,372円	2,100kg	@1,297.32円
加	4,198,464円	(1,920kg)	@2,186.7 円
	6,922,836円		

(2)原価配分

① 月末仕掛品原価の算定

前　　@1,297.32円×300kg＝389,196円

加　　@2,186.7 円×120kg＝262,404円

　　　　　　　　　　　　　651,600円

② 完成品原価（第2工程完成品原価）と単位原価の算定

完成品原価：

　　6,922,836円－651,600円＝6,271,236円

完成品単位原価：

　　6,271,236円÷1,800kg＝@3,484.02円

3．月末仕掛品原価の集計

　工程別総合原価計算では、月末仕掛品が工程別に計算されます。

$\underbrace{440,160円}_{第1工程} ＋ \underbrace{651,600円}_{第2工程} ＝ 1,091,760円$

---

01) @1,236円×2,000kg＝2,472,000円

　　　第1工程完成品の全部が第2工程に振り替えられていないことに注意してください。

問題 2　累加法～工程間振替での予定価格の適用～

|解答|

完成品原価 | **429,000** | 円
振 替 差 異 | **3,210** | 円（**貸方** 差異）

|解説|

正常減損は工程を通じて平均的に発生しているため、正常減損費を完成品と月末仕掛品の両者に負担させます。

1．生産データを前工程費と加工費に分けて整理し、ボックスに記入します。

		月初仕掛品	完成品
前	24,500円	100kg	880kg
加	11,000円	(50kg)	
		当月投入	
前	220,500円[01]	880kg	月末仕掛品
加	212,250円	(890kg)	100kg
			(60kg)
	合計	合計	単位原価
前	245,000円	980kg	@250 円
加	223,250円	(940kg)	@237.5円
	468,250円		

2．原価配分

(1) 月末仕掛品原価の算定

材　@250円　×100kg＝25,000円
加　@237.5円×60kg＝14,250円
　　　　　　　　　　　39,250円

(2) 完成品原価（第2工程完成品原価）の算定

完成品原価：
468,250円－39,250円＝429,000円

3．振替差異の算定

第1工程の能率を測定するため、予定価格による第2工程への完成品振替額と実際発生額の差額を振替差異として算定します。

$$\underset{\text{予定振替額}}{220,500円} - \underset{\text{実際発生額}}{217,290円}$$

＝3,210円（貸方差異（有利差異））

---

01)　@245円×900kg＝220,500円
　　　第1工程完成品は第2工程に予定価格で振り替えられています。

問題 3　理論問題～工程別総合原価計算～

|解答|

ア	前工程費	イ	原料費	ウ	予定原価

|解説|

累加法におけるポイントは、前工程費です。次工程にとって、前工程製品の原価計算上の扱いは外部から購入する原料と変わりません。

問題 4 工程間仕掛品がある場合

|解答|

仕　掛　品			（単位：円）
月　初　仕　掛　品 （　516,680）	製　　　　　　品 （3,009,960）
直　接　材　料　費 （1,317,120）	月　末　仕　掛　品 （　787,500）
加　　工　　費 （1,963,660）	
（3,797,460）	（3,797,460）

|解説|

1．本問のポイント

1つ目は、仕掛品勘定が1つのため第1工程と第2工程をまとめて記入する点です。

2つ目は、工程間在庫（第1工程完成品）を仕掛品として扱う点です。

2．直接材料費・加工費の計算

(1) 直接材料費（先入先出法）

材料 X

月初	払出
120個	960個
当月	貸借差引 →第1工程へ投入
900個	月末
	60個

月末：@1,374円×60個＝82,440円

払出：@1,358円×120個＋@1,374円
　　　×900個−82,440円＝1,317,120円

(2) 加工費

資料2.にもとづき、直接作業時間を配賦基準として正常配賦額を計算します。

第1工程：@1,220円×654時間＝ 797,880円

第2工程：@1,540円×757時間＝1,165,780円

なお、本問では実際発生額が与えられていますが、製品原価の計算に用いないように注意してください。

3．生産データの整理

上記の工程全体を1つの工程とみなして仕掛品勘定を作成します（網掛部分は貸借で相殺されます）。

4．工程別計算

⑴ 第1工程

工程内に仕掛品はないため、当月投入分はすべて完成品原価となります。

なお、正常仕損が生じていますが、完成品負担のため分離して金額を把握する必要はありません。

第1工程完成品：

1,317,120円＋797,880円＝2,115,000円

⑵ 第1工程完成品（先入先出法）

月末仕掛品：

2,115,000円÷940個×350個＝787,500円

第2工程への振替額：

516,680円＋2,115,000円－787,500円

＝1,844,180円

⑶ 第2工程

第1工程と同様に、投入額がそのまま完成品原価となります。

1,844,180円＋1,165,780＝3,009,960円

5．仕掛品勘定の記入

⑴ 借方

月初仕掛品：516,680円（資料3．より）

直接材料費：1,317,120円（上記2．⑴より）

加工費：

797,880円＋1,165,780円＝1,963,660円

　第1工程　　第2工程

⑵ 貸方

仕掛品の記入上、第1工程完成品の月末在庫を「月末仕掛品」、第2工程完成品を「完成品」として扱います。

月末仕掛品：787,500円（上記4．⑵より）

完成品：3,009,960円（上記4．⑶より）

Section 2 工程別総合原価計算〜非累加法〜

問題 5 非累加法 〜累加法と計算結果が一致する方法〜

解答

完成品単位原価 | 3,028 | 円／個

仕掛品—第1工程費 （単位：円）

月 初 仕 掛 品 （ 876,290 ）	製 品 （ 2,158,000 ）
直 接 材 料 費 （ 882,570 ）	月 末 仕 掛 品 （ 808,860 ）
加 工 費 （ 1,208,000 ）	
（ 2,966,860 ）	（ 2,966,860 ）

仕掛品—第2工程費 （単位：円）

月 初 仕 掛 品 （ 124,424 ）	製 品 （ 870,000 ）
加 工 費 （ 841,386 ）	月 末 仕 掛 品 （ 95,810 ）
（ 965,810 ）	（ 965,810 ）

解説

本問では、累加法と計算結果が一致する方法による非累加法の工程別計算が問われています。この方法では、工程費ごとに、累加法と同じように工程単位で総合原価計算を繰り返して計算します。

1．第1工程費（直接材料費）の計算

(1)第1工程

	月初仕掛品	第1工程完成品
236,270円	250個	980個
	当月投入	
882,570円	930個	月末仕掛品 200個

合計
1,118,840円

① 月末仕掛品原価の算定

$$\frac{882,570\,円}{930\,個} \times 200\,個 = 189,800\,円$$

② 第1工程完成品原価の算定

1,118,840円 － 189,800円 ＝ 929,040円

(2)第2工程

	月初仕掛品	第2工程完成品
226,520円	240個	1,000個
	当月投入	
929,040円	980個	月末仕掛品 220個

合計
1,155,560円

① 月末仕掛品原価の算定

$$\frac{929,040\,円}{980\,個} \times 220\,個 = 208,560\,円$$

② 第2工程完成品原価と単位原価の算定

第2工程完成品原価：

1,155,560円 － 208,560円 ＝ 947,000円

第2工程完成品単位原価：

947,000円 ÷ 1,000個 ＝ ＠947円

2. 第1工程費（加工費）の計算

(1)第1工程

	月初仕掛品 100個[01]	第1工程完成品 980個
119,820円		
1,208,000円	当月投入 1,000個	月末仕掛品 120個[02]

合計
1,327,820円

① 月末仕掛品原価の算定

$$\frac{1,208,000 \text{円}}{1,000 \text{個}} \times 120 \text{個} = 144,960 \text{円}$$

② 第1工程完成品原価の算定

1,327,820円 − 144,960円 = 1,182,860円

01) 250個×40%=100個
02) 200個×60%=120個

(2)第2工程

	月初仕掛品 240個[03]	第2工程完成品 1,000個
293,680円		
1,182,860円	当月投入 980個	月末仕掛品 220個[03]

合計
1,476,540円

① 月末仕掛品原価の算定

$$\frac{1,182,860 \text{円}}{980 \text{個}} \times 220 \text{個} = 265,540 \text{円}$$

② 第2工程完成品原価と単位原価の算定

第2工程完成品原価：
　1,476,540円 − 265,540円 = 1,211,000円

第2工程完成品単位原価：
　1,211,000円 ÷ 1,000個 = @1,211円

03) 加工進捗度は加味しません。問題資料の加工進捗度は第2工程の加工についての進捗度であって、第1工程の加工はすでに完了しているためです。

3. 第2工程費（加工費）の計算

第2工程

	月初仕掛品 144個[04]	第2工程完成品 1,000個
124,424円		
841,386円	当月投入 966個	月末仕掛品 110個[05]

合計
965,810円

(1) 月末仕掛品原価の算定

$$\frac{841,386 \text{円}}{966 \text{個}} \times 110 \text{個} = 95,810 \text{円}$$

(2) 第2工程完成品原価と単位原価の算定

第2工程完成品原価：
　965,810円 − 95,810円 = 870,000円

第2工程完成品単位原価：
　870,000円 ÷ 1,000個 = @870円

04) 240個×60%=144個
05) 220個×50%=110個

4．完成品単位原価の集計

@ 947 円（第 1 工程費（直接材料費））＋
@ 1,211 円（第 1 工程費（加工費））＋ @ 870
円（第 2 工程費（加工費））＝ @ 3,028 円

5．勘定記入

第 1 工程費の計算（上記の 1. と 2.）にもとづいて、仕掛品－第 1 工程費勘定に記入します。また、第 2 工程費の計算（上記の 3.）にもとづいて、仕掛品－第 2 工程費勘定に記入します。

非累加法 ～工程全体を単一工程とみなす方法～

|解答|

完成品単位原価 ［ 3,030 ］ 円／個

仕掛品－第1工程費　（単位：円）

月 初 仕 掛 品 （	878,400 ）	製 　 　 品 （	2,160,000 ）
直 接 材 料 費 （	878,600 ）	月 末 仕 掛 品 （	810,400 ）
加 　 工 　 費 （	1,213,400 ）		
（	2,970,400 ）	（	2,970,400 ）

仕掛品－第2工程費　（単位：円）

月 初 仕 掛 品 （	124,560 ）	製 　 　 品 （	870,000 ）
加 　 工 　 費 （	841,140 ）	月 末 仕 掛 品 （	95,700 ）
（	965,700 ）	（	965,700 ）

|解説|

本問では、通常の計算方式による非累加法の工程別計算が問われています。通常の計算方式では工程ごとではなく、工程全体を 1 つの工程とみなして工程費ごとに計算します。

1．第 1 工程費（直接材料費）の計算
⑴材料費について 1 つの生産データにまとめる

第1工程費（直接材料費）

	月初仕掛品	第 2 工程完成品
240,000円	第 1 工程 250個	1,000個
	月初仕掛品	
230,400円	第 2 工程 240個	
	当月投入	
878,600円	930個	月末仕掛品
		第 1 工程 200個
		月末仕掛品
		第 2 工程 220個
合計	合計	単位原価
1,349,000円	1,420個	@950円

⑵原価配分

① 月末仕掛品原価の算定

第1工程　　@950円×200個＝190,000円

第2工程　　@950円×220個＝209,000円

399,000円

② 完成品原価と単位原価の算定

完成品原価：

1,349,000円－399,000円＝950,000円

完成品単位原価：

950,000円÷1,000個＝@950円

本問は平均法によっているため、原価配分上の平均単価に等しくなります（以下同様）。

2．第1工程費（加工費）の計算

⑴第1工程の加工費について1つの生産データにまとめる

第1工程費（加工費）

120,000円	月初仕掛品 第1工程 100個[01]	第2工程完成品 1,000個
288,000円	月初仕掛品 第2工程 240個[02]	
1,213,400円	当月投入 1,000個	月末仕掛品 第1工程 120個[03]
		月末仕掛品 第2工程 220個[02]
合計 1,621,400円	合計 1,340個	単位原価 @1,210円

⑵原価配分

① 月末仕掛品原価の算定

第1工程　　@1,210円×120個＝145,200円

第2工程　　@1,210円×220個＝266,200円

411,400円

② 完成品原価と単位原価の算定

完成品原価：

1,621,400円－411,400円＝1,210,000円

完成品単位原価：

1,210,000円÷1,000個＝@1,210円

---

01) 250個×40%＝100個

02) 加工進捗度は加味しません。問題資料の加工進捗度は第2工程の加工についての進捗度であって、第1工程の加工はすでに完了しているためです。

03) 200個×60%＝120個

3．第2工程費（加工費）の計算

第2工程費（加工費）

	月初仕掛品	第2工程完成品
124,560円	144個[04]	1,000個
	当月投入	月末仕掛品
841,140円	966個	110個[05]
合計	合計	単位原価
965,700円	1,110個	@870円

(1) 月末仕掛品原価の算定

@870円×110個＝95,700円

(2) 完成品原価と単位原価の算定

完成品原価：

965,700円－95,700円＝870,000円

完成品単位原価：

870,000円÷1,000個＝@870円

04) 240個×60%＝144個
05) 220個×50%＝110個

4．完成品単位原価の集計

@950円（第1工程費（直接材料費））
＋@1,210円（第1工程費（加工費））＋@870円
（第2工程費（加工費））＝@3,030円

5．勘定記入

第1工程費の計算（上記の1.と2.）にもとづいて、仕掛品－第1工程費勘定に記入します。また、第2工程費の計算（上記の3.）にもとづいて、仕掛品－第2工程費勘定に記入します。

非累加法 〜減損〜

|解答|

最終工程の完成品原価 | 4,903,440 | 円

仕掛品—第1工程費 (単位：円)

月 初 仕 掛 品	（	1,030,800 ）	製　　　　　品	（	4,401,600 ）
直 接 材 料 費	（	1,728,000 ）	月 末 仕 掛 品	（	1,393,200 ）
加　　工　　費	（	3,036,000 ）			
	（	5,794,800 ）		（	5,794,800 ）

仕掛品—第2工程費 (単位：円)

月 初 仕 掛 品	（	43,200 ）	製　　　　　品	（	501,840 ）
加　　工　　費	（	511,560 ）	月 末 仕 掛 品	（	52,920 ）
	（	554,760 ）		（	554,760 ）

|解説|

　本問では、通常の計算方式による非累加法の工程別総合計算において、減損が生じている場合の処理が問われています。問題文に、「正常減損費はその発生点にかかわらず、すべて最終工程の完成品にのみ負担させる」とあるため、まず、第1工程と第2工程の月末仕掛品原価を算定し、貸借差額で最終工程の完成品原価を求めます。

1．第1工程費(直接材料費)の計算
⑴材料費について1つの生産データにまとめる

第1工程費（直接材料費）

	月初仕掛品	第2工程完成品
264,000円	第1工程 240kg	1,104kg
	月初仕掛品	
207,000円	第2工程 180kg	
	当月投入	
1,728,000円	1,440kg	正常減損
		第1工程 120kg
		正常減損
		第2工程　96kg
		月末仕掛品
		第1工程 360kg
		月末仕掛品
		第2工程 180kg

合計
2,199,000円

(2)原価配分

① 月末仕掛品原価の算定

第1工程　$\dfrac{1,728,000\ 円}{1,440\text{kg}} \times 360\text{kg} = 432,000\ 円$

第2工程　$\dfrac{1,728,000\ 円}{1,440\text{kg}} \times 180\text{kg} = 216,000\ 円$

$\underline{648,000\ 円}$

② 完成品原価の算定

$2,199,000\ 円 - 648,000\ 円 = 1,551,000\ 円$

2．第1工程費（加工費）の計算

(1)第1工程の加工費について1つの生産データにまとめる

第1工程費（加工費）

316,800円	月初仕掛品 第1工程 144kg[01]	第2工程完成品 1,104kg
243,000円	月初仕掛品 第2工程 180kg[02]	
3,036,000円	当月投入 1,320kg	正常減損 第1工程 120kg
		正常減損 第2工程　96kg
		月末仕掛品 第1工程 144kg[03]
		月末仕掛品 第2工程 180kg[02]

合計
3,595,800円

(2)原価配分

① 月末仕掛品原価の算定

第1工程　$\dfrac{3,036,000\ 円}{1,320\text{kg}} \times 144\text{kg} = 331,200\ 円$

第2工程　$\dfrac{3,036,000\ 円}{1,320\text{kg}} \times 180\text{kg} = 414,000\ 円$

$\underline{745,200\ 円}$

② 完成品原価の算定

$3,595,800\ 円 - 745,200\ 円 = 2,850,600\ 円$

01) 240kg×60%＝144kg

02) 加工進捗度は加味しません。問題資料の加工進捗度は第2工程の加工についての進捗度であって、第1工程の加工はすでに完了しているためです。

03) 360kg×40%＝144kg

3．第2工程費(加工費)の計算

第2工程費(加工費)

	月初仕掛品	第2工程完成品	
43,200円	108kg⁰⁴⁾	1,104kg	
	当月投入		
511,560円	1,218kg	正常減損	
			96kg
		月末仕掛品	
			126kg⁰⁵⁾

合計
554,760円

(1) 月末仕掛品原価の算定

$$\frac{511,560\,円}{1,218kg} \times 126kg = 52,920\,円$$

(2) 完成品原価の算定

$$554,760\,円 - 52,920\,円 = 501,840\,円$$

04) 180kg×60％＝108kg
05) 180kg×70％＝126kg

4．最終工程の完成品原価の集計

1,551,000円（第1工程費（直接材料費））＋2,850,600円（第1工程費（加工費））＋501,840円（第2工程費（加工費））＝4,903,440円

5．勘定記入

第1工程費の計算（上記の1.と2.）にもとづいて、仕掛品−第1工程費勘定に記入します。また、第2工程費の計算（上記の3.）にもとづいて、仕掛品−第2工程費勘定に記入します。

3 加工費工程別総合原価計算

問題 加工費工程別総合原価計算1

|解答|

完成品単位原価 **1,943** 円／kg

|解説|

本問では、累加法による加工費工程別総合原価計算が問われています。加工費については、全原価要素工程別総合原価計算と同じように計算します。

1．材料費の計算

(1)材料費について1つの生産データにまとめる

	月初仕掛品	第2工程完成品
477,400円	第1工程 800kg	7,000kg
	月初仕掛品	
954,800円	第2工程 1,600kg	
	当月投入	
4,174,100円	6,700kg	月末仕掛品 第1工程 700kg
		月末仕掛品 第2工程 1,400kg

合計
5,606,300円

(2)原価配分

① 月末仕掛品原価の算定

第1工程

$$\frac{4,174,100\,円}{6,700\text{kg}} \times 700\text{kg} = 436,100\,円$$

第2工程

$$\frac{4,174,100\,円}{6,700\text{kg}} \times 1,400\text{kg} = 872,200\,円$$

1,308,300円

② 完成品原価の算定

完成品原価：

5,606,300円 － 1,308,300円 ＝ 4,298,000円

2．加工費の計算

(1)第1工程

	月初仕掛品	第1工程完成品
164,600円	240kg[01]	6,800kg
	当月投入	
4,935,000円	7,050kg	月末仕掛品 490kg[02]

合計
5,099,600円

① 月末仕掛品原価の算定

$$\frac{4,935,000\,円}{7,050\text{kg}} \times 490\text{kg} = 343,000\,円$$

② 第1工程完成品原価の算定

5,099,600円 － 343,000円 ＝ 4,756,600円

01) 800kg×30%＝240kg
02) 700kg×70%＝490kg

(2)第2工程

生産データを前工程費(第1工程の加工費)と加工費に分けて整理し、ボックスに記入します。

		月初仕掛品	第2工程完成品
前	972,000円	1,600kg[03]	7,000kg
加	627,700円	(960kg)	
		当月投入	
前	4,756,600円	6,800kg	月末仕掛品
加	4,654,000円	(7,160kg)	1,400kg[03]
			(1,120kg)

合計
11,010,300円

① 月末仕掛品原価の算定

前 $\dfrac{4,756,600\,円}{6,800\,kg} \times 1,400\,kg = \quad 979,300\,円$

加 $\dfrac{4,654,000\,円}{7,160\,kg} \times 1,120\,kg = \quad 728,000\,円$

$\hspace{9cm} \overline{\quad 1,707,300\,円}$

② 第2工程完成品原価の算定

完成品原価：

$\quad 11,010,300\,円 - 1,707,300\,円 = 9,303,000\,円$

03) 加工進捗度は加味しません。問題資料の加工進捗度は第2工程の加工についての進捗度であって、第1工程の加工はすでに完了しているためです。

3．完成品原価の集計と単位原価の算定

完成品原価：

$\quad 4,298,000\,円（材料費）+ 9,303,000\,円（加工費）= 13,601,000\,円$

単位原価：

$\quad 13,601,000\,円 \div 7,000\,kg = @\,1,943\,円$

問題 9 加工費工程別総合原価計算2 〜仕損〜

|解答|

異常仕損費 | **52,920** | 円　　完成品原価 | **2,645,500** | 円

|解説|

本問では、累加法による加工費工程別総合原価計算において、仕損が生じている場合の処理が問われています。材料費の計算において、問題文に「正常仕損費はその発生点にかかわらず、すべて最終工程の完成品にのみ負担させる」とあるため、まず、第1工程と第2工程の月末仕掛品原価と異常仕損品原価を算定し、貸借差額で最終工程の完成品原価を求めます。

1．材料費の計算

(1)材料費について1つの生産データにまとめる

	月初仕掛品 第1工程 250個	第2工程完成品 1,850個
68,500円	月初仕掛品 第2工程 350個	
97,300円	当月投入	
558,900円	2,070個	正常仕損 第1工程 100個
		正常仕損 第2工程 160個
		異常仕損 第2工程 40個
		月末仕掛品 第1工程 320個
		月末仕掛品 第2工程 200個

合計
724,700円

(2)原価配分

① 月末仕掛品原価の算定

第1工程 $\dfrac{558,900\,円}{2,070\,個} \times 320\,個 = 86,400\,円$

第2工程 $\dfrac{558,900\,円}{2,070\,個} \times 200\,個 = 54,000\,円$

$\overline{140,400\,円}$

② 異常仕損品原価の算定

$\dfrac{558,900\,円}{2,070\,個} \times 40\,個 = 10,800\,円$

③ 完成品原価の算定

完成品原価：

724,700円 − 140,400円 − 10,800円 = 573,500円

2．加工費の計算

(1)第1工程

正常仕損は終点発生であるため、正常仕損費は完成品にのみ負担させます。

	月初仕掛品 100個[01]	第1工程完成品 1,900個
72,200円	当月投入	
1,465,900円	2,140個	正常仕損 100個
		月末仕掛品 240個[02]

合計
1,538,100円

① 月末仕掛品原価の算定

$\dfrac{1,465,900\,円}{2,140\,個} \times 240\,個 = 164,400\,円$

② 第1工程完成品原価の算定

1,538,100円 − 164,400円 = 1,373,700円

> **01)** 250個×40%＝100個
> **02)** 320個×75%＝240個

(2)第2工程

正常仕損は終点発生であり、異常仕損品には負担させないため、正常仕損費は完成品にのみ負担させます。

生産データを前工程費（第1工程の加工費）と加工費に分けて整理し、ボックスに記入します。

		月初仕掛品 350個[03] (280個)	第2工程完成品 1,850個
前	276,920円		
加	24,000円		
		当月投入	
前	1,373,700円	1,900個 (1,870個)	正常仕損 160個
加	617,100円		
			異常仕損 40個
			月末仕掛品 200個[03] (100個)

合計
2,291,720円

> **03)** 加工進捗度は加味しません。問題資料の加工進捗度は第2工程の加工についての進捗度であって、第1工程の加工はすでに完了しているためです。

① **月末仕掛品原価の算定**

前 $\dfrac{1{,}373{,}700\,円}{1{,}900\,個} \times 200\,個 = 144{,}600\,円$

加 $\dfrac{617{,}100\,円}{1{,}870\,個} \times 100\,個 = \underline{33{,}000\,円}$

$\hspace{6.5cm} \overline{177{,}600\,円}$

② **異常仕損品原価の算定**

前 $\dfrac{1{,}373{,}700\,円}{1{,}900\,個} \times 40\,個 = 28{,}920\,円$

加 $\dfrac{617{,}100\,円}{1{,}870\,個} \times 40\,個 = \underline{13{,}200\,円}$

$\hspace{6.5cm} \overline{42{,}120\,円}$

③ **完成品原価の算定**

完成品原価：

$2{,}291{,}720\,円 - 177{,}600\,円 - 42{,}120\,円$

$= 2{,}072{,}000\,円$

3．完成品原価の集計と異常仕損費の算定

完成品原価：

573,500円（材料費）＋2,072,000円（加工費）＝2,645,500円 [04]

異常仕損費：

10,800円（材料費）＋42,120円（加工費）

＝52,920円 [05]

[04] 本問では、正常仕損品には処分価値（評価額）がありません。処分価値がある場合には完成品原価の集計上控除します。

[05] 本問では、異常仕損品には処分価値（評価額）がありません。処分価値がある場合には異常仕損費の算定上控除します。

1 組別総合原価計算

|解答|

問1.

製品Aの完成品原価 **2,375,000** 円

製品Bの完成品原価 **2,942,500** 円

問2.

製品Aの完成品原価 **2,352,200** 円

製品Bの完成品原価 **2,917,500** 円

|解説|

組別総合原価計算では、製造費用を組直接費と組間接費に分けて、組直接費は各製品に賦課し、組間接費は適当な配賦基準によって各製品に配賦します。

問1.

1．組直接費の計算

(1) 直接材料費

製品A：＠2,000円×530kg ＝1,060,000円

製品B：＠1,050円×1,200kg＝1,260,000円

(2) 直接労務費

製品A：＠1,300円×460時間＝598,000円

製品B：＠1,300円×540時間＝702,000円

2．組間接費の配賦

組間接費を直接作業時間を基準として各製品に実際配賦します。

製品A：$\dfrac{1,800,000 \text{円}}{\underset{\text{実際配賦率@1,800円}}{460 \text{時間} + 540 \text{時間}}} \times 460 \text{時間}$

＝828,000円

製品B：＠1,800円×540時間＝972,000円

3．完成品原価の計算

(1) 製品A

		月初仕掛品	完成品
材	106,000円	200個	1,900個
加	28,400円	(40個)	
		当月投入	
材	1,060,000円	2,000個	月末仕掛品
労	598,000円	(1,980個)	300個
間	828,000円		(120個)
	合計	合計	単位原価
材	1,166,000円	2,200個	@530円
加	1,454,400円	(2,020個)	@720円

完成品原価：

　(@530円＋@720円)×1,900個＝2,375,000円

(2) 製品B

		月初仕掛品	完成品
材	265,400円	500個	2,500個
加	161,820円	(250個)	
		当月投入	
材	1,260,000円	2,400個	月末仕掛品
労	702,000円	(2,570個)	400個
間	972,000円		(320個)
	合計	合計	単位原価
材	1,525,400円	2,900個	@526円
加	1,835,820円	(2,820個)	@651円

完成品原価：

　(@526円＋@651円)×2,500個＝2,942,500円

問2．

1．組間接費の配賦

組間接費を直接作業時間を基準として各製品に予定配賦します。

製品A：$\dfrac{23,100,000\ 円}{13,200\ 時間}$×460時間

予定配賦率@1,750円

　　　　＝805,000円

製品B：@1,750円×540時間＝945,000円

2．完成品原価の計算

⑴　製品A

		月初仕掛品	完成品
材	106,000円	200個	1,900個
加	27,160円	(40個)	
		当月投入	
材	1,060,000円	2,000個	月末仕掛品
労	598,000円	(1,980個)	300個
間	805,000円		(120個)
	合計	合計	単位原価
材	1,166,000円	2,200個	@530円
加	1,430,160円	(2,020個)	@708円

完成品原価：

　　（@530円＋@708円）× 1,900個 ＝ 2,352,200円

⑵　製品B

		月初仕掛品	完成品
材	265,400円	500個	2,500個
加	160,620円	(250個)	
		当月投入	
材	1,260,000円	2,400個	月末仕掛品
労	702,000円	(2,570個)	400個
間	945,000円		(320個)
	合計	合計	単位原価
材	1,525,400円	2,900個	@526円
加	1,807,620円	(2,820個)	@641円

完成品原価：

　　（@526円＋@641円）× 2,500個 ＝ 2,917,500円

問題 2 **工程別組別総合原価計算**

|解答|

製品Xの完成品原価　**8,964,000**　円

製品Yの完成品原価　**8,550,000**　円

|解説|

　組別総合原価計算は製造費用を組直接費と組間接費に分けて、組直接費は製品に賦課し、組間接費は適当な配賦基準を用いて製品に配賦します。本問では、組間接費を第1工程では直接作業時間、第2工程では機械作業時間を配賦基準として、予定配賦しています。

1．組間接費（製造間接費）の予定配賦率および予定配賦額

⑴　**予定配賦率**

第1工程：30,000,000円÷60,000直接作業
　　　　時間＝＠500円

第2工程：64,800,000円÷108,000機械作
　　　　業時間＝＠600円

⑵**予定配賦額**

第1工程

　製品X：＠500円×2,610直接作業時間
　　　　　＝1,305,000円

　製品Y：＠500円×1,948直接作業時間
　　　　　＝974,000円

第2工程

　製品X：＠600円×4,608機械作業時間
　　　　　＝2,764,800円

　製品Y：＠600円×3,840機械作業時間
　　　　　＝2,304,000円

2．製品Xの完成品原価の計算

⑴　**第1工程完成品原価の計算**

度外視法による両者負担の場合、正常減損分を除いたボックスを作成します。

		月初仕掛品		完成品	
材	105,000円	250kg		4,000kg	
加	95,000円	(100kg)			
		当月投入			
材	1,740,000円[01]	4,250kg		月末仕掛品	
加	4,437,000円[02]	(4,300kg)		500kg	
				(400kg)	
	合計		合計		単位原価
材	1,845,000円		4,500kg		@410円
加	4,532,000円		(4,400kg)		@1,030円

完成品原価：

　（＠410円＋＠1,030円）× 4,000kg ＝ 5,760,000円

01) 直接材料費：＠400円×4,350kg ＝1,740,000円
　　　　　　　　　　　　当月投入量

02) 加工費：＠1,200円×2,610時間 ＋1,305,000円 ＝4,437,000円
　　　　　　　直接労務費　　　　組間接費

(2) 第2工程完成品原価の計算

生産データを前工程費と加工費に分けて整理します。

		月初仕掛品	完成品
		−	3,600kg
		当月投入	
前	5,760,000円[03]	4,000kg	月末仕掛品
加	4,032,000円[04]	(3,840kg)	400kg
			(240kg)

単位原価
@1,440円
@1,050円

03) 第1工程完成品原価

04) 加工費：@1,100円×1,152時間 +2,764,800円 =4,032,000円
　　　　　　　　直接労務費　　　　　　　組間接費

完成品原価：

　(@1,440円 + @1,050円)× 3,600kg = 8,964,000円

3. 製品Yの完成品原価の計算
(1) 第1工程完成品原価の計算

		月初仕掛品	完成品
材	389,000円	900kg	5,000kg
加	332,600円	(450kg)	
		当月投入	
材	1,960,000円[05]	4,900kg	月末仕掛品
加	3,311,600円[06]	(4,870kg)	800kg
			(320kg)
	合計	合計	単位原価
材	2,349,000円	5,800kg	@405円
加	3,644,200円	(5,320kg)	@685円

05) 直接材料費：@400円×4,900kg =1,960,000円
　　　　　　　　　　　　当月投入量

06) 加工費：@1,200円×1,948時間 +974,000円 =3,311,600円
　　　　　　　　直接労務費　　　　　　組間接費

完成品原価：

　(@405円 + @685円)× 5,000kg = 5,450,000円

⑵ 第2工程完成品原価の計算

生産データを前工程費と加工費に分けて整理し、ボックスに記入します。なお、正常減損は工程の終点で発生しているため、正常減損費を完成品にのみ負担させます。

月初仕掛品		完成品	
	−		4,300kg
当月投入			
前 5,450,000円⁰⁷⁾	5,000kg	正常減損	
加 3,888,000円⁰⁸⁾	(4,800kg)		200kg
			(200kg)
		月末仕掛品	
			500kg
			(300kg)

前 5,450,000円⁰⁷⁾
加 3,888,000円⁰⁸⁾

当月投入 5,000kg
(4,800kg)

単位原価
@1,090円
@810円

07) 第1工程完成品原価

08) 加工費：@1,100円×1,440時間 +2,304,000円 =3,888,000円
　　　　　　　<u>　　直接労務費　　</u>　　<u>　組間接費　</u>

完成品原価：

(@1,090円 + @810円) × (4,300kg + <u>200kg</u>) = 8,550,000円
　　　　　　　　　　　　　　　<u>正常減損費負担分</u>

Section

2　等級別総合原価計算

問題 3

単純総合原価計算に近い方法① 〜第1法〜

|解答|

製品Xの完成品原価	490,875	円
製品Yの完成品原価	294,525	円
月末仕掛品原価	99,540	円

解説

　本問では、資料３.に「一括的に把握された完成品原価を各等級製品に按分する」とあり、仕掛品量の等級製品別内訳も判明していません。よって、等級別計算の方法は、単純総合原価計算に近い方法(テキストにおける第１法)によることになります。

１．等価係数の計算

(1)　製品Ⅹの１個あたり重量

6,000kg ÷ 3,000個 = @ 2 kg

(2)　製品Ｙの１個あたり重量

3,600kg ÷ 2,000個 = @ 1.8kg

(3)　等価係数

1.8 ÷ 2 = 0.9

　よって、等価係数は、製品Ⅹ:製品Ｙ = 1:0.9となります。

２．生産データの整理

　この段階では、等価係数による積数を用いません。正常仕損は工程の終点で発生しているため、正常仕損費は完成品のみに負担させます。

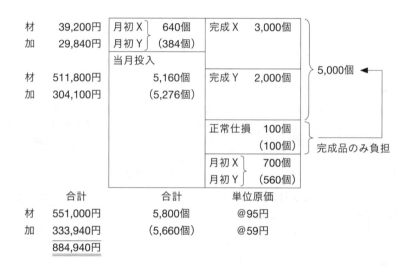

	材	39,200円	月初Ⅹ 640個 月初Ｙ (384個)	完成Ⅹ 3,000個
	加	29,840円		
	材	511,800円	当月投入 5,160個	完成Ｙ 2,000個
	加	304,100円	(5,276個)	
				正常仕損 100個 (100個)
				月初Ⅹ 700個 月初Ｙ (560個)

		合計	合計	単位原価
	材	551,000円	5,800個	@95円
	加	333,940円	(5,660個)	@59円
		884,940円		

5,000個 ← 正常仕損 完成品のみ負担

３．完成品原価と月末仕掛品原価

(1)　月末仕掛品原価の算定

材　@95円 × 700個 = 66,500円
加　@59円 × 560個 = 33,040円
　　　　　　　　　　 99,540円

(2)　完成品原価の算定

完成品原価:
　884,940円 − 99,540円 = 785,400円

４．完成品原価の各等級製品への按分

　完成品原価を等価係数にもとづく積数の比で各等級製品に按分します。

　製品Ⅹの完成品の積数:3,000個 × 1 = 3,000
　製品Ｙの完成品の積数:2,000個 × 0.9 = 1,800
　　　　　　　　　　　　合計　4,800

　製品Ⅹの完成品原価:

$$\frac{785,400 円}{4,800} \times 3,000 = 490,875 円$$

　製品Ｙの完成品原価:

$$\frac{785,400 円}{4,800} \times 1,800 = 294,525 円$$

4 組別総合原価計算に近い方法 ～第2法～

|解答|

製品Xの完成品原価 | 16,745,110 | 円

製品Yの完成品原価 | 14,232,400 | 円

|解説|

資料3．に「この等価係数を基礎として直接材料費と加工費の当月発生額を各等級製品に按分する」とあるので、本問は等級別総合原価計算のうち組別原価計算に近い方法（テキストにおける第2法）ということがわかります。

1．生産データの整理

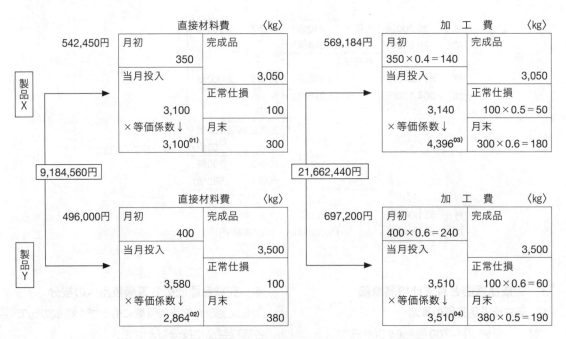

01)～04)　当月投入量に等価係数を掛けた積数です。

01)　3,100kg×1＝3,100kg

02)　3,580kg×0.8＝2,864kg

03)　3,140kg×1.4＝4,396kg

04)　3,510kg×1＝3,510kg

2．当月発生額の按分

(1) 直接材料費

等級製品X：

$$\frac{9{,}184{,}560\ 円}{3{,}100\text{kg} + 2{,}864\text{kg}} \times 3{,}100\text{kg} = 4{,}774{,}000 円$$

等級製品Y：

$$\frac{9{,}184{,}560\ 円}{3{,}100\text{kg} + 2{,}864\text{kg}} \times 2{,}864\text{kg} = 4{,}410{,}560 円$$

(2) 加工費

等級製品X：

$$\frac{21{,}662{,}440\ 円}{4{,}396\text{kg} + 3{,}510\text{kg}} \times 4{,}396\text{kg} = 12{,}045{,}040 円$$

等級製品Y：

$$\frac{21{,}662{,}440\ 円}{4{,}396\text{kg} + 3{,}510\text{kg}} \times 3{,}510\text{kg} = 9{,}617{,}400 円$$

3．製品Xの完成品原価の計算

資料4．より、正常仕損費の処理は両等級製品とも非度外視法によります。また、製品Xの原価配分方法は平均法で行います。なお、正常仕損の発生点（50％）＜月末仕掛品の加工進捗度（60％）であることから、正常仕損費は両者負担です。

			月初		完成品	
材	542,450円	350kg			3,050kg	
加	569,184円	(140kg)				
			当月投入			
材	4,774,000円	3,100kg			正常仕損	
加	12,045,040円	(3,140kg)			100kg	
					(50kg)	
					月末	
					300kg	
					(180kg)	
	合計		合計		単位原価	
材	5,316,450円		3,450kg		@1,541円	
加	12,614,224円		(3,280kg)		@3,845.8円	
	17,930,674円					

(1) 分離計算

① 月末仕掛品原価の算定

材　@1,541円×300kg ＝　462,300円
加　@3,845.8円×180kg ＝　692,244円
　　　　　　　　　　　　　1,154,544円

② 正常仕損品原価の算定

材　@1,541円×100kg ＝　154,100円
加　@3,845.8円×50kg ＝　192,290円
　　　　　　　　　　　　　346,390円

③ 完成品原価の算定

17,930,674円 － 1,154,544円 － 346,390円
＝ 16,429,740円

(2) 正常仕損費の按分

正常仕損費を完成品と月末仕掛品の両者に数量を基準として按分します。

正常仕損費：346,390円[05]

完成品分：

$$\frac{346,390\,円}{\underset{完成品}{3,050kg} + \underset{月末仕掛品}{300kg}} \times 3,050kg = 315,370円$$

月末仕掛品分：

$$\frac{346,390\,円}{3,050kg + 300kg} \times 300kg = 31,020円$$

(3) 原価の集計

完成品原価：16,429,740円 ＋ 315,370円
　　　　　　　　　　　　　　　　正常仕損費
＝ 16,745,110円

月末仕掛品原価：1,154,544円 ＋ 31,020円
　　　　　　　　　　　　　　　　　　正常仕損費
＝ 1,185,564円

05) 正常仕損品に処分価値（評価額）はないため、正常仕損品原価がそのまま正常仕損費となります。

4．製品Yの完成品原価の計算

資料4．より、製品Yの原価配分方法は修正先入先出法で行います。なお、正常仕損の発生点（60％）＞月末仕掛品の加工進捗度（50％）であることから、正常仕損費は完成品のみに負担させます。

	月初	完成品	
材　496,000円	400kg	3,500kg	
加　697,200円	(240kg)		
	当月投入	正常仕損	
材　4,410,560円	3,580kg	100kg	
加　9,617,400円	(3,510kg)	(60kg)	
		月末	
		380kg	
		(190kg)	

合計
15,221,160円

(1) 分離計算

① 月末仕掛品原価の算定

材　$\dfrac{4,410,560\text{円}}{3,580\text{kg}} \times 380\text{kg} = 468,160$ 円

加　$\dfrac{9,617,400\text{円}}{3,510\text{kg}} \times 190\text{kg} = 520,600$ 円

988,760 円

② 正常仕損品原価の算定

材　$\dfrac{4,410,560\text{円}}{3,580\text{kg}} \times 100\text{kg} = 123,200$ 円

加　$\dfrac{9,617,400\text{円}}{3,510\text{kg}} \times 60\text{kg} = 164,400$ 円

287,600 円

③ 完成品原価の算定

15,221,160円 − 988,760円 − 287,600円
＝ 13,944,800円

(2) 正常仕損費の按分

正常仕損費287,600円は完成品のみに負担させます。

(3) 原価の集計

完成品原価：13,944,800円＋<u>287,600円</u>
　　　　　　　　　　　　　　　正常仕損費

＝ 14,232,400円

月末仕掛品原価：上記の(1)より、988,760円

問題 5 単純総合原価計算に近い方法② ～第3法～

|解答|

製品Xの完成品原価 **16,750,914** 円

製品Yの完成品原価 **14,225,100** 円

|解説|

資料3．に「この等価係数を基礎として、月初仕掛品原価と当月原価発生額を各等級製品の完成品と月末仕掛品に按分する」とあることから、完成品だけでなく仕掛品に対しても原価要素別の等価係数を用いて積数を算定し、当該積数にもとづく生産データを1つにまとめ、これらにもとづいて原価を各等級製品に按分します（テキストにおける第3法）。

1．生産データの整理

等級製品X

材 542,450円	月初 350 (140)	完成 3,050 (3,050)
加 569,184円	当月 3,100 (3,140)	
		仕損 100 (50)
		月末 300 (180)

等級製品Y

材 496,000円	月初 400 (240)	完成 3,500 (3,500)
加 697,200円	当月 3,580 (3,510)	
		仕損 100 (60)
		月末 380 (190)

×等価係数[01]

↓

積数データ

材 542,450円	月初X 350 (196)	完成X 3,050 (4,270[02])
加 569,184円		
材 496,000円	月初Y 320 (240)	
加 697,200円		完成Y 2,800[03] (3,500)
材 9,184,560円	当月 5,964 (7,906)	
加 21,662,440円		仕損X 100 (70)
		仕損Y 80 (60)
		月末X 300 (252)
		月末Y 304 (190)

01) 等価係数は直接材料費と加工費で異なる点に注意します。

02) 3,050×1.4＝4,270

03) 3,500×0.8＝2,800

【解】

Chapter 8

組別・等級別総合原価計算

2．分離計算

積数データ

材 542,450円	月初X 350 （ 196）	完成X 3,050 （4,270）
加 569,184円		
材 496,000円	月初Y 320 （ 240）	
加 697,200円		完成Y 2,800 （3,500）
材 9,184,560円	当月 5,964 （7,906）	
加 21,662,440円		

材 9,015,650円
加 21,361,544円

	仕損X 100 （ 70）	材 154,000円 加 191,800円	Xに生じた仕損費は Xが負担する
	仕損Y 80 （ 60）	材 123,200円 加 164,400円	Yに生じた仕損費は Yが負担する
	月末X 300 （ 252）	材 462,000円 加 690,480円	
	月末Y 304 （ 190）	材 468,160円 加 520,600円	

合計
材 10,223,010円
加 22,928,824円

(1)直接材料費

9,184,560円÷5,964kg＝@1,540円

仕損X：@1,540円×100kg＝154,000円

仕損Y：@1,540円×80kg＝123,200円

月末X：@1,540円×300kg＝462,000円

月末Y：@1,540円×304kg＝468,160円

完成品X・Y：

　10,223,010円－（154,000円＋123,200円

　＋462,000円＋468,160円）＝9,015,650円

(2)加工費

21,662,440円÷7,906kg＝@2,740円

仕損X：@2,740円×70kg＝191,800円

仕損Y：@2,740円×60kg＝164,400円

月末X：@2,740円×252kg＝690,480円

月末Y：@2,740円×190kg＝520,600円

完成品X・Y：

　22,928,824円－（191,800円＋164,400円

　＋690,480円＋520,600円）＝21,361,544円

3．完成品原価の按分

(1)直接材料費

等級製品X：$\dfrac{9,015,650\ 円}{3,050kg + 2,800kg} \times 3,050kg$

　　　　　＝4,700,467.09…円

等級製品Y：$\dfrac{9,015,650\ 円}{3,050kg + 2,800kg} \times 2,800kg$

　　　　　＝4,315,182.90…円

(2)加工費

等級製品X：$\dfrac{21,361,544\ 円}{4,270kg + 3,500kg} \times 4,270kg$

　　　　　＝11,739,226.88…円

等級製品Y：$\dfrac{21,361,544\ 円}{4,270kg + 3,500kg} \times 3,500kg$

　　　　　＝9,622,317.11…円

4．正常仕損費の按分

(1)等級製品X……仕損50％＜月末60％

→両者負担のため数量を基準として按分

完成品分：

$$\frac{(154,000\,円 + 191,800\,円)}{(3,050kg - 350kg) + 300kg} \times (3,050kg - 350kg)$$

$$= 311,220\,円$$

月末仕掛品分：

$$\frac{(154,000\,円 + 191,800\,円)}{(3,050kg - 350kg) + 300kg} \times 300kg$$

$$= 34,580\,円$$

(2)等級製品Y……仕損60％＞月末50％

→完成品のみ負担

123,200円 + 164,400円 = 287,600円

5．原価の集計

(1)等級製品X

完成品原価：

4,700,467.09…円 + 11,739,226.88…円

+ 311,220円 ≒ 16,750,914円

（円未満四捨五入）

月末仕掛品原価：

462,000円 + 690,480円 + 34,580円

= 1,187,060円

(2)等級製品Y

完成品原価：

4,315,182.90…円 + 9,622,317.11…円

+ 287,600円 ≒ 14,225,100円

（円未満四捨五入）

月末仕掛品原価：

468,160円 + 520,600円 = 988,760円

Chapter 9 連産品と副産物

Section 1 連産品

問題 1 連産品の原価計算

解答

(イ) 中間製品の単位原価

X 1　**204**　円／ℓ

Y 1　**255**　円／ℓ

Z 1　**153**　円／ℓ

(ロ) 最終製品の単位原価

X 2　**229**　円／ℓ

Y 2　**300**　円／ℓ

Z 2　**169**　円／ℓ

解説

1．中間製品の単位原価の計算

等価係数を使って各中間製品の積数を計算し、これを基準として連結原価を配賦(按分)します。

中間製品	生産量		等価係数		積　数	連結原価 配賦額	単位原価[02]
X 1	300ℓ	×	0.8	=	240	61,200円[01]	@204円
Y 1	400ℓ	×	1.0	=	400	102,000円	@255円
Z 1	500ℓ	×	0.6	=	300	76,500円	@153円
					940	239,700円	

01) $239{,}700円 \times \dfrac{240}{940} = 61{,}200円$

02) 配賦額を積数ではなく、生産量で割って計算することに注意してください。

2．最終製品の単位原価の計算

最終製品	生産量	連結原価 配賦額		分離後[03] 個別費		最終製品 原　価	単位原価[04]
X 2	300ℓ	61,200円	+	7,500円	=	68,700円	@229円
Y 2	400ℓ	102,000円	+	18,000円	=	120,000円	@300円
Z 2	500ℓ	76,500円	+	8,000円	=	84,500円	@169円

03) 個別加工費のみです。個別販売費は含めません。

04) 最終製品原価を生産量で割って計算します。

2 副産物と作業屑

問題 2 連産品と副産物1

解答

(1)副産物Dの評価額　　[　6,000　]円

(2)完 成 品 原 価

製品A　　[　110,000　]円

製品B　　[　83,000　]円

製品C　　[　30,000　]円

(3)

	製品A	製品B	製品C	合　計
売　　上　　高	(196,000)	(160,000)	(63,000)	(419,000)
売　上　原　価	(110,000)	(83,000)	(30,000)	(223,000)
売 上 総 利 益	(86,000)	(77,000)	(33,000)	(196,000)
売上総利益率	(43.9%)	(48.1%)	(52.4%)	

解説

1．連結原価

　第1工程費から副産物評価額を差し引いて計算します。

　副産物D評価額：(@85円－@10円)

　　×80kg＝6,000円

　105,000円＋77,000円－6,000円＝176,000円

2．各製品の売上高

　製品A：@245円×800kg＝196,000円

　製品B：@400円×400kg＝160,000円

　製品C：@315円×200kg＝ 63,000円

【解】

Chapter 9

連産品と副産物

3．連結原価の配賦

製　品	生産量	見積正味実現可能価額[01]	配　賦　額
A	800kg	156,000円	78,000円[02]
B	400kg	136,000円	68,000円
C	200kg	60,000円	30,000円
		352,000円	176,000円

01) 売価－見積個別加工費－見積個別販売費

A：(@245円－@35円－@15円)×800kg＝156,000円

B：(@400円－@45円－@15円)×400kg＝136,000円

C：(@315円－@15円)×200kg＝60,000円

02) $176,000円 × \dfrac{156,000 円}{352,000 円} = 78,000円$

4．各製品の実際完成品原価

3．で求めた連結原価配賦額に個別加工費の実際発生額[04]を足して計算します。

製品A：78,000円＋32,000円＝110,000円

製品B：68,000円＋15,000円＝　83,000円

製品C：　　　　　　　　　　　　30,000円

5．各製品の売上総利益

製品A：196,000円－110,000円＝86,000円

製品B：160,000円－　83,000円＝77,000円

製品C：　63,000円－　30,000円＝33,000円

6．各製品の売上総利益率

製品A：$\dfrac{86,000\ 円}{196,000\ 円} \times 100 = 43.877\cdots\%$

→43.9%

製品B：$\dfrac{77,000\ 円}{160,000\ 円} \times 100 = 48.125\%$

→48.1%

製品C：$\dfrac{33,000\ 円}{63,000\ 円} \times 100 = 52.380\cdots\%$

→52.4%

[04]　製品Aは第2工程費、製品Bは第3工程費となります。

問題 **3** 連産品と副産物2

|解答|

問1.

| 製品AA | 648,000 | 円 | 製品BB | 180,000 | 円 | 製品CC | 447,000 | 円 |

問2.

| 製品A | 468,000 | 円 | 製品B | 45,000 | 円 | 製品C | 337,000 | 円 |

|解説|

問1.

1．連結原価の計算

分離点までの製造原価として855,000円がかかっています。この原価から副産物評価額を控除することで連結原価を計算します。

連結原価：855,000円－@25円×200kg

（副産物評価額）

＝850,000円

2．連結原価の配賦

本問は、見積正味実現可能価額を基準に連結原価を配賦します。

(1)各連産品の見積正味実現可能価額

製品A：@600円×2,000kg－120,000円＝　1,080,000円

製品B：@500円×1,000kg－200,000円＝　　300,000円

製品C：@1,000円×800kg－　55,000円＝　　745,000円

　　　　　　　　　　　　　　　　　　　2,125,000円

⑵連結原価の配賦

$$850,000 円 \times \frac{1,080,000 円}{2,125,000 円} = 432,000 円(製品A)$$

$$850,000 円 \times \frac{300,000 円}{2,125,000 円} = 120,000 円(製品B)$$

$$850,000 円 \times \frac{745,000 円}{2,125,000 円} = 298,000 円(製品C)$$

3．製品別売上総利益の計算

製品AA：@ 600円×2,000kg−（432,000円
　　　　＋120,000円）= 648,000円

製品BB：@ 500円×1,000kg−（120,000円
　　　　＋200,000円）= 180,000円

製品CC：@ 1,000円× 800kg−（298,000円
　　　　＋ 55,000円）= 447,000円

問2.

1．全社的な売上総利益率の計算

売上高合計：@600円×2,000kg＋@500円
　　　　　×1,000kg＋@1,000円
　　　　　×800kg = 2,500,000円

売上原価合計：850,000円＋120,000円
　　　　　　＋200,000円＋55,000円
　　　　　　= 1,225,000円

売上総利益：2,500,000円−1,225,000円
　　　　　= 1,275,000円

売上総利益率：1,275,000円÷2,500,000円
　　　　　　×100 = 51％

2．連結原価の配賦

　各製品の売上総利益率が全社的な売上総利益率に等しくなるように逆算で各連産品への連結原価配賦額を計算します。

製品A：@600円×2,000kg −（@600円
　　　　×2,000kg×0.51＋120,000円）
　　　　= 468,000円

製品B：@500円×1,000kg −（@500円
　　　　×1,000kg×0.51＋200,000円）
　　　　= 45,000円

製品C：@1,000円×800kg −（@1,000円
　　　　×800kg×0.51＋55,000円）
　　　　= 337,000円

問題4 **理論問題 〜等級製品と連産品の相違〜**

|解答|

ア	同一の工程	イ	等価係数	ウ	同　　種	エ	原価発生原因
オ	必　　然	カ	異　　種	キ	負担能力	ク	正　常　市　価

|解説|

本問は、等級製品と連産品の相違についての理解を問う理論問題です。

⑴　等級製品

「等級別総合原価計算は、同一工程において、同種製品を連続生産するが、その製品を形状、大きさ、品位等によって等級に区別する場合に適用する。

等級別総合原価計算にあっては、各等級製品について適当な等価係数を定め、一期間における完成品の総合原価又は一期間の製造費用を等価係数に基づき各等級製品にあん分してその製品原価を計算する。」

（原価計算基準　第二章 第四節 二十二より抜粋）

各等級製品は同種製品であり、形状、大きさ、品位が異なるのみであるため、製品ごとの原価の違いは、重量、厚さ、長さ、面積、容積、純分度、熱量、硬度（製品の性質）、あるいは投入する原料や労働力の消費量（原価要素の物量的数量）に起因します。よって、各等級製品への原価配分にあたっては、一般の原価計算同様、原価発生原因主義にもとづく等価係数が用いられます。

⑵　連産品

「連産品とは、同一工程において同一原料から生産される異種の製品であって、相互に主副を明確に区別できないものをいう。連産品の価額は、連産品の正常市価等を基準として定めた等価係数に基づき、一期間の総合原価を連産品にあん分して計算する。」

（原価計算基準　第二章 第四節 二十九より抜粋）

連産品は、複数の異種製品が必然的に同時に生産されるため、連結原価の発生と各連産品との間に直接的な因果関係を見出すことは困難です。しかし、財務諸表の作成上、売上原価や期末棚卸資産額を計算する必要があるため、連結原価を各連産品に按分しなければなりません。そこで、通常は負担能力主義にもとづいて各連産品の正常市価を基礎とした等価係数を用いて按分計算を行います。

|解答|

問1.

(1)

	製品B	製品C
完 成 品 原 価	**3,044,100**円	**3,366,000**円

(2)

	製品A	製品B	製品C
売 上 高	**10,800,000**円	**7,000,000**円	**9,000,000**円
売 上 原 価	**3,402,000**円	**2,666,800**円	**3,562,000**円
売 上 総 利 益	**7,398,000**円	**4,333,200**円	**5,438,000**円

問2.

(1)

	製品B	製品C
完 成 品 原 価	**3,823,725**円	**3,366,000**円

(2)

	製品A	製品B	製品C
売 上 高	**10,800,000**円	**7,000,000**円	**9,000,000**円
売 上 原 価	**2,551,500**円	**3,186,550**円	**3,562,000**円
売 上 総 利 益	**8,248,500**円	**3,813,450**円	**5,438,000**円

問3.

	連産品A	連産品B	連産品C
連結原価配賦額	**3,780,000**円	**540,000**円	**1,350,000**円

解説

　本問は、連産品の連結原価の配賦を中心論点とする総合問題です。特に、追加加工工程に仕掛品がある場合の計算を確認してください。

問1．物量基準による連結原価の配賦

1．連結原価の算定と各連産品への配賦

(1) 各連産品と副産物の生産量

	比率	生産量
連産品A	6	3,600 kg [02)
連産品B	1	600 kg
連産品C	3	1,800 kg
副産物D	1	600 kg
合　計	11	6,600 kg [01)

01) 4,250kg＋2,550kg－180kg－20kg＝6,600kg
　　　原料X　　原料Y　　減損　　作業屑

02) 合計6,600kg×$\dfrac{6}{11}$＝3,600kg

(2) 副産物Dの評価額

200円/kg × 600kg － 12,000円 － 6,000円 ＝ 102,000円
　　　　　　　　　　　　追加加工費　販売費

(3) 連結原価の算定

原料費		
原料X	300円/kg × 4,250kg ＝	1,275,000円
原料Y	750円/kg × 2,550kg ＝	1,912,500円
加工費		2,586,800円
副産物評価額		△102,000円
作業屑評価額		△2,300円
連結原価		5,670,000円

(4) 連結原価の配賦（物量基準）

	生産量(物量)	連結原価配賦額
連産品A	3,600kg	3,402,000円 [03)
連産品B	600kg	567,000円
連産品C	1,800kg	1,701,000円
合　計	6,000kg	5,670,000円

03) 5,670,000円×$\dfrac{3,600kg}{6,000kg}$＝3,402,000円

２．製品Ｂ、Ｃの完成品原価と売上原価の算定

⑴　製品Ｂ

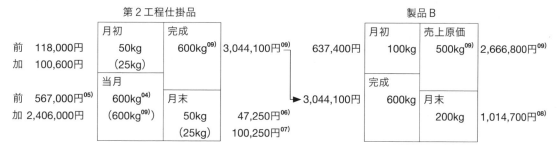

- **04)** 連産品Ｂの当月生産量
- **05)** 連産品Ｂの連結原価配賦額
- **06)** $\dfrac{567,000\,円}{600kg}\times 50kg=47,250円$
- **07)** $\dfrac{2,406,000\,円}{600kg}\times 25kg=100,250円$
- **08)** $\dfrac{3,044,100\,円}{600kg}\times 200kg=1,014,700円$
- **09)** 貸借差引

⑵　製品Ｃ

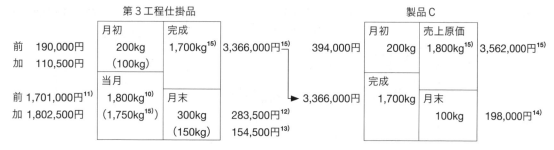

- **10)** 連産品Ｃの当月生産量
- **11)** 連産品Ｃの連結原価配賦額
- **12)** $\dfrac{1,701,000\,円}{1,800kg}\times 300kg=283,500円$
- **13)** $\dfrac{1,802,500\,円}{1,750kg}\times 150kg=154,500円$
- **14)** $\dfrac{3,366,000\,円}{1,700kg}\times 100kg=198,000円$
- **15)** 貸借差引

３．売上高、売上総利益の算定

	製品Ａ	製品Ｂ	製品Ｃ	合　計
売　上　高	10,800,000円[16)]	7,000,000円	9,000,000円	26,800,000円
売　上　原　価	3,402,000円[17)]	2,666,800円	3,562,000円	9,630,800円
売　上　総　利　益	7,398,000円	4,333,200円	5,438,000円	17,169,200円

- **16)** @3,000円×3,600kg=10,800,000円
- **17)** 連産品Ａはそのまま販売され、月初、月末の在庫もないため、連結原価配賦額が売上原価となります。

問2．見積正味実現可能価額による連結原価の配賦

連結原価の配賦額以外は、問1の結果と同じであるため、問1の計算結果を利用して効率的に解くことができます。

1．正常市価の算定と連結原価の配賦

	正常市価			連結原価配賦額
連産品A	@ 3,000円×3,600kg	=	10,800,000円	2,551,500円 [18]
連産品B	(@14,000円 − @4,000円)× 600kg	=	6,000,000円	1,417,500円
連産品C	(@ 5,000円 − @1,000円)×1,800kg	=	7,200,000円	1,701,000円
合　計			24,000,000円	5,670,000円

[18]　$5,670,000円 \times \dfrac{10,800,000円}{24,000,000円} = 2,551,500円$

2．製品Bの完成品原価と売上原価の算定

問1の計算と異なるのは、アンダーラインの箇所のみです。

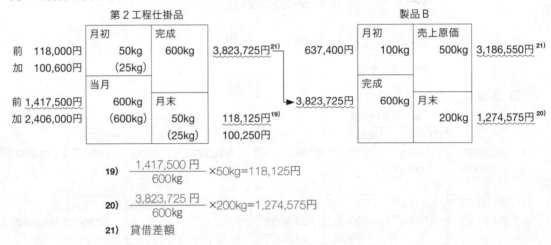

[19]　$\dfrac{1,417,500円}{600kg} \times 50kg = 118,125円$

[20]　$\dfrac{3,823,725円}{600kg} \times 200kg = 1,274,575円$

[21]　貸借差額

なお、連産品Cの連結配賦額は問1と同じです。したがって、完成品原価と売上原価も問1と同じ計算結果になります。

3．売上高、売上総利益の算定

	製品A	製品B	製品C	合　計
売　上　高	10,800,000円	7,000,000円	9,000,000円	26,800,000円
売　上　原　価	2,551,500円 [22]	3,186,550円	3,562,000円	9,300,050円
売　上　総　利　益	8,248,500円	3,813,450円	5,438,000円	17,499,950円

[22]　上記1.の連産品Aへの連結原価配賦額

問3．修正見積正味実現可能価額基準による連結原価の配賦

修正見積正味実現可能価額基準は、問2の見積正味実現可能価額基準を修正し、各連産品の売上総利益率が全体の売上総利益率と一致するように連結原価を配賦するものです。このときの売上総利益率は、当月の販売量ではなく、当月の生産量にもとづいて計算する点に注意しましょう。

1．全体の売上総利益率の算定

当月の生産量にもとづく売上高、連結原価、正常個別加工費から、全体の売上総利益率を算定します。

	製品A	製品B	製品C	合　計
売　上　高	10,800,000円	8,400,000円[23]	9,000,000円	28,200,000円
連　結　原　価				5,670,000円
正常個別加工費	0円	2,400,000円[24]	1,800,000円[25]	4,200,000円
売　上　総　利　益				18,330,000円
売　上　総　利　益　率				65％

[23] @14,000円（製品Bの正常販売価格）×600kg＝8,400,000円
[24] @4,000円（製品Bの正常個別加工費）×600kg＝2,400,000円
[25] @1,000円（製品Cの正常個別加工費）×1,800kg＝1,800,000円

全体の売上総利益率：18,330,000円÷28,200,000円＝65％

2．連結原価配賦額の逆算

上記1.で求めた全体の売上総利益率65％をもとに各製品の売上総利益を計算し、そこから逆算して各連産品への連結原価配賦額を求めます。

	製品A	製品B	製品C	合　計
売　上　高	10,800,000円	8,400,000円	9,000,000円	28,200,000円
連　結　原　価　配　賦　額	∴3,780,000円	∴540,000円[27]	∴1,350,000円	5,670,000円
正常個別加工費	0円	2,400,000円	1,800,000円	4,200,000円
売　上　総　利　益	7,020,000円[26]	5,460,000円	5,850,000円	18,330,000円
売　上　総　利　益　率	65％	65％	65％	65％

[26] 10,800,000円×65％＝7,020,000円
[27] 8,400,000円－5,460,000円－2,400,000円＝540,000円

製品Aのように個別加工費のない場合は、売上高から売上総利益を差し引いて逆算した額が連結原価配賦額となります。また、製品Bや製品Cのように個別加工費がある場合は、売上高から売上総利益と個別加工費を差し引いて逆算した額が連結原価配賦額となります。

10 標準原価計算の基本

1 標準原価計算の基礎知識

1 理論問題 〜標準原価計算の目的〜

|解答|

(イ)	原 価 管 理	(ロ)	真 実 の 原 価	(ハ)	売 上 原 価
(ニ)	予　　　算	(ホ)	勘 定 組 織		

解説

標準原価計算の目的と標準原価計算の手続についての用語補充問題です。特に後者は計算問題を解くうえでカギとなる大切なものです。しっかりと頭に入れておきましょう。

標準原価計算の目的

標準原価計算とは、原価の発生をあらかじめ予測し、標準原価を設定して行う一連の計算方法です。標準原価計算の目的は、主に次の4つです。

⑴ **原価管理に役立てる**

標準原価と実際原価を比較すると、原価差異が生じます。原価差異の発生原因を分析することにより、今後の対策を立てることができます。

⑵ **財務諸表作成に利用する**

標準原価を、真実の原価として売上原価等の算定の基礎とし、貸借対照表や損益計算書上の数値として利用します（ただし、標準原価差異を適切に処理する必要があります）。

⑶ **予算編成に利用する**

標準原価は、あらかじめ予測した数値です。したがって、予算を編成するときの原価資料として利用することができます。

⑷ **記帳の簡略化と迅速化**

標準原価を帳簿記入や勘定記入（勘定組織）に用いることで、記帳のスピードアップを図ることができます。

|解答|

問1. 製品S1個あたり標準原価 　**15,200**　円／個

問2.

仕　掛　品					（単位：円）
月　初　有　高	（ 4,352,000 ）	製	品	（	36,480,000 ）
材　　　　　料	（ 10,138,000 ）	月　末　有　高		（	2,616,000 ）
賃　　　　　金	（ 6,307,850 ）	原　価　差　異		（	491,350 ）
製　造　間　接　費	（ 18,789,500 ）				
	（ 39,587,350 ）			（	39,587,350 ）

製　品					（単位：円）
月　初　有　高	（ 3,040,000 ）	売　上　原　価		（	38,000,000 ）
仕　　掛　　品	（ 36,480,000 ）	月　末　有　高		（	1,520,000 ）
	（ 39,520,000 ）			（	39,520,000 ）

|解説|

問1. 製品S1個あたり標準原価（原価標準）

製品S1個あたり標準原価は、以下のようにまとめられます。

直接材料費 @550円×8kg	＝	4,400円
直接労務費 @900円×3時間	＝	2,700円[01]
製造間接費 @2,700円×3時間	＝	8,100円
製品S1個あたり標準原価		15,200円

問2. 仕掛品勘定および製品勘定の完成

本問は、パーシャル・プランを用いて勘定記入を行う問題です。完成品原価、月初仕掛品原価、月末仕掛品原価の金額はすべて標準原価によります。

1. 仕掛品勘定

(1) 借方の材料、賃金、製造間接費は実際発生額を記入します。

(2) 製品、月初有高、月末有高は原価標準を用いて計算します。

製品（完成品）

　標準原価：15,200円×2,400個

　　　　　　　　　　　　　＝ 36,480,000円

月初有高（月初仕掛品）

　直接材料費：4,400円×400個

　　　　　　　　　　　　　＝ 1,760,000円

　直接労務費：2,700円×240個[02]

　　　　　　　　　　　　　＝ 648,000円

　製造間接費：8,100円×240個[02]

　　　　　　　　　　　　　＝ 1,944,000円

　　　　　　　　　　　　　4,352,000円

月末有高（月末仕掛品）

　直接材料費：4,400円×300個

　　　　　　　　　　　　　＝ 1,320,000円

　直接労務費：2,700円×120個[02]

　　　　　　　　　　　　　＝ 324,000円

　製造間接費：8,100円×120個[02]

　　　　　　　　　　　　　＝ 972,000円

　　　　　　　　　　　　　2,616,000円

2．原価差異の把握

仕掛品勘定の貸借差額により求めます。

3．製品勘定

(1) 売上原価(販売品)

15,200円 × 2,500個 = 38,000,000円

(2) 月初有高(月初製品)

15,200円 × 200個 = 3,040,000円

(3) 月末有高(月末製品)

15,200円 × 100個 = 1,520,000円

(4) 仕掛品

当月完成品原価として、仕掛品勘定から振り替えられます。

---

01) 18,900,000円÷7,000時間=@2,700円

02) 400個×0.6=240個（月初仕掛品完成品換算量）
300個×0.4=120個（月末仕掛品完成品換算量）
直接労務費・製造間接費は加工費であるため、完成品換算量を掛ける点に注意してください。

Section **3**　標準原価計算の勘定記入

問題 **3**　勘定記入の方法

|解答|

(1) シングル・プランを採用している場合

仕　掛　品　　　　　　　　　　　　　　　　（単位：円）

前　月　繰　越	(6,847,200)	製　　　　　品	(116,400,000)
直 接 材 料 費 01)	(15,366,000)	次　月　繰　越	(4,950,000)
直 接 労 務 費 02)	(35,406,000)		
製 造 間 接 費 03)	(63,730,800)		
	(121,350,000)		(121,350,000)

01) 標準価格@520円×標準消費量29,550kg=15,366,000円

02) 標準賃率@1,000円×標準作業時間35,406時間=35,406,000円

03) 標準配賦率@1,800円×標準操業度35,406時間=63,730,800円

(2) パーシャル・プランを採用している場合

仕　掛　品　　　　　　　　　　　　　　　　（単位：円）

前　月　繰　越	(6,847,200)	製　　　　　品	(116,400,000)
直 接 材 料 費 04)	(16,244,000)	価　格　差　異	(124,000)
直 接 労 務 費 05)	(35,280,000)	数　量　差　異	(754,000)
製 造 間 接 費	(65,000,000)	作 業 時 間 差 異	(594,000)
賃　率　差　異	(720,000)	操 業 度 差 異	(900,000)
予　算　差　異	(700,000)	能　率　差　異	(1,069,200)
		次　月　繰　越	(4,950,000)
	(124,791,200)		(124,791,200)

04) 実際価格@524円×実際消費量31,000kg=16,244,000円

05) 実際賃率@980円×実際作業時間36,000時間=35,280,000円

---

(3)修正パーシャル・プランを採用している場合

	仕　掛　品		（単位：円）
前　月　繰　越　　（	6,847,200 ）	製　　　　　　品　（	116,400,000 ）
直 接 材 料 費 06) （	16,120,000 ）	数　量　差　異　（	754,000 ）
直 接 労 務 費 07) （	36,000,000 ）	作 業 時 間 差 異　（	594,000 ）
製 造 間 接 費　　（	65,000,000 ）	操 業 度 差 異　（	900,000 ）
予　算　差　異　　（	700,000 ）	能　率　差　異　（	1,069,200 ）
		次　月　繰　越　（	4,950,000 ）
（	124,667,200 ）	（	124,667,200 ）

06)　標準価格@520円×実際消費量31,000kg=16,120,000円

07)　標準賃率@1,000円×実際作業時間36,000時間=36,000,000円

解説

　本問は、標準原価計算における３つの勘定記入方法の問題です。それぞれの違いをしっかり理解してください。なお、あわせて２級程度の差異分析も出題しています。

〈シングル・プラン〉

月　初 SP×SQ	完成品 SP×SQ
当　月 SP×SQ	月　末 SP×SQ

〈パーシャル・プラン〉

月　初 SP×SQ	完成品 SP×SQ
当　月 AP×AQ （製造間接費は実際発生額）	月　末 SP×SQ
	）原価差異

〈修正パーシャル・プラン〉

月　初 SP×SQ	完成品 SP×SQ
当　月 SP×AQ （製造間接費は実際発生額）	月　末 SP×SQ
	）原価差異

SP：標準価格　　SQ：標準消費量
AP：実際価格　　AQ：実際消費量

1．標準原価の計算

仕掛品

月　初　180個 （108個）08)	完成品 2,000個
当月投入 1,970個 （1,967個）	月　末　150個 （75個）09)

〔注〕（　）の数値は加工費の完成品換算量を示す。

月初仕掛品（仕掛品勘定・前月繰越）

　直接材料費

　　@7,800円×180個　　=1,404,000円

　直接労務費

　　@18,000円×108個　=1,944,000円

　製造間接費

　　@32,400円×108個　=3,499,200円

　　　　　　　　　　　　6,847,200円

完　成　品（仕掛品勘定・製品）

　　@58,200円×2,000個=116,400,000円

月末仕掛品（仕掛品勘定・次月繰越）

　直接材料費

　　@7,800円×150個　=1,170,000円

　直接労務費

　　@18,000円×75個　=1,350,000円

　製造間接費

　　@32,400円×75個　=2,430,000円

　　　　　　　　　　　　4,950,000円

08)　180個×60%=108個

09)　150個×50%=75個

２．差異分析

シングル・プランを採用した場合、以下の差異は、仕掛品勘定には記入されません。

(1) 直接材料費[10]

実際価格@524円
標準価格@520円

価格差異　△124,000円	
	数量差異 △754,000円

標準消費量　　　実際消費量
29,550kg[11]　　　31,000kg

(2) 直接労務費[10]

実際賃率@ 980円
標準賃率@1,000円

賃率差異　720,000円	
	作業時間差異 △594,000円

標準作業時間　　　実際作業時間
35,406時間[12]　　　36,000時間

(3) 製造間接費[13]

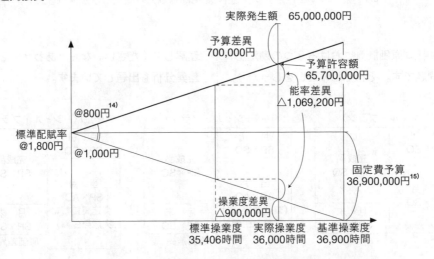

予算差異：

$$(@800円 × 36,000時間 + 36,900,000円)$$
$$- 65,000,000円 = 700,000円（有利差異）$$

能率差異：

$$@1,800円 × (35,406時間 - 36,000時間)$$
$$= △1,069,200円（不利差異）$$

操業度差異：

$$@1,000円 × (36,000時間 - 36,900時間)$$
$$= △900,000円（不利差異）$$

---

10) 修正パーシャル・プランを採用した場合、価格差異と賃率差異は、仕掛品勘定には記入されません。

11) @15kg×1,970個=29,550kg
　　　　　　　　投入量

12) @18時間×1,967個=35,406時間
　　　　　　　　　投入量

13) パーシャル・プランと修正パーシャル・プランでは、製造間接費に関する差異はすべて仕掛品勘定に記入されます。

14) @1,800円−@1,000円=@800円

15) @1,000円×36,900時間=36,900,000円

4 材料受入価格差異と勘定記入

|解答|

問1.

材 料			(単位：円)
買　掛　金　（ **12,000,000** ）	仕掛品-直接材料費　（ **10,200,000** ）
	月　末　有　高　（ **1,800,000** ）

材料受入価格差異		(単位：円)
買　掛　金　（ **1,500,000** ）	

仕掛品―直接材料費		(単位：円)
月　初　有　高　（ **4,000,000** ）	完　成　品　（ **9,200,000** ）
材　　　　　料　（ **10,200,000** ）	標　準　原　価　差　異　（ **200,000** ）
	月　末　有　高　（ **4,800,000** ）

問2.

材 料			(単位：円)
買　掛　金　（ **13,500,000** ）	仕掛品-直接材料費　（ **10,200,000** ）
	標　準　原　価　差　異　（ **1,275,000** ）
	月　末　有　高　（ **2,025,000** ）

仕掛品―直接材料費		(単位：円)
月　初　有　高　（ **4,000,000** ）	完　成　品　（ **9,200,000** ）
材　　　　　料　（ **10,200,000** ）	標　準　原　価　差　異　（ **200,000** ）
	月　末　有　高　（ **4,800,000** ）

|解説|

問1.

1．材料勘定の記入

　購入段階で標準単価を用いて記帳しています。

　購入高：

　　@400円×30,000kg＝12,000,000円

　消費高：

　　@400円×25,500kg＝10,200,000円

　修正パーシャル・プランを採用しているため、実際消費量にもとづいて計算します。

　月末有高：

　　@400円× 4,500kg＝ 1,800,000円

2．材料受入価格差異勘定の記入

　材料受入価格差異：

　　（@400円－@450円）×30,000kg

　　＝△1,500,000円（不利差異）

3．生産データの整理

仕掛品

月初仕掛品 1,000個	完成品 2,300個
当月投入量 2,500個	月末仕掛品 1,200個

4．仕掛品‐直接材料費勘定の記入

月初有高：

@4,000円×1,000個＝4,000,000円

材料：

材料勘定「仕掛品－直接材料費」より

10,200,000円

完成品：

@4,000円×2,300個＝9,200,000円

月末有高：

@4,000円×1,200個＝4,800,000円

標準原価差異：貸借差額（数量差異）

問2．

1．材料勘定の記入

購入段階で実際単価を用いて記帳しています。

購入高：

@450円×30,000kg＝13,500,000円

消費高：

@400円×25,500kg＝10,200,000円

修正パーシャル・プランを採用しているため、標準単価と実際消費量にもとづいて計算します。

標準原価差異：

（@400円－@450円）×25,500kg

＝△1,275,000円（不利差異）

この差異は材料消費価格差異です。修正パーシャル・プランを採用しているため、材料消費価格差異は材料勘定で把握されます。

月末有高：

@450円×4,500kg＝2,025,000円

2．仕掛品－直接材料費勘定の記入

問1の解答と同じです。修正パーシャル・プランを採用している場合、価格に関する差異は仕掛品勘定では把握されません。よって、材料の購入時に材料受入価格差異を認識するか否かは、仕掛品勘定の記入には影響を与えません。

4 標準原価差異の分析

問題 5 **直接材料費差異と直接労務費差異**

|解答|

(1) 月末仕掛品原価　　　[**1,644,000**] 円

(2) 完 成 品 原 価　　　[**17,040,000**] 円

(3) 直接材料費差異　　　[**18,000**] 円 （**不利**）

　　(内訳)価 格 差 異　　[**37,000**] 円 （**有利**）

　　　　　数 量 差 異　　[**55,000**] 円 （**不利**）

(4) 直接労務費差異　　　[**151,850**] 円 （**不利**）

　　(内訳)賃 率 差 異　　[**34,850**] 円 （**不利**）

　　　　　作業時間差異　　[**117,000**] 円 （**不利**）

|解説|

1．生産データの整理

〔注〕( )の数値は加工費の完成品換算量を示す。

仕掛品

月 初	400個	完 成	2,400個
	(240個)[01]		
当月投入			
	2,300個	月 末	300個
	(2,280個)		(120個)[02]

標準消費量：2,300個 × 8kg = 18,400kg

標準作業時間：2,280個 × 3時間 = 6,840時間

01) 400個×60％＝240個
02) 300個×40％＝120個

2．標準原価の計算

(1) **完成品の標準原価**

総標準原価　@7,100円×2,400個

　　　　　　＝ 17,040,000円

(2) **月末仕掛品の標準原価**

直接材料費：@4,400円×300個

　　　　　　＝ 1,320,000円

直接労務費：@2,700円×120個

　　　　　　＝ 　324,000円

　　　　　　　1,644,000円

3. 原価差異の把握・分析

(1) 直接材料費差異

実際価格@548円[03]
標準価格@550円

| 価格差異　37,000円 |
| 数量差異△55,000円 |

標準消費量 18,400kg[04]　実際消費量 18,500kg

> **03)** 10,138,000円÷18,500kg＝@548円
> **04)** 8kg×2,300個＝18,400kg

価格差異：（@550円－@548円）×18,500kg
　　　　＝37,000円（有利差異）

数量差異：@550円×（18,400kg－18,500kg）
　　　　＝△55,000円（不利差異）

(2) 直接労務費差異

実際賃率@905円[05]
標準賃率@900円

| 賃率差異　△34,850円 |
| 作業時間差異△117,000円 |

標準作業時間 6,840時間[06]　実際作業時間 6,970時間

> **05)** 6,307,850円÷6,970時間＝@905円
> **06)** 3時間×2,280個＝6,840時間

賃率差異：（@900円－@905円）×6,970時間
　　　　＝△34,850円（不利差異）

作業時間差異：
　　@900円×（6,840時間－6,970時間）
　　＝△117,000円（不利差異）

問題 6　製造間接費差異（公式法変動予算1）

|解答|

四分法	三分法(1)	三分法(2)	二分法
予算差異 74,500円（有利）	予算差異 74,500円（有利）	予算差異 74,500円（有利）	管理可能差異 81,500円（不利）
変動費能率差異 156,000円（不利）	能率差異 351,000円（不利）	能率差異 156,000円（不利）	管理不能差異 240,000円（不利）
固定費能率差異 195,000円（不利）	操業度差異 45,000円（不利）	操業度差異 240,000円（不利）	＿＿＿
操業度差異 45,000円（不利）	＿＿＿	＿＿＿	

解説

1．生産データの整理

仕掛品　（加工費）

月　初	完　成
240個	2,400個
当月投入	
2,280個	月　末
	120個

▶標準操業度：2,280個×3時間＝6,840時間

2．製造間接費差異の分析

下記の図は、製造間接費差異の分析を四分法によって行っている場合のものです。四分法で把握される各種差異と他の方法による各種差異の関係を整理しましょう。

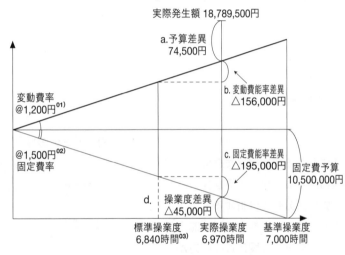

四分法：

a．予算差異

　　@1,200円×6,970時間＋10,500,000円

　　－18,789,500円

　　＝74,500円（有利差異）

b．変動費能率差異

　　@1,200円×（6,840時間－6,970時間）

　　＝△156,000円（不利差異）

c．固定費能率差異

　　@1,500円×（6,840時間－6,970時間）

　　＝△195,000円（不利差異）

d．操業度差異

　　@1,500円×（6,970時間－7,000時間）

　　＝△45,000円（不利差異）

三分法(1)：

　　能率差異を変動費と固定費の両方から把握します。

　　予算差異…a

　　能率差異…b＋c

　　操業度差異…d

三分法(2)：

　　能率差異を変動費のみから把握します。

　　予算差異…a

　　能率差異…b

　　操業度差異…c＋d

二分法：

　　管理可能差異

　　　＝予算差異＋変動費能率差異…a＋b

管理不能差異

　＝固定費能率差異＋操業度差異…c＋d

01) 8,400,000円÷7,000時間＝@1,200円

02) 10,500,000円÷7,000時間＝@1,500円

03) 3時間×2,280個＝6,840時間

問題 7　製造間接費差異（公式法変動予算2）

解答

問1.

予 算 差 異	100,000	円	（不利）
能 率 差 異	265,000	円	（不利）
操 業 度 差 異	75,000	円	（不利）

問2.

予 算 差 異	100,000	円	（不利）
能 率 差 異	106,000	円	（不利）
操 業 度 差 異	234,000	円	（不利）

解説

　公式法変動予算における製造間接費差異の分析方法のうち、製造間接費差異を予算差異、能率差異、操業度差異に区分して分析する三分法には、①標準配賦率にもとづき能率差異を算定する方法（能率差異を変動費と固定費の両方から算定する方法）と②能率差異を変動費のみから算定する方法が存在します。両者にもとづく差異内容の違いを、次の解説で確認してください。

1．生産データの整理

仕掛品（加工費）

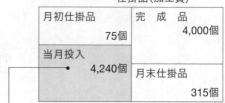

月初仕掛品 75個	完 成 品 4,000個
当月投入 4,240個	月末仕掛品 315個

▶ 標準操業度：4,240個×6時間＝25,440時間

2．製造間接費差異の分析

　次ページの図は、製造間接費差異の分析を四分法によって行っている場合のものです。四分法で把握される各種差異と三分法の場合の各種差異の関係を整理しましょう。

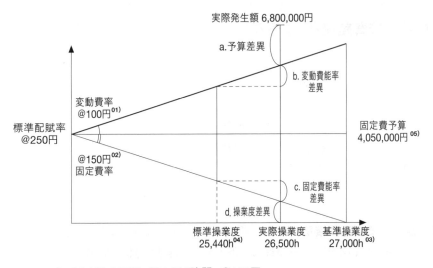

01) 32,400,000円÷324,000時間＝@100円

02) @250円－@100円＝@150円　または、48,600,000円÷324,000時間＝@150円

03) 324,000時間÷12ヵ月＝27,000時間

04) 6時間×4,240個＝25,440時間

05) 48,600,000円÷12ヵ月＝4,050,000円

問1．三分法Ⅰ（標準配賦率にもとづき能率差異を算定する方法）

予算差異[06]：

　@100円×26,500時間＋4,050,000円

　－6,800,000円＝△100,000円（不利差異）

　　　　　　　　　　　　　　　…a

能率差異：

　@250円×（25,440時間－26,500時間）

　＝△265,000円（不利差異）　　…b＋c

操業度差異：

　@150円×（26,500時間－27,000時間）

　＝△75,000円（不利差異）　　　…d

問2．三分法Ⅱ（能率差異を変動費のみから算定する方法）

予算差異[06]：

　@100円×26,500時間＋4,050,000円

　－6,800,000円＝△100,000円（不利差異）

　　　　　　　　　　　　　　　…a

能率差異：

　@100円×（25,440時間－26,500時間）

　＝△106,000円（不利差異）　　　…b

操業度差異：

　@150円×（25,440時間－27,000時間）

　＝△234,000円（不利差異）　　　…c＋d

06) 三分法Ⅰと三分法Ⅱで差異内容が異なるのは、能率差異と操業度差異です。どちらの方法でも予算差異は同じ結果になります。

問題

8 製造間接費差異（固定予算）

|解答|

製造間接費差異	**440,000**	円	（**不利**）
（内訳）			
予 算 差 異	**50,000**	円	（**不利**）
能 率 差 異	**265,000**	円	（**不利**）
操 業 度 差 異	**125,000**	円	（**不利**）

|解説|

1. 固定予算による製造間接費の差異分析

資料に与えられているデータを整理し、下 図のようにまとめます。なお、年間のデータ（資料1）は月間のデータに計算し直します。

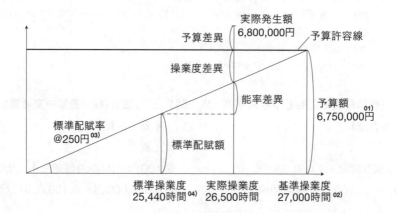

01) 81,000,000円÷12ヵ月=6,750,000円

02) 324,000時間÷12ヵ月=27,000時間

03) 6,750,000円÷27,000時間=@250円

04)

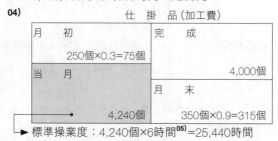

仕 掛 品（加工費）

月　　　初	完　　成
250個×0.3=75個	
当　　　月	4,000個
	月　　末
4,240個	350個×0.9=315個

▶ 標準操業度：4,240個×6時間05)=25,440時間

05) $\dfrac{324,000時間}{54,000個}$ ＝6時間

2．各差異の計算

製造間接費差異

@250円×25,440時間−6,800,000円

=△440,000円（不利差異）

予算差異

6,750,000円−6,800,000円

=△50,000円（不利差異）

能率差異

@250円×（25,440時間−26,500時間）

=△265,000円（不利差異）

操業度差異

@250円×26,500時間−6,750,000円

=△125,000円（不利差異）

製造間接費差異（実査法変動予算）

|解答|

製造間接費差異	**440,000**	円	（**不利**）

（内訳）

予 算 差 異	**165,000**	円	（**不利**）
能 率 差 異	**265,000**	円	（**不利**）
操 業 度 差 異	**10,000**	円	（**不利**）

|解説|

　実査法変動予算の差異分析の問題です。実査法変動予算では、差異分析のために補間法により実際操業度における予算許容額を求めます。本問のポイントはまさにこの一点にあります。

1．実査法変動予算における製造間接費の差異分析

　資料に与えられているデータを整理し、下図のようにまとめます。

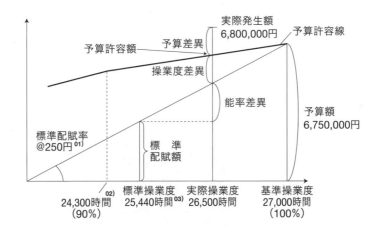

01) 標準配賦率：6,750,000円÷27,000時間＝@250円

02) 27,000時間×90%＝24,300時間

03) 標準操業度：6時間×4,240個＝25,440時間

2．予算許容額の計算

実際操業度における予算許容額を、補間法により算定します。

$$6,129,000円 + \underbrace{\frac{6,750,000円 - 6,129,000円}{27,000\,時間 - 24,300\,時間}}_{1時間あたりの予算増加額}$$

$$\times (26,500\,時間 - 24,300\,時間) = 6,635,000円$$

3．各差異の計算

製造間接費差異：

@250円 × 25,440時間 − 6,800,000円

= △440,000円（不利差異）

予算差異：

6,635,000円 − 6,800,000円

= △165,000円（不利差異）

能率差異：

@250円 × (25,440時間 − 26,500時間)

= △265,000円（不利差異）

操業度差異：

@250円 × 26,500時間 − 6,635,000円

= △10,000円（不利差異）

Chapter 11 標準原価計算の応用

Section 1 仕損・減損の処理

Section 1 仕損・減損の処理

 1 仕損を考慮しない場合

|解答|

問1.

標準原価カード

	標 準 価 格	標 準 消 費 量	金　額
直 接 材 料 費	700円	8kg	5,600円
直 接 労 務 費	標 準 賃 率	標準直接作業時間	金　額
	1,100円	2.4時間	2,640円
製 造 間 接 費	標 準 配 賦 率	標 準 機 械 時 間	金　額
	1,800円[01]	2時間	3,600円
合計			11,840円

01) （9,450千円＋14,850千円）÷13,500時間＝@1,800円

問2.

仕 掛 品　　　　　　（単位：円）

月 初 仕 掛 品	(	4,857,600)	完 成 品 原 価	(	59,200,000)
直 接 材 料 費	(	37,630,000)	月 末 仕 掛 品	(	7,475,200)
直 接 労 務 費	(	17,280,000)	標 準 原 価 差 異	(	17,492,400)
製 造 間 接 費	(	24,400,000)			
	(	84,167,600)		(	84,167,600)

問3.

直接材料費差異	8,510,000	円	（不利）
価格差異	530,000	円	（不利）
数量差異	7,980,000	円	（不利）
直接労務費差異	3,446,400	円	（不利）
賃率差異	320,000	円	（有利）
作業時間差異	3,766,400	円	（不利）
製造間接費差異	5,536,000	円	（不利）
予算差異	310,000	円	（不利）
能率差異	4,896,000	円	（不利）
操業度差異	330,000	円	（不利）

解説

問1. 標準原価カード

　本問では、原価標準の設定において仕損を考慮していません。したがって、標準原価カードはあたかも仕損が発生していないかのように作成されることになります。

問2. 仕掛品勘定の記入

問3. 差異分析

1. 生産データ

2. 直接材料費差異

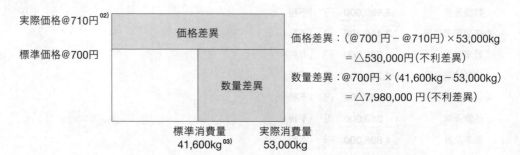

価格差異：（@700 円 − @710円）×53,000kg
　　　　　＝△530,000円（不利差異）

数量差異：@700円 ×（41,600kg − 53,000kg）
　　　　　＝△7,980,000 円（不利差異）

02）　37,630,000円÷53,000kg＝@710円

03）　8kg×5,200個＝41,600kg

3．直接労務費差異

実際賃率@1,080円[04]

標準賃率@1,100円

賃率差異

作業時間差異

標準作業時間
12,576時間[05]

実際作業時間
16,000時間

賃率差異：（@1,100円－@1,080円）×16,000時間
　　　　＝320,000円（有利差異）
作業時間差異：@1,100円×（12,576時間－16,000時間）
　　　　＝△3,766,400円（不利差異）

04)　17,280,000円÷16,000時間＝@1,080円

05)　2.4時間×5,240個＝12,576時間

4．製造間接費差異

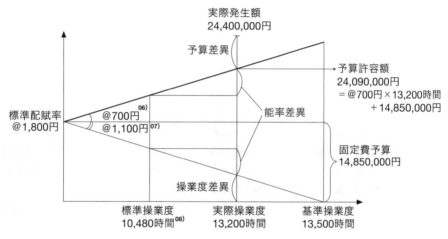

実際発生額
24,400,000円

予算差異

予算許容額
24,090,000円
＝@700円×13,200時間
＋14,850,000円

標準配賦率
@1,800円

@700円[06]

@1,100円[07]

能率差異

固定費予算
14,850,000円

操業度差異

標準操業度
10,480時間[08]

実際操業度
13,200時間

基準操業度
13,500時間

予算差異：24,090,000円－24,400,000円
　　　＝△310,000円（不利差異）
能率差異：（@700円＋@1,100円[09]）
　　　×（10,480時間－13,200時間）
　　　＝△4,896,000円（不利差異）

操業度差異：@1,100円×（13,200時間
　　　－13,500時間）＝△330,000円（不利差異）

06)　9,450千円÷13,500時間＝@700円

07)　14,850千円÷13,500時間＝@1,100円

08)　2時間×5,240個＝10,480時間

09)　問題文に「能率差異は固定費部分からも把握する」とあるため、固定費率も含めて標準配賦率により計算します。

　原価標準の設定において、仕損を考慮せず、正常仕損費を組み入れていない場合には、標準原価差異の中に正常仕損費や異常仕損費が含まれてしまいます。

　次の問題2、問題3とあわせて、原価標準の設定方法によって、標準原価差異の内容や異常仕損費の計上にどのような相違が生じるのかを確認しましょう。

問題 2 標準原価計算における仕損の処理
～第1法による計算～

|解答|

問1.

標 準 原 価 カ ー ド

	標 準 価 格	標 準 消 費 量	金 額
直 接 材 料 費	700円	10 kg⁰²⁾	7,000円
直 接 労 務 費	標 準 賃 率	標準直接作業時間	金 額
	1,100円	3 時間⁰³⁾	3,300円
製 造 間 接 費	標 準 配 賦 率	標 準 機 械 時 間	金 額
	1,800円⁰¹⁾	2.5 時間⁰⁴⁾	4,500円
製品1個あたり標準製造原価			14,800円

01) （9,450千円+14,850千円）÷13,500時間=@1,800円
02) 正常仕損率の分だけ、製品1個あたりの標準消費量を増やします。
   8kg＋8kg×25％=10kg
03) 正常仕損率の分だけ、製品1個あたりの標準直接作業時間を増やします。
   2.4時間＋2.4時間×25％=3時間
04) 2時間＋2時間×25％=2.5時間

問2.

仕 掛 品 （単位：円）

月 初 仕 掛 品	（ 6,072,000 ）	完 成 品 原 価	（ 74,000,000 ）
直 接 材 料 費	（ 37,630,000 ）	月 末 仕 掛 品	（ 9,344,000 ）
直 接 労 務 費	（ 17,280,000 ）	標 準 原 価 差 異	（ 2,038,000 ）
製 造 間 接 費	（ 24,400,000 ）		
	（ 85,382,000 ）		（ 85,382,000 ）

問3.

直接材料費差異	1,230,000	円	（不利）
価格差異	530,000	円	（不利）
数量差異	700,000	円	（不利）
直接労務費差異	12,000	円	（有利）
賃率差異	320,000	円	（有利）
作業時間差異	308,000	円	（不利）
製造間接費差異	820,000	円	（不利）
予算差異	310,000	円	（不利）
能率差異	180,000	円	（不利）
操業度差異	330,000	円	（不利）

【解説】

問1. 標準原価カード

　本問では、原価標準消費量を正常仕損率の分だけ増加させる方法によっています（以降、第1法と呼びます）。したがって、標準消費量を正常仕損率25%の分だけ増加させます。

問2. 仕掛品勘定の記入

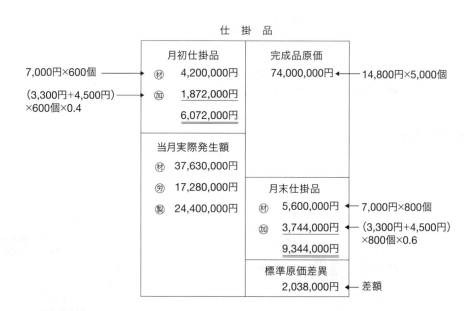

問3. 差異分析

1. 生産データ

2. 直接材料費差異

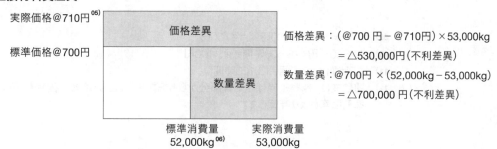

05) 37,630,000円÷53,000kg＝@710円
06) 10kg×5,200個＝52,000kg

3．直接労務費差異

実際賃率@1,080円[07]

賃率差異

標準賃率@1,100円

作業時間差異

標準作業時間　　実際作業時間
15,720時間[08]　　16,000時間

賃率差異：（@1,100円－@1,080円）×16,000時間
　　　　　＝320,000円（有利差異）
作業時間差異：@1,100円×（15,720時間－16,000時間）
　　　　　　＝△308,000円（不利差異）

07) 17,280,000円÷16,000時間＝@1,080円

08) 3時間×5,240個＝15,720時間

4．製造間接費差異

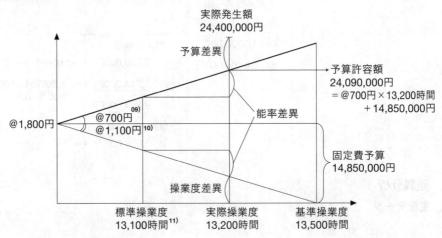

実際発生額
24,400,000円

予算差異

予算許容額
24,090,000円
＝@700円×13,200時間
　＋14,850,000円

@1,800円

@700円[09]
@1,100円[10]

能率差異

固定費予算
14,850,000円

操業度差異

標準操業度　　実際操業度　　基準操業度
13,100時間[11]　13,200時間　　13,500時間

予算差異：24,090,000円－24,400,000円
　　　　＝△310,000円（不利差異）
能率差異：（@700円＋@1,100円[12]）
　　　　　×（13,100時間－13,200時間）
　　　　　＝△180,000円（不利差異）

操業度差異：@1,100円×（13,200時間－
　　　　　　13,500時間）＝△330,000円
　　　　　　　　　　　　　　（不利差異）

09) 9,450千円÷13,500時間＝@700円

10) 14,850千円÷13,500時間＝@1,100円

11) 2.5時間×5,240個＝13,100時間

12) 問題文に「能率差異は固定費部分からも把握する」とあるため、固定費率も含めて標準配賦率により計算します。

問題 3 標準原価計算における仕損の処理 ～第2法による計算～

|解答|

問1.

標 準 原 価 カ ー ド

直 接 材 料 費	標 準 価 格	標 準 消 費 量	金 額
	700円	8 kg	5,600円
直 接 労 務 費	標 準 賃 率	標 準 直 接 作 業 時 間	金 額
	1,100円	2.4 時間	2,640円
製 造 間 接 費	標 準 配 賦 率	標 準 機 械 時 間	金 額
	1,800円	2 時間	3,600円
製品1個あたり正味標準製造原価			11,840円
正常仕損費			2,960円[01]
製品1個あたり総標準製造原価			14,800円

01) 11,840円×25%＝2,960円

問2.

仕 掛 品　　　　　　　　（単位：円）

月 初 仕 掛 品	（ 4,857,600 ）	完 成 品 原 価	（ 74,000,000 ）
直 接 材 料 費	（ 37,630,000 ）	異 常 仕 損 費	（ 592,000 ）
直 接 労 務 費	（ 17,280,000 ）	月 末 仕 掛 品	（ 7,475,200 ）
製 造 間 接 費	（ 24,400,000 ）	標 準 原 価 差 異	（ 2,100,400 ）
	（ 84,167,600 ）		（ 84,167,600 ）

問3.

直接材料費差異	1,230,000	円	（不利）
価格差異	530,000	円	（不利）
数量差異	700,000	円	（不利）
直接労務費差異	14,400	円	（不利）
賃率差異	320,000	円	（有利）
作業時間差異	334,400	円	（不利）
製造間接費差異	856,000	円	（不利）
予算差異	310,000	円	（不利）
能率差異	216,000	円	（不利）
操業度差異	330,000	円	（不利）

解説

問1．標準原価カード

本問では、正常仕損費を別建てで加算する方法によっています(以降、第2法と呼びます)。

したがって、製品1個あたり正味標準原価11,840円に製品1個が負担すべき正常仕損費2,960円を加算します。

問2．仕掛品勘定の記入

02) 正常仕損を超えて発生した分を異常仕損とします。

仕損 1,300個
1,250個　完成品 5,000個 × 25% = 1,250個 … 正常仕損
50個　1,300個 − 1,250個 = 50個 … 異常仕損

03) 仕損は工程の終点で発生するため、完成品量の25%が正常仕損量となります。

04) 異常仕損は正常仕損費を負担しないため、正味標準原価を用います。

問3．差異分析

1．生産データ

仕　掛　品

月初	600個 (240個)	完成	5,000個
当月投入	6,500個 (6,540個)	正常仕損	1,250個 (1,250個)
		異常仕損	50個 (50個)
		月末	800個 (480個)

2．直接材料費差異

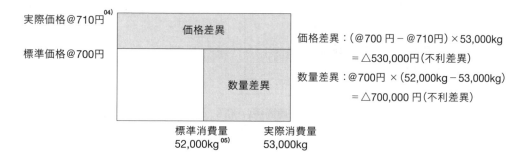

価格差異：(@700円 − @710円)×53,000kg
= △530,000円(不利差異)

数量差異：@700円 ×(52,000kg − 53,000kg)
= △700,000円(不利差異)

04) 37,630,000円÷53,000kg=@710円

05) 8kg×6,500個=52,000kg

3．直接労務費差異

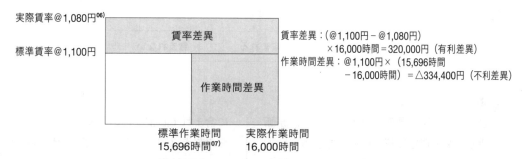

賃率差異：(@1,100円 − @1,080円)
×16,000時間=320,000円(有利差異)

作業時間差異：@1,100円×(15,696時間
−16,000時間)= △334,400円(不利差異)

06) 17,280,000円÷16,000時間=@1,080円

07) 2.4時間×6,540個=15,696時間

4．製造間接費差異

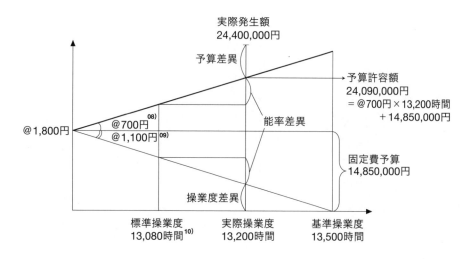

予算差異：24,090,000円 − 24,400,000円
    ＝△310,000円（不利差異）
能率差異：（＠700円＋＠1,100円[11]）
    ×（13,080時間−13,200時間）
    ＝△216,000円（不利差異）

操業度差異：＠1,100円×（13,200時間
    − 13,500時間）＝△330,000円
    （不利差異）

- **08)** 9,450千円÷13,500時間＝＠700円
- **09)** 14,850千円÷13,500時間＝＠1,100円
- **10)** 2時間×6,540個＝13,080時間
- **11)** 問題文に「能率差異は固定費部分からも把握する」とあるため、固定費率も含めて標準配賦率により計算します。

問題 4 理論問題 ～第1法と第2法の比較～

解答

①	含まれる	②	含まれない	③	含まれる	④	含まれない	⑤	不正確

解説

　問題2では、原価標準の設定において、原価要素別の標準消費量に正常仕損分を含めています。この方法には、仕損が終点で発生する場合など、理論的には月末仕掛品に正常仕損費を負担させるべきではないときにも負担させる結果となるという欠点があります。また、この方法には、異常仕損費が独立把握されず、原価差異に含まれてしまうという欠点もあります。これらの欠点は問題3の方法（正常仕損費を別建てで、正味標準製造原価に加算する方法）によることで解消されるため、問題3の方法がより正確、有用な計算結果を得られる方法であるといえます。

問題 5 仕損品評価額のある場合

|解答|

問1.

標 準 原 価 カ ー ド

	標 準 価 格	標 準 消 費 量	金 額
直 接 材 料 費	1,000円	15 kg	15,000円
直 接 労 務 費	標 準 賃 率	標準直接作業時間	金 額
	1,200円	4時間	4,800円
製 造 間 接 費	標 準 配 賦 率	標準機械作業時間	金 額
	1,500円	3時間	4,500円
製品1個あたり正味標準製造原価			24,300円
正常仕損費			575円
製品1個あたり総標準製造原価			24,875円

問2.

仕 掛 品 （単位：円）

月 初 仕 掛 品	（ 1,423,200 ）	完 成 品 原 価	（ 24,875,000 ）
直 接 材 料 費	（ 15,190,000 ）	異 常 仕 損 費	（ 115,000 ）
直 接 労 務 費	（ 5,287,500 ）	仕 損 品	（ 39,000 ）
製 造 間 接 費	（ 4,611,000 ）	月 末 仕 掛 品	（ 1,505,700 ）
標 準 原 価 差 異	（ 23,000 ）		
	（ 26,534,700 ）		（ 26,534,700 ）

問3.

直接材料費差異	110,000	円	（有利）
価格差異	310,000	円	（有利）
数量差異	200,000	円	（不利）
直接労務費差異	223,500	円	（不利）
賃率差異	211,500	円	（不利）
作業時間差異	12,000	円	（不利）
製造間接費差異	136,500	円	（有利）
予算差異	279,000	円	（有利）
能率差異	7,500	円	（不利）
操業度差異	135,000	円	（不利）

解説

問1. 仕損品に評価額がある場合の原価標準

　本問では、第2法によっています。仕損品に評価額がある場合、正常仕損品原価から評価額を控除した金額を正常仕損費として原価標準に組み込みます。

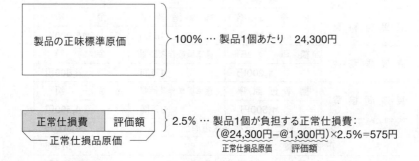

100% … 製品1個あたり　24,300円

2.5% … 製品1個が負担する正常仕損費：
（@24,300円−@1,300円）×2.5%＝575円
　　正常仕損品原価　　評価額

問2. 仕掛品勘定の記入

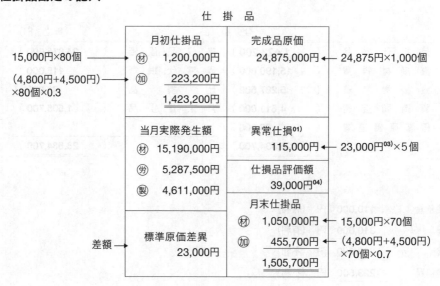

01) 正常仕損を超えて発生した分を異常仕損とします。

完成品1,000個**02)** ×2.5%＝25個 … 正常仕損

30個 − 25個＝5個 … 異常仕損

02) 仕損は工程の終点で発生するため、完成品量の2.5%が正常仕損量となります。

03) 異常仕損は正常仕損費を負担しないため、正味標準原価から仕損品評価額を控除した金額を用います。

@24,300円−@1,300円＝@23,000円

04) @1,300円×30個＝39,000円

問3．差異分析

1．生産データ

仕　掛　品

月初　　80個 　　　（24個）	完成 　　　1,000個
当月投入 　　　1,020個 　　（1,055個）	正常仕損　25個 　　　　　（25個）
	異常仕損　5個 　　　　　（5個）
	月末　　70個 　　　　（49個）

2．直接材料費差異

価格差異：（@1,000 円 － @980円）× 15,500kg
　　　　　＝310,000円（有利差異）

数量差異：@1,000円 ×（15,300kg － 15,500kg）
　　　　　＝△200,000 円（不利差異）

05)　15kg×1,020個＝15,300kg

3．直接労務費差異

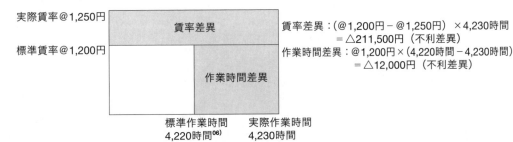

賃率差異：（@1,200円 － @1,250円）× 4,230時間
　　　　　＝△211,500円（不利差異）

作業時間差異：@1,200円×（4,220時間 － 4,230時間）
　　　　　　　＝△12,000円（不利差異）

06)　4時間×1,055個＝4,220時間

4．製造間接費差異

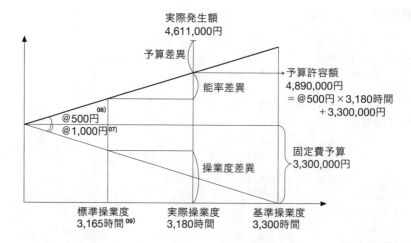

予算差異：4,890,000円 − 4,611,000円
　　　　　＝ 279,000円（有利差異）

能率差異：@500円 ×（3,165時間 − 3,180時間）
　　　　　＝△ 7,500円（不利差異）

操業度差異：@1,000円 ×（3,165時間 [10]
　　　　　　− 3,300時間）＝△ 135,000円（不利差異）

07) 3,300,000円÷3,300時間＝@1,000円

08) @1,500円−@1,000円＝@500円

09) 3時間×1,055個＝3,165時間

10) 問題文に「能率差異は変動費部分のみから把握する」とあるため、操業度差異は標準操業度と基準操業度との差により計算します。

Section 2 歩留差異・配合差異の分析

問題 6 歩留差異と配合差異1

|解答|

問1.

	仕掛品－原料費		（単位：円）
当月投入高 （ 1,536,000 ）		当月完成高 （ 1,476,000 ）	
原価差異 （ ）		原価差異 （ 60,000 ）	
（ 1,536,000 ）		（ 1,536,000 ）	

	歩留差異		（単位：円）
（ 49,200 ）		（ ）	

	配合差異		（単位：円）
（ 10,800 ）		（ ）	

問2.

	歩留差異	配合差異
原料A	21,600円（－）	28,800円（＋）
原料B	16,800円（－）	12,600円（－）
原料C	10,800円（－）	27,000円（－）
合　計	49,200円（－）	10,800円（－）

解説

1. 原価標準の設定

資料から、標準減損率を求めます。

原 料 A	6 kg
原 料 B	4 kg
原 料 C	2 kg
投 入 量 合 計	12 kg
正 常 減 損 量	2 kg
完 成 品 量	10 kg

標準減損率：$\dfrac{減損量2kg}{完成品量10kg} = 20\%$

原価標準の設定において、第2法（正味標準原価に正常減損費を別途加算する方法）によっているため、直接材料費に関する標準原価カードは次のようになります。

標準原価カード（製品X1kgあたり）

原 料 A	360円/kg	×	$\dfrac{6}{12}$ kg	=	180円
	標準価格		標準消費量		
原 料 B	420円/kg	×	$\dfrac{4}{12}$ kg	=	140円
	標準価格		標準消費量		
原 料 C	540円/kg	×	$\dfrac{2}{12}$ kg	=	90円
	標準価格		標準消費量		
製品1kgあたりの正味標準製造原価					410円
正常減損費	410円/kg	×	20%	=	82円
製品1kgあたりの総標準製造原価					492円

製品X1kgの正味原料標準消費量は1kgです。よって、製品X1kgあたりの各原料の正味標準消費量は、標準配合割合にもとづいて次のように計算します。

原料A　$1\,kg \times \dfrac{6kg}{\underset{\text{原料A標準配合割合}}{6kg + 4kg + 2kg}} = \dfrac{6}{12}kg$

原料B　$1\,kg \times \dfrac{4kg}{\underset{\text{原料B標準配合割合}}{6kg + 4kg + 2kg}} = \dfrac{4}{12}kg$

原料C　$1\,kg \times \dfrac{2kg}{\underset{\text{原料C標準配合割合}}{6kg + 4kg + 2kg}} = \dfrac{2}{12}kg$

また、正常減損費は、正味標準製造原価に標準減損率を掛けて求めます。これは、減損が終点で発生するためです。

２．生産データの整理

標準歩留と実際歩留におけるボックスを作成します。

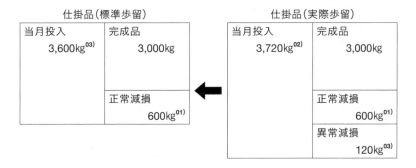

仕掛品（標準歩留）

当月投入 3,600kg[03]	完成品 3,000kg
	正常減損 600kg[01]

仕掛品（実際歩留）

当月投入 3,720kg[02]	完成品 3,000kg
	正常減損 600kg[01]
	異常減損 120kg[03]

- **01)** 3,000kg×標準減損率20%＝600kg
- **02)** 資料２.原料の実際消費量合計より
- **03)** 貸借差引

３．仕掛品勘定の記入

修正パーシャル・プランにより、当月製造費 │ 用は「標準単価×実際消費量」で算定された金
　　　　　　　　　　　　　　　　　　　　 │ 額を記入します。

仕　掛　品

当月投入高		完成品	＠492円×3,000kg＝1,476,000円
原料A	＠360円×1,780kg＝ 640,800円	原価差異	貸借差額より、60,000円
原料B	＠420円×1,270kg＝ 533,400円		
原料C	＠540円×670kg＝ 361,800円		
	1,536,000円		1,536,000円

４．歩留差異・配合差異の分析

次の表を完成させます。

	標準歩留 標準配合	実際歩留 標準配合	実際歩留 実際配合
原　料　A	1,800kg[05]	1,860kg[06]	1,780kg[07]
原　料　B	1,200kg[05]	1,240kg[06]	1,270kg[07]
原　料　C	600kg[05]	620kg[06]	670kg[07]
原　料　合　計	3,600kg[04]	3,720kg	3,720kg

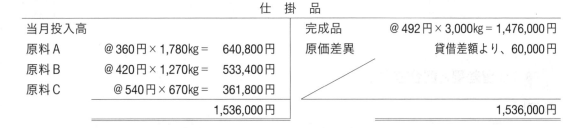

└─ 歩留差異 ─┘└─ 配合差異 ─┘

- **04)** 上記２.のボックスより、標準歩留の当月投入量
- **05)** 合計3,600kgを標準配合割合６：４：２で原料A1,800kgと原料B1,200kgと原料C
600kgに按分します。
- **06)** 実際歩留の当月投入量3,720kgを標準配合割合６：４：２で、原料A1,860kgと原
料B1,240kgと原料C620kgに按分します。
- **07)** 問題資料２.の各原料の実際消費量より

原料A

@360円

歩留差異 (1,800kg − 1,860kg) × @360円 = △21,600円(不利差異)	配合差異 (1,860kg − 1,780kg) × @360円 = ＋28,800円(有利差異)

1,800kg　　　　　　　　　　　　　1,860kg　　　　　　　　　　　　　1,780kg
標準歩留　　　　　　　　　　　　　実際歩留　　　　　　　　　　　　　実際歩留
標準配合　　　　　　　　　　　　　標準配合　　　　　　　　　　　　　実際配合

原料B

@420円

歩留差異 (1,200kg − 1,240kg) × @420円 = △16,800円(不利差異)	配合差異 (1,240kg − 1,270kg) × @420円 = △12,600円(不利差異)

1,200kg　　　　　　　　　　　　　1,240kg　　　　　　　　　　　　　1,270kg
標準歩留　　　　　　　　　　　　　実際歩留　　　　　　　　　　　　　実際歩留
標準配合　　　　　　　　　　　　　標準配合　　　　　　　　　　　　　実際配合

原料C

@540円

歩留差異 (600kg − 620kg) × @540円 = △10,800円(不利差異)	配合差異 (620kg − 670kg) × @540円 = △27,000円(不利差異)

600kg　　　　　　　　　　　　　620kg　　　　　　　　　　　　　670kg
標準歩留　　　　　　　　　　　　　実際歩留　　　　　　　　　　　　　実際歩留
標準配合　　　　　　　　　　　　　標準配合　　　　　　　　　　　　　実際配合

問題 7　歩留差異と配合差異2

|解答|

	歩留差異	配合差異
原 料 X	(−) **440,000**円	(＋) **110,000**円
原 料 Y	(−) **160,000**円	(−) **16,000**円
原 料 Z	(＋) **160,000**円	(＋) **120,000**円

|解説|

1．各原料の標準消費量

⑴標準減損率の算定

原 料 X	8 kg
原 料 Y	5 kg
原 料 Z	2 kg
投 入 量 合 計	15 kg
正 常 減 損 量	3 kg
完 成 品 量	12 kg

標準減損率：$\dfrac{減損量3kg}{完成品量12kg} = 25\%$

(2)標準配合割合

原料X $\quad \dfrac{8\text{kg}}{\underset{\text{原料X標準配合割合}}{8\text{kg}+5\text{kg}+2\text{kg}}}=\dfrac{8}{15}$

原料Y $\quad \dfrac{5\text{kg}}{\underset{\text{原料Y標準配合割合}}{8\text{kg}+5\text{kg}+2\text{kg}}}=\dfrac{5}{15}$

原料Z $\quad \dfrac{2\text{kg}}{\underset{\text{原料Z標準配合割合}}{8\text{kg}+5\text{kg}+2\text{kg}}}=\dfrac{2}{15}$

(3) 生産データの整理

標準歩留と実際歩留におけるボックスを作成します。

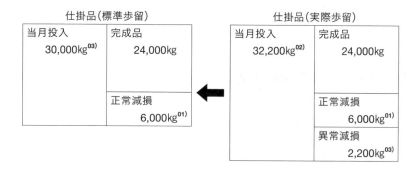

仕掛品(標準歩留)

当月投入	完成品
30,000kg[03]	24,000kg
	正常減損
	6,000kg[01]

仕掛品(実際歩留)

当月投入	完成品
32,200kg[02]	24,000kg
	正常減損
	6,000kg[01]
	異常減損
	2,200kg[03]

01) 24,000kg×標準減損率25%=6,000kg

02) 資料2.原料の実際消費量合計より

03) 貸借差引

(4)標準歩留の各原料の標準消費量

原料X：$30,000\text{kg}\times\dfrac{8}{15}=16,000\text{kg}$

原料Y：$30,000\text{kg}\times\dfrac{5}{15}=10,000\text{kg}$

原料Z：$30,000\text{kg}\times\dfrac{2}{15}=4,000\text{kg}$

2．加重平均標準単価の算定

原料15kgに対する標準直接材料費が3,000円であるため、加重平均標準単価は次の式で求められます。

標準直接材料費3,000円÷15kg＝@200円

3．歩留差異の算定

歩留差異は次の式で計算されます。

> 歩留差異 ＝ 加重平均標準単価×（標準消費量−実際消費量）

原料X：@200円×（16,000kg − 18,200kg）

= △440,000円（不利差異）

原料Y：@200円×（10,000kg − 10,800kg）

= △160,000円（不利差異）

原料Z：@200円×（4,000kg − 3,200kg）

= ＋160,000円（有利差異）

4．配合差異の算定

配合差異は次の式で計算されます。

> 配合差異 ＝（標準単価−加重平均標準単価）×（標準消費量−実際消費量）

原料X：（@150円−@200円）×（16,000kg − 18,200kg）= ＋110,000円（有利差異）

原料Y：（@220円−@200円）×（10,000kg − 10,800kg）= △16,000円（不利差異）

原料Z：（@350円−@200円）×（4,000kg − 3,200kg）= ＋120,000円（有利差異）

労働歩留差異と労働能率差異

|解答|

問1.

労働歩留差異	**27,000** 円	（不利）
労働能率差異	**18,000** 円	（不利）

問2.

仕掛品−労務費　　　　　　　　　（単位：円）

当 月 投 入 高 （	3,910,000 ）	当 月 完 成 高 （	3,780,000 ）
原 価 差 異 （	）	原 価 差 異 （	130,000 ）
（	3,910,000 ）	（	3,910,000 ）

賃率差異　　　　　　　　　（単位：円）

（	85,000 ）	（	）

労働歩留差異　　　　　　　　　（単位：円）

（	27,000 ）	（	）

労働能率差異　　　　　　　　　（単位：円）

（	18,000 ）	（	）

解説

1．原価標準の設定

資料から、標準減損率を求めます。

投　入　量　　10 kg
正常減損量　　　1 kg
完　成　品　量　　9 kg

標準減損率：$\dfrac{\text{減損量1kg}}{\text{完成品量9kg}} = \dfrac{1}{9}$

原価標準の設定において、第2法（正味標準原価に正常減損費を別途加算する方法）によっているため、直接労務費に関する標準原価カードは次のようになります。

標準原価カード（製品1kgあたり）

直接労務費	900円/時間 ×	0.3時間	=	270円
	標準賃率	標準作業時間		
	製品1kgあたりの正味標準製造原価			270円
正常減損費	270円/kg ×	$\dfrac{1}{9}$	=	30円
	製品1kgあたりの総標準製造原価			300円

製品1kgの正味原料標準消費量は1kgです。よって、製品1kgあたりの正味標準作業時間は、原料投入1kgあたりの標準作業時間であるため、次のように計算します。

$\dfrac{\text{投入量10kgに対する標準作業時間3時間}}{\text{投入量10kg}}$

= 0.3時間/kg

また、正常減損費は、正味標準製造原価に標準減損率を掛けて求めます。これは、減損が終点で発生するためです。

2．生産データの整理

標準歩留と実際歩留におけるボックスを作成します。

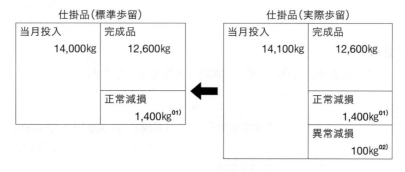

01)　12,600kg×標準減損率 $\dfrac{1}{9}$ =1,400kg

02)　貸借差引

3．作業時間差異の分析

①標準歩留・標準能率、②実際歩留・標準能　　率、③実際歩留・実際能率のそれぞれにおける
3つの作業時間を計算します。

	標準歩留 標準能率	実際歩留 標準能率	実際歩留 実際能率
作 業 時 間	4,200 時間 05)	4,230 時間 06)	4,250 時間 07)

歩留差異　　　　　　能率差異

①標準歩留・標準能率における作業時間
　標準歩留を前提とし03)、標準的な能率で作業したときの直接作業時間です。標準歩留ボックスの当月投入14,000kgをもとに計算します04)。

②実際歩留・標準能率における作業時間
　実際歩留を前提とし05)、標準的な能率で

作業したときの直接作業時間です。実際投入ボックスの当月投入14,100kgをもとに計算します06)。

③実際歩留・実際能率における作業時間
　実際直接作業時間07)のことです。

03)　正常減損のみを考慮した標準の投入量を前提とします。

04)　14,000kg×0.3時間/kg=4,200時間
　　　　　　　　　　　　標準原価カードより

05)　正常減損に加えて、異常減損の発生をも考慮した実際の投入量を前提とします。

06)　14,100kg×0.3時間/kg=4,230時間

07)　問題資料4.より、4,250時間

@920円08)

@900円

賃率差異 （@900円 − @920円）× 4,250時間 = △85,000円（不利差異）	
労働歩留差異 （4,200時間 − 4,230時間）× @900円 = △27,000円（不利差異）	労働能率差異 （4,230時間 − 4,250時間）× @900円 = △18,000円（不利差異）

4,200時間　　　　　　　　　　　　4,230時間　　　　　　　　　　　　4,250時間
標準歩留　　　　　　　　　　　　実際歩留　　　　　　　　　　　　実際歩留
標準能率　　　　　　　　　　　　標準能率　　　　　　　　　　　　実際能率

08)　3,910,000円÷4,250時間=@920円

5．仕掛品勘定の記入

パーシャル・プランにより、当月製造費用は実際発生額を記入します。

仕 掛 品

当月投入高	3,910,000円	当月完成高　@300円 × 12,600kg = 3,780,000円
		原 価 差 異　　　　貸借差額より、130,000円
	3,910,000円	3,910,000円

9 理論問題 〜標準原価計算の目的と差異分析〜

|解答|

ア	物量	イ	標準原価	ウ	実際原価
エ	コスト・コントロール	オ	科学的管理法	カ	原価標準
キ	実際生産量	ク	会計的分析	ケ	技術的分析

|解説|

　本問は標準原価計算に関する総論的な理論問題です。

　(1)は、『原価計算基準』第一章の六(二)7、8の規定にもとづいています。(2)〜(4)については、一見難しい内容のようですが、問われていることは標準原価計算の基本です。具体的な計算や工場の様子をイメージしながら、これらの用語を確認しておきましょう。

|解答|

問1.

	価格差異	歩留差異	配合差異
原料X	＋22,400円	△250,800円	△144,400円
原料Y	＋164,450円	△184,800円	＋159,600円
合　計	＋186,850円	△435,600円	＋15,200円

問2.

賃率差異	労働歩留差異	労働能率差異
＋412,000円	△464,640円	＋75,520円

問3.

予算差異	歩留差異	能率差異	操業度差異
＋1,028,000円	△798,600円	＋129,800円	△150,000円

|解説|

1．原価標準の設定

資料から、標準減損率を求めます。

原　料　X	7.5 kg
原　料　Y	5 kg
投 入 量 合 計	12.5 kg
正 常 減 損 量	2.5 kg
完 成 品 量	10 kg

標準減損率： $\dfrac{減損量2.5kg}{完成品量10kg} = 25\%$

原価標準の設定において、第2法（正味標準原価に正常減損費を加算する方法）によっているため、標準原価カードは次のようになります。

標準原価カード（製品A 1kgあたり）				
原　料　X	760円/kg 標準価格	×	0.6kg 標準消費量	=	456円
原　料　Y	840円/kg 標準価格	×	0.4kg 標準消費量	=	336円
直接労務費	1,600円/時間 標準賃率	×	0.528時間 標準作業時間	=	844.8円
製造間接費	2,750円/時間 標準配賦率	×	0.528時間 標準作業時間	=	1,452円
	製品1kgあたりの正味標準製造原価			3,088.8円
正常減損費	3,088.8円/kg	×	25%	=	772.2円
	製品1kgあたりの総標準製造原価			3,861円

製品A 1kgの正味原料標準消費量は1kgです。よって、製品A 1kgあたりの各原料の正味標準消費量は、標準配合割合にもとづいて次のように計算します。

原料X　$1kg \times \dfrac{7.5kg}{7.5kg + 5kg} = 0.6kg$

原料X標準配合割合60％

原料Y　$1kg \times \dfrac{5kg}{7.5kg + 5kg} = 0.4kg$

原料Y標準配合割合40％

同様に、製品A 1kgあたりの正味標準作業時間は、原料投入1kgあたりの標準作業時間であるため、次のように計算します。

$$\dfrac{投入量 12.5kgに対する標準作業時間 6.6 時間}{投入量 12.5kg}$$

$= 0.528$時間/kg

また、正常減損費は、正味標準製造原価に標準減損率を掛けて求めます。これは、減損が終点で発生するためです。

2．生産データの整理

標準歩留と実際歩留におけるボックスを作成します。

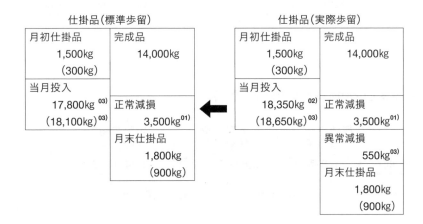

仕掛品（標準歩留）

月初仕掛品	完成品
1,500kg	14,000kg
（300kg）	
当月投入	
17,800kg [03]	正常減損
（18,100kg）[03]	3,500kg [01]
	月末仕掛品
	1,800kg
	（900kg）

仕掛品（実際歩留）

月初仕掛品	完成品
1,500kg	14,000kg
（300kg）	
当月投入	
18,350kg [02]	正常減損
（18,650kg）[03]	3,500kg [01]
	異常減損
	550kg [03]
	月末仕掛品
	1,800kg
	（900kg）

01) 14,000kg×標準減損率25％＝3,500kg

02) 資料3.原料の実際消費量合計より

03) 貸借差引

3．歩留差異と配合差異の分析（問1）

	標準歩留 標準配合	実際歩留 標準配合	実際歩留 実際配合
原　料　X	10,680kg [04]	11,010kg	11,200kg [06]
原　料　Y	7,120kg	7,340kg [05]	7,150kg
原　料　合　計	17,800kg	18,350kg	18,350kg

└──歩留差異──┘　└──配合差異──┘

04) 標準歩留の当月投入17,800kg×原料Xの標準配合割合60％＝10,680kg

05) 実際歩留の当月投入18,350kg×原料Yの標準配合割合40％＝7,340kg

06) 資料3.原料Xの実際消費量より

原料X

@758円

@760円

価格差異
(@760円 − @758円) × 11,200kg = +22,400円（有利差異）

歩留差異	配合差異
(10,680kg − 11,010kg) × @760円	(11,010kg − 11,200kg) × @760円
＝△250,800円（不利差異）	＝△144,400円（不利差異）

10,680kg	11,010kg	11,200kg
標準歩留	実際歩留	実際歩留
標準配合	標準配合	実際配合

原料Y

@817円

@840円

価格差異
(@840円 − @817円) × 7,150kg = +164,450円（有利差異）

歩留差異	配合差異
(7,120kg − 7,340kg) × @840円	(7,340kg − 7,150kg) × @840円
＝△184,800円（不利差異）	＝ +159,600円（有利差異）

7,120kg	7,340kg	7,150kg
標準歩留	実際歩留	実際歩留
標準配合	標準配合	実際配合

4．労働歩留差異と労働能率差異の分析（問2）

	標準歩留 標準能率	実際歩留 標準能率	実際歩留 実際能率
作 業 時 間	9,556.8時間[07]	9,847.2時間[08]	9,800時間[09]

└── 歩留差異 ──┘└── 能率差異 ──┘

07) 標準歩留の当月投入完成品換算量18,100kg×0.528時間/kg＝9,556.8時間
$\qquad\qquad\qquad\qquad\qquad\qquad\qquad\qquad$ 標準原価カードより

08) 実際歩留の当月投入完成品換算量18,650kg×0.528時間/kg＝9,847.2時間

09) 資料4.実際直接作業時間より

@ ？ 円

@1,600円

賃率差異
@1,600円×9,800時間 − 実際直接労務費15,268,000円 = +412,000円（有利差異）

労働歩留差異	労働能率差異
(9,556.8時間 − 9,847.2時間)	(9,847.2時間 − 9,800時間)
×@1,600円 = △464,640円（不利差異）	×@1,600円 = +75,520円（有利差異）

9,556.8時間	9,847.2時間	9,800時間
標準歩留	実際歩留	実際歩留
標準能率	標準能率	実際能率

5．製造間接費差異の分析（問3）

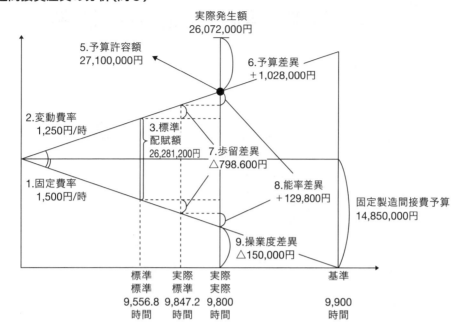

1　固定費率：

固定製造間接費予算÷基準操業度

14,850,000円÷9,900時間＝1,500円/時

2　変動費率：標準配賦率－固定費率

2,750円/時－1,500円/時＝1,250円/時

3　標準配賦額：標準配賦率×標準作業時間

2,750円/時×9,556.8時間＝26,281,200円

4　総差異：

標準配賦額－実際発生額

26,281,200円－26,072,000円

　＝＋209,200円（有利差異）

5　予算許容額：

変動費率×実際作業時間＋固定製造間接費

予算

1,250円/時×9,800時間＋14,850,000円

　＝27,100,000円

6　予算差異：

予算許容額－実際発生額

27,100,000円－26,072,000円

　＝＋1,028,000円（有利差異）

7　歩留差異：

標準配賦率×（標準作業時間－実際歩留標

準能率作業時間）

2,750円/時×（9,556.8時間－9,847.2時間）

　＝△798,600円（不利差異）

8　能率差異：

標準配賦率×（実際歩留標準能率作業時間

－実際作業時間）

2,750円/時×（9,847.2時間－9,800時間）

　＝＋129,800円（有利差異）

9　操業度差異：

固定費率×（実際作業時間－基準操業度）

1,500円/時×（9,800時間－9,900時間）

　＝△150,000円（不利差異）

問題
11 工程別標準総合原価計算

|解答|

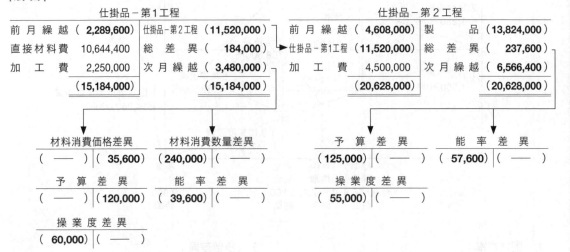

仕掛品－第1工程

前 月 繰 越	(**2,289,600**)	仕掛品-第2工程	(**11,520,000**)
直 接 材 料 費	10,644,400	総 差 異	(**184,000**)
加 工 費	2,250,000	次 月 繰 越	(**3,480,000**)
	(15,184,000)		(15,184,000)

仕掛品－第2工程

前 月 繰 越	(**4,608,000**)	製 品	(**13,824,000**)
仕掛品-第1工程	(**11,520,000**)	総 差 異	(**237,600**)
加 工 費	4,500,000	次 月 繰 越	(**6,566,400**)
	(20,628,000)		(20,628,000)

材料消費価格差異
(─) | (35,600)

材料消費数量差異
(240,000) | (─)

予 算 差 異
(125,000) | (─)

能 率 差 異
(57,600) | (─)

予 算 差 異
(─) | (120,000)

能 率 差 異
(39,600) | (─)

操 業 度 差 異
(55,000) | (─)

操 業 度 差 異
(60,000) | (─)

|解説|

本問は、工程別標準総合原価計算の基本問題です。資料1．には最終完成品の原価標準のみが記載されていますが、各工程の仕掛品勘定を完成させるには、工程別の原価標準を把握する必要があります。

＜第1工程＞

(1) 第1工程完成品1個あたりの標準原価

直接材料費

1,500円／kg × 8 kg ＝ 12,000円

第1工程加工費

600円／時 × 4時間 ＝ 2,400円

14,400円

(2) 生産データの整理

仕 掛 品

月初	完成
180個	800個
(54個) [01]	
当月投入	月末
870個	250個
(946個) [03]	(200個) [02]

01) 180個×30%＝54個
02) 250個×80%＝200個
03) 貸借差引

⑶ 仕掛品勘定の記入

答案用紙に記入済みの金額から、本問では勘定記入の方法にパーシャル・プランを採用していることがわかります。

① 仕掛品勘定の借方

前月繰越（第1工程月初仕掛品）：

@12,000円×180個＋@2,400円

×54個＝2,289,600円

直接材料費（記入済）：

実際発生額　10,644,400円

加工費（記入済）：

実際発生額　2,250,000円

② 仕掛品勘定の貸方

仕掛品－第2工程（第1工程完成品）：

@14,400円（第1工程完成品単位原価）

×800個＝11,520,000円

次月繰越（第1工程月末仕掛品）：

@12,000円×250個＋@2,400円

×200個＝3,480,000円

総差異：貸借差額

⑷ 原価差異分析

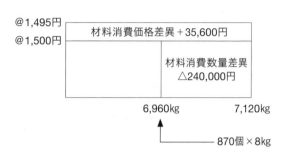

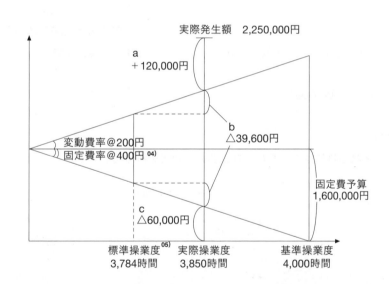

a 予算差異

@200円×3,850時間＋1,600,000円

－2,250,000円＝＋120,000円（有利差異）

b 能率差異

@600円×（3,784時間－3,850時間）

＝△39,600円（不利差異）

c 操業度差異

@400円×（3,850時間－4,000時間）

＝△60,000円（不利差異）

04)　1,600,000円÷4,000時間＝@400円

05)　946個×4時間＝3,784時間

＜第2工程＞

(1) 最終完成品1個あたりの標準原価

前工程費

@14,400円×1個　＝14,400円

第2工程加工費

800円／時×6時間　＝　4,800円

19,200円

(2) 生産データの整理

仕　掛　品

月初	完成
300個	720個
(60個)[06]	
当月投入	月末
800個	380個
(888個)[08]	(228個)[07]

06) 300個×20%＝60個
07) 380個×60%＝228個
08) 貸借差引

(3) 仕掛品勘定の記入

① 仕掛品勘定の借方

前月繰越（第2工程月初仕掛品）：

@14,400円×300個＋@4,800円

×60個＝4,608,000円

仕掛品－第1工程（前工程費）：

第1工程完成品原価より、11,520,000円

加工費（記入済）：

実際発生額　4,500,000円

② 仕掛品勘定の貸方

製品（最終完成品）：

@19,200円×720個＝13,824,000円

次月繰越（第2工程月末仕掛品）：

@14,400円×380個＋@4,800円

×228個＝6,566,400円

総差異：貸借差額

(4) 原価差異分析

第2工程で投入される材料はないため、加工費についてのみ分析します。

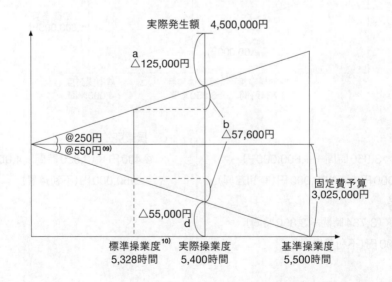

a 予算差異

@250円×5,400時間＋3,025,000円

－4,500,000円＝△125,000円（不利差異）

b 能率差異

@800円×（5,328時間－5,400時間）

＝△57,600円（不利差異）

c 操業度差異

@550円×（5,400時間－5,500時間）

＝△55,000円（不利差異）

09) 3,025,000円÷5,500時間＝@550円

10) 888個×6時間＝5,328時間

12 標準個別原価計算

|解答|

問1.

指図書別原価計算表 （単位：円）

摘　　　要	＃95	＃100	＃105	合　計
前 月 繰 越	33,000[01)]	―	―	33,000
直接材料費	―	14,500	13,750	28,250
直接労務費	25,200[02)]	30,000	19,800[04)]	75,000
製造間接費	16,800[03)]	20,000	13,200[05)]	50,000
合　　　計	75,000	64,500	46,750	186,250
備　　　考	完　成	完　成	仕掛中	

問2.

		＃95	＃100	＃105	合　計
直接材料費差異	価 格 差 異	――――	620円（不利）	540円（不利）	1,160円（不利）
	数 量 差 異	――――	1,000円（不利）	250円（有利）	750円（不利）
直接労務費差異	賃 率 差 異	1,350円（不利）	1,590円（不利）	1,050円（不利）	3,990円（不利）
	作業時間差異	1,800円（不利）	1,800円（不利）	1,200円（不利）	4,800円（不利）
製造間接費差異	予 算 差 異	――――	――――	――――	1,280円（不利）
	変動費能率差異	――――	――――	――――	1,120円（不利）
	固定費能率差異	――――	――――	――――	2,080円（不利）
	操 業 度 差 異	――――	――――	――――	520円（不利）

01) 15,000円＋（36,000円＋24,000円）×30%＝33,000円

02) 36,000円×（1－0.3）＝25,200円

03) 24,000円×（1－0.3）＝16,800円

04) 33,000円×60%＝19,800円

05) 22,000円×60%＝13,200円

解説

問1.

解答を参照。

問2.

1．直接材料費

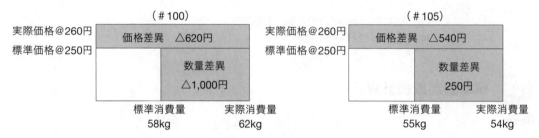

価格差異

100…（@250円－@260円）×62kg
　　＝△620円（不利差異）

105…（@250円－@260円）×54kg
　　＝△540円（不利差異）

数量差異

100…@250円×（58kg－62kg）
　　＝△1,000円（不利差異）

105…@250円×（55kg－54kg）
　　＝250円（有利差異）

2．直接労務費

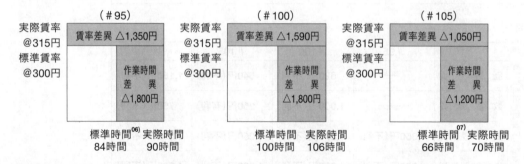

賃率差異

95…　（@300円－@315円）×90時間
　　＝△1,350円（不利差異）

100…（@300円－@315円）×106時間
　　＝△1,590円（不利差異）

105…（@300円－@315円）×70時間
　　＝△1,050円（不利差異）

作業時間差異

95…@300円×（84時間－90時間）
　　＝△1,800円（不利差異）

100…@300円×（100時間－106時間）
　　＝△1,800円（不利差異）

105…@300円×（66時間－70時間）
　　＝△1,200円（不利差異）

06)　120時間×（100％－30％）＝84時間
07)　110時間×60％＝66時間

3．製造間接費

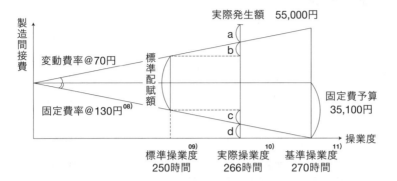

a　予算差異

　@70円×266時間＋35,100円－55,000円

　＝△1,280円（不利差異）

b　変動費能率差異

　@70円×（250時間－266時間）

　＝△1,120円（不利差異）

c　固定費能率差異

　@130円×（250時間－266時間）

　＝△2,080円（不利差異）

d　操業度差異

　@130円×（266時間－270時間）

　＝△520円（不利差異）

08)　固定費率：@200円－@70円＝@130円

09)　標準操業度　120時間×（100％－30％）＋100時間＋110時間×60％＝250時間

10)　実際操業度　資料3．⑵より266時間

11)　基準操業度　資料3．⑴より270時間

|解答|

問1.

自製部品	自製部品x	自製部品y	自製部品z
原価標準	**6,500**円	**14,500**円	**15,500**円

問2.

製品	製品 X	製品 Y	製品 Z
原価標準	**18,500**円	**20,500**円	**43,000**円

問3.

買入部品	買入部品1	買入部品2
必要量	**5,000**個	**1,500**個

問4.

部 品 組 立 部 門	**17,500**時間
製 品 組 立 部 門	**7,500**時間

問5.

買入部品消費量差異	**250,000**円（借方、~~貸方~~）
作 業 時 間 差 異	**300,000**円（借方、~~貸方~~）

問6.

自製部品消費量差異	**2,275,000**円（借方、~~貸方~~）
作 業 時 間 差 異	**200,000**円（借方、~~貸方~~）

問7.

部 品 組 立 部 門	**100,000**円（借方、~~貸方~~）
製 品 組 立 部 門	**200,000**円（借方、~~貸方~~）

【解説】

本問は複数の部品の製造、組立を行って製品を製造する企業における標準原価計算の問題です。

製品原価を構成する買入部品や自製部品の資料が煩雑なので、製造工程を図示するなどし、部品の流れを上手く把握できるかがポイントとなります。また、問5以降の差異分析に関しては、どの部門に原価責任が帰属するのかに注意して計算する必要があります。

1．自製部品と製品の原価標準の計算（問1・問2）

(1) 自製部品の原価標準

まず、自製部品xと自製部品yを構成している買入部品の数量と、部品組立に必要な直接作業時間を集計し、原価標準を計算します。自製部品zは計算した自製部品xの原価標準を使って計算します。

① 自製部品x

直接材料費　買入部品1

@2,000円×1個　＝　2,000円

直接労務費

@1,500円×1時間　＝　1,500円

製造間接費

@3,000円×1時間　＝　3,000円

6,500円

② 自製部品y

直接材料費　買入部品2

@1,000円×1個　＝　1,000円

直接労務費

@1,500円×3時間　＝　4,500円

製造間接費

@3,000円×3時間　＝　9,000円

14,500円

③ 自製部品z

直接材料費　自製部品x

@6,500円×1個　＝　6,500円

直接労務費

@1,500円×2時間　＝　3,000円

製造間接費

@3,000円×2時間　＝　6,000円

15,500円

(2) 製品の原価標準

製品を構成している自製部品の数量と製品組立に必要な直接作業時間を集計し、(1)で求めた自製部品の原価標準を使って計算します。

① 製品X

直接材料費　自製部品x

@6,500円×1個　＝　6,500円

直接労務費

@2,000円×2時間　＝　4,000円

製造間接費

@4,000円×2時間　＝　8,000円

18,500円

② 製品Y

直接材料費　自製部品y

@14,500円×1個　＝　14,500円

直接労務費

@2,000円×1時間　＝　2,000円

製造間接費

@4,000円×1時間　＝　4,000円

20,500円

③ 製品Z

直接材料費　自製部品z

@15,500円×2個　＝　31,000円

直接労務費

@2,000円×2時間　＝　4,000円

製造間接費

@4,000円×2時間　＝　8,000円

43,000円

２．計画時の各買入部品の必要量および各組立部門の直接作業時間（問３・問４）

10月の計画生産量に対して製品ごとに各部品が何個必要かを図示して整理します。製品の計画生産量がわかっているため、そこから各自製部品、各買入部品の必要量を逆算します。

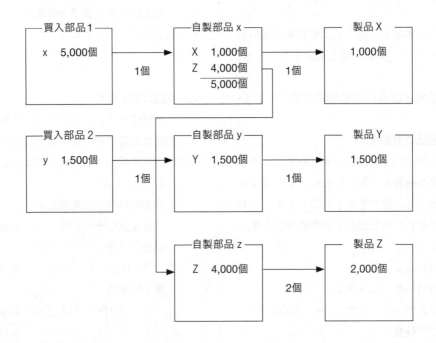

（1）計画時の各買入部品の必要量の計算（問３）

		買入部品1	買入部品2
製品X	1,000個	1,000個×1個＝1,000個	
製品Y	1,500個		1,500個×1個＝1,500個
製品Z	2,000個	2,000個×2個＝4,000個	
		5,000個	1,500個

（2）計画時の各組立部門の直接作業時間の計算（問４）

製品を１個製造するために必要な部品組立の直接作業時間は、以下のとおりです。

製品X１個製造につき、

　自製部品 x １個×１時間＝１時間

製品Y１個製造につき、

　自製部品 y １個×３時間＝３時間

製品Z１個製造につき、

　自製部品 z ２個×２時間＋自製部品 x ２個

　×１時間＝６時間

また、製品を１個製造するために必要な製品組立の直接作業時間は、以下のとおりです。

製品X１個製造につき、２時間

製品Y１個製造につき、１時間

製品Z１個製造につき、２時間

以上より、直接作業時間を集計します。

		部品組立部門	製品組立部門
製品X	1,000個	1,000個×1時間＝ 1,000時間	1,000個×2時間＝2,000時間
製品Y	1,500個	1,500個×3時間＝ 4,500時間	1,500個×1時間＝1,500時間
製品Z	2,000個	2,000個×6時間＝12,000時間	2,000個×2時間＝4,000時間
		17,500時間	7,500時間

3．差異分析（問5〜問7）

(1) 部品の入庫と払出しの整理

部品組立部門および製品組立部門における部品の入庫と払出しを整理します。

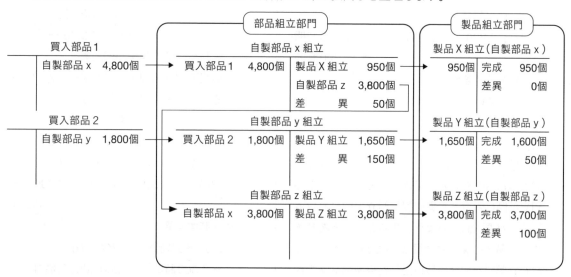

(2) 部品組立部門における差異分析（問5）

① 買入部品消費量差異

上記勘定連絡図より、部品組立部門における買入部品消費量差異を計算します。

買入部品の当月標準消費量：

買入部品1

950個× 1 個 + 3,800個× 1 個

＝ 4,750個

買入部品2

1,650個× 1 個＝ 1,650個

買入部品消費量差異：

買入部品1

2,000円/個×(4,750個 − 4,800個)

＝△100,000円（借方）

買入部品2

1,000円/個×(1,650個 − 1,800個)

＝△150,000円（借方）

計　△250,000円（借方）

② 部品組立部門作業時間差異

　前記勘定連絡図より、部品組立部門における作業時間差異を計算します。

当月標準直接作業時間：

　自製部品 x

　　950個×1時間＋3,800個×1時間

　　　　　　　　＝　4,750時間

　自製部品 y

　　1,650個×3時間　＝　4,950時間

　自製部品 z

　　3,800個×2時間　＝　7,600時間

　　　　　　　　計　17,300時間

作業時間差異：

　1,500円/時間×（17,300時間

　　－17,500時間）＝　△300,000円（借方）

　問題文に「製品組立部門における自製部品の実際消費量を前提として行うことにより、部品組立部門における差異に製品組立部門における不能率が混入しないようにすること」とあります。製品Yの実際生産量は1,600個ですが、部品組立部門が実際に払い出した自製部品yの数量は1,650個であり、この差異は製品組立部門における不能率により発生したものです。したがって、この差異の責任は部品組立部門にはないので、1,650個を標準消費量として把握します。

(3) **製品組立部門における差異分析（問6）**

① 自製部品消費量差異

　　上記勘定連絡図より、製品組立部門における自製部品消費量差異を計算します。

自製部品当月標準消費量：

　自製部品 x

　　950個×1個　＝　　950個

　自製部品 y

　　1,600個×1個　＝　1,600個

　自製部品 z

　　1,850個×2個　＝　3,700個

自製部品消費量差異：

　自製部品 x

　　6,500円/個×（950個－950個）

　　　　　＝　　　　　0円

　自製部品 y

　　14,500円/個×（1,600個－1,650個）

　　　　　＝　△725,000円（借方）

　自製部品 z

　　15,500円/個×（3,700個－3,800個）

　　　　　＝△1,550,000円（借方）

　　　　計△2,275,000円（借方）

② 製品組立部門作業時間差異

　前記勘定連絡図より、製品組立部門における作業時間差異を計算します。

当月標準直接作業時間：

　製品X　950個×2時間　＝1,900時間

　製品Y　1,600個×1時間　＝1,600時間

　製品Z　1,850個×2時間　＝3,700時間

　　　　　　　　計　7,200時間

作業時間差異：

　2,000円/時間×（7,200時間

　　－7,300時間）＝△200,000円（借方）

(4) **製造間接費総差異（問7）**

① 部品組立部門

17,300時間（標準直接作業時間）
　　　　　上記3.(2)②より

×3,000円/時間－52,000,000円（製造間接費実際発生額）＝△100,000円（借方）

② 製品組立部門

7,200時間（標準直接作業時間）
　　　　　上記3.(3)②より

×4,000円/時間－29,000,000円（製造間接費実際発生額）＝△200,000円（借方）

問題 14 設備総合効率を導入した標準原価差異分析

|解答|

問1.

能率差異	速度低下ロス差異	チョコ停ロス差異
△ **294,000** 円	△ **238,000** 円	△ **56,000** 円

問2.

操業度差異	段取替ロス差異	故障・停止ロス差異
△ **162,400** 円	△ **117,600** 円	△ **44,800** 円

|解説|

1．稼働時間の内容の整理

勤務時間 9,600 分				
計画稼働時間 9,000 分 ①				計画停止時間 600 分
実際稼働時間 8,710 分			段取替ロス 210 分	故障・停止ロス 80 分
標準稼働時間 8,500 分 ②	速度低下ロス 170 分 ③	チョコ停ロス 40 分 ④		
	能率差異		操業度差異	

① **計画稼働時間**

9,600分 − 600分 = 9,000分

② **標準稼働時間**

@2.5分（理論サイクル・タイム）× 3,400個

= 8,500分

③ **速度低下ロス**

（@2.55分 − @2.5分）× 3,400個 = 170分

④ **チョコ停ロス**

8,710分（実際稼働時間）− @2.55分×3,400個[01]

= 40分

01) 投入材料の加工に要したはずの実際時間：実際サイクル・タイム×材料投入量

2．差異分析

　計画稼働時間を基準操業度、実際稼働時間を実際操業度、標準稼働時間を標準操業度として差異分析を行います[02]。

(1) 標準配賦率

固定費率：$\dfrac{5,040,000\text{ 円（固定費予算）}}{9,000\text{ 分（基準操業度）}}$

　　　　＝＠560円

標準配賦率：＠840円＋＠560円＝＠1,400円

(2) 能率差異の分析

能率差異：

＠1,400円×（8,500分－8,710分）＝△168,000円

速度低下ロス差異：

＠1,400円×△170分＝△238,000円

チョコ停ロス差異：

＠1,400円×△40分＝△56,000円

(3) 操業度差異の分析

操業度差異：

＠560円×（8,710分－9,000分）＝△162,400円

段取替ロス差異：

＠560円×△210分＝△117,600円

故障・停止ロス差異：

＠560円×△80分＝△44,800円

---

02) 問題文に「能率差異は標準配賦率を用いて計算すること」とあるため、三分法(1)により差異分析を行います。

問題
15　標準原価差異の会計処理1

|解答|

期末仕掛品原価	期末製品原価	売　上　原　価
11,416,900円	**7,062,000**円	**158,895,000**円

|解説|

　原価標準が不適当なため、比較的多額の原価差異が生じた場合、当年度の売上原価と期末棚卸資産に追加配賦を行います。追加配賦を行う　ための計算には一括調整法ところがし計算法の2つがあります。本問では一括調整法によっています。

原価差異の会計処理　～一括調整法～

　一括調整法では、原価差異を売上原価と期末棚卸資産の標準原価の比率で追加配賦します。

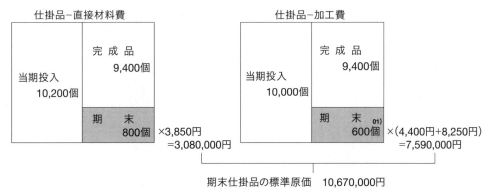

期末仕掛品の標準原価　10,670,000円

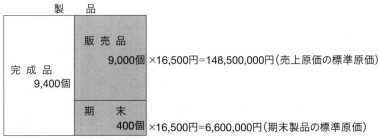

01)　$800個 \times \dfrac{3}{4} = 600個$

	期末仕掛品原価	期末製品原価	売上原価	合　計
標 準 原 価	10,670,000円	6,600,000円	148,500,000円	165,770,000円
標準原価差異	746,900円 03)	462,000円	10,395,000円	11,603,900円 02)
合　　　計	11,416,900円	7,062,000円	158,895,000円	

02) 標準原価差異総額：
標準原価合計 　@3,850円×10,200個+@4,400円×10,000個
$$+@8,250円×10,000個=165,770,000円$$
実際原価合計（42,343,600円+46,297,500円+88,732,800円）
$$= 177,373,900円$$
$$\triangle 11,603,900円 （不利差異）$$

03) 期末仕掛品への配賦額：
$$11,603,900円×\frac{期末仕掛品標準原価\quad 10,670,000円}{標準原価合計\quad 165,770,000円}=746,900円$$

問題 16 標準原価差異の会計処理2

(1) 売 上 原 価 | 558,075 | 円

期 末 製 品 | 334,845 | 円

期 末 仕 掛 品 | 192,780 | 円

期 末 材 料 | 177,550 | 円

(2) 材料数量差異 | 51,700 | 円 （不利）

(3)

材　料　（単位：円）

買　掛　金 (1,228,500)	仕掛品-直接材料費 (1,054,200)
材料受入価格差異 (3,250)	期　末　有　高 (177,550)
(1,231,750)	(1,231,750)

仕掛品-直接材料費　（単位：円）

材　料　費 (1,054,200)	製　　品 (824,000)
材料受入価格差異 (3,600)	材 料 数 量 差 異 (50,200)
材 料 数 量 差 異 (9,180)	期　末　有　高 (192,780)
(1,066,980)	(1,066,980)

材料受入価格差異　（単位：円）

買　掛　金 (34,750)	売 上 原 価 (16,500)
	製　　品 (9,900)
	仕　掛　品 (3,600)
	材 料 数 量 差 異 (1,500)
	材　　料 (3,250)
(34,750)	(34,750)

材料数量差異　（単位：円）

仕掛品-直接材料費 (50,200)	売 上 原 価 (26,575)
材料受入価格差異 (1,500)	製　　品 (15,945)
	仕掛品-直接材料費 (9,180)
(51,700)	(51,700)

解説

1. 材料受入価格差異 [01]

	標準単価		実際単価		実際購入量		
P材料	(@200円	–	@202円)	×	5,000kg	=	△10,000円（不利差異）
Q材料	(@100円	–	@110円)	×	2,000kg	=	△20,000円（不利差異）
R材料	(@ 30円	–	@ 35円)	×	950kg	=	△ 4,750円（不利差異）
							△34,750円（不利差異）

01) 材料受入価格差異は標準単価と実際単価の差額に実際購入量を掛けて計算します。

① 材料の当期受入額は、

$$@200円×5,000kg + @100円×2,000kg + @30円×950kg$$

$$= 1,228,500円$$

② 材料の当期払出高は、

$$@200円×4,200kg + @100円×1,890kg + @30円×840kg$$

$$= 1,054,200円$$

2．材料数量差異（材料受入価格差異配賦前）[02]

	標準単価		標準消費量		実際消費量		
P材料	@200円	×	(@4kg×1,000個[03]	−	4,200kg)	=	△40,000円（不利差異）
Q材料	@100円	×	(@2kg×900個[04]	−	1,890kg)	=	△9,000円（不利差異）
R材料	@30円	×	(@1kg×800個[05]	−	840kg)	=	△1,200円（不利差異）
							△50,200円（不利差異）

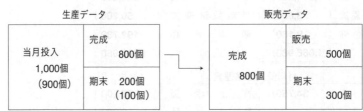

- [02] 材料数量差異は標準消費量と実際消費量の差に標準単価を掛けて計算します。
- [03] 生産データの当月投入より、1,000個
  （P材料は始点投入のため、数量を基準とします）
- [04] 生産データの当月投入（完成品換算量）より、900個（Q材料は平均的投入のため、加工進捗度を考慮します）
- [05] R材料は終点投入です。

3．期末棚卸資産および売上原価の標準原価

・期末材料

P材料	@200円×800kg[06]	=	160,000円
Q材料	@100円×110kg[06]	=	11,000円
R材料	@30円×110kg[06]	=	3,300円
			174,300円

・期末仕掛品[07]

P材料　@200円×4kg×200個

$$= 160,000円$$

Q材料　@100円×2kg×100個[08]

$$= 20,000円$$

$$180,000円$$

- [06] 資料3．より
- [07] R材料は終点投入なので期末仕掛品には含まれません。
- [08] 200個×50%=100個

・期末製品

$$@1,030円[09]×300個 = 309,000円$$

・売上原価

$$@1,030円[09]×500個 = 515,000円$$

- [09] （@200円×4kg）+（@100円×2kg）+（@30円×1kg）=1,030円／個

4．材料受入価格差異の追加配賦[10]

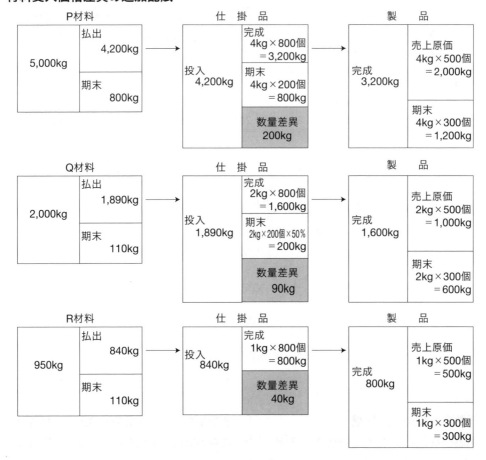

10) P、Q、Rの材料種類ごとの数量を基準として、追加配賦を行います。ここで、材料数量差異に対しても配賦していきます。

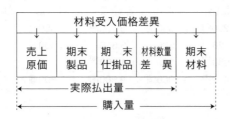

	P材料		Q材料		R材料		追加配賦額合計 [11)
	数量	追加配賦額	数量	追加配賦額	数量	追加配賦額	
売上原価	2,000kg	4,000円	1,000kg	10,000円	500kg	2,500円	16,500円
期末製品	1,200	2,400	600	6,000	300	1,500	9,900
期末仕掛品	800	1,600	200	2,000	－	－	3,600
材料数量差異	200	400	90	900	40	200	1,500
期末材料	800	1,600 [12)	110	1,100 [13)	110	550 [14)	3,250
	5,000kg	10,000円	2,000kg	20,000円	950kg	4,750円	34,750円

11) 材料受入価格差異の追加配賦を仕訳で示すと次のとおりです。

(借)売上原価	16,500	(貸)材料受入価格差異	34,750
製　品	9,900		
仕掛品	3,600		
材料数量差異	1,500		
材　料	3,250		

12) $10,000円 \times \dfrac{800kg}{5,000kg} = 1,600円$

13) $20,000円 \times \dfrac{110kg}{2,000kg} = 1,100円$

14) $4,750円 \times \dfrac{110kg}{950kg} = 550円$

5．材料数量差異の追加配賦

材料数量差異については売上原価、期末製品、期末仕掛品に対して追加配賦を行いますが、追加配賦する材料数量差異の金額に材料受入価格差異の追加配賦額を加算する点に注意します。

	P材料		Q材料		R材料		追加配賦額合計
	数量	追加配賦額	換算量	追加配賦額	数量	追加配賦額	
売上原価	500個	20,200円	500個	5,500円	500個	875円	26,575円
期末製品	300	12,120	300	3,300	300	525 [17)	15,945
期末仕掛品	200	8,080 [15)	100	1,100 [16)	0	－	9,180
	1,000個	40,400円	900個	9,900円	800個	1,400円	51,700円

15) $40,400円 \times \dfrac{200\,個}{500\,個 + 300\,個 + 200\,個} = 8,080円$

16) $9,900円 \times \dfrac{100\,個}{500\,個 + 300\,個 + 100\,個} = 1,100円$

17) $1,400円 \times \dfrac{300\,個}{500\,個 + 300\,個} = 525円$

6. (1) 財務諸表に記載される売上原価・期末製品・期末仕掛品・期末材料の金額

売上原価：515,000円 + 16,500円 + 26,575円 = 558,075円
　　　　　　　解説3より　　解説4より　　解説5より

期末製品：309,000円 + 9,900円 + 15,945円 = 334,845円
　　　　　　　解説3より　　解説4より　　解説5より

期末仕掛品：180,000円 + 3,600円 + 9,180円 = 192,780円
　　　　　　　解説3より　　解説4より　　解説5より

期末材料：174,300円 + 3,250円 = 177,550円
　　　　　　　解説3より　　解説4より

(2) 材料数量差異

材料数量差異：50,200円 + 1,500円 = 51,700円
　　　　　　　解説2より　　解説4より

7. 勘定記入

買 掛 金			(単位：円)
		材　　　　　料	1,228,500
		材料受入価格差異	34,750

材　　料			(単位：円)
買　掛　金	1,228,500	仕掛品−直接材料費	1,054,200
材料受入価格差異	3,250	期　末　有　高	177,550

仕掛品−直接材料費			(単位：円)
材　料　費	1,054,200	製　　　　　品	824,000
材料受入価格差異	3,600	材 料 数 量 差 異	50,200
材 料 数 量 差 異	9,180	期　末　有　高	192,780

製　　品			(単位：円)
仕掛品−直接材料費	824,000	売　上　原　価	515,000
材料受入価格差異	9,900	期　末　有　高	334,845
材 料 数 量 差 異	15,945		

材料受入価格差異			(単位：円)
買　掛　金	34,750	売　上　原　価	16,500
		製　　　　　品	9,900
		仕　　掛　　品	3,600
		材 料 数 量 差 異	1,500
		材　　　　　料	3,250

材料数量差異			(単位：円)
仕掛品−直接材料費	50,200	売　上　原　価	26,575
材料受入価格差異	1,500	製　　　　　品	15,945
		仕掛品−直接材料費	9,180

売　上　原　価			(単位：円)
製　　　　　品	515,000		
材料受入価格差異	16,500		
材 料 数 量 差 異	26,575		

問題 17　理論問題 ～標準原価差異の処理～

|解答|

ア	材料受入価格差異	イ	売上原価	ウ	予定価格	エ	多額
オ	たな卸資産	カ	指図書	キ	科目	ク	非原価項目

|解説|

　特に材料受入価格差異を除く原価差異の会計処理について、原則的な方法と例外的な方法の それぞれの内容をよく整理しておきましょう。

原価差異の種類		処理方法
材料受入価格差異		材料の払出高分と期末有高分に配賦
材料受入価格差異以外 （材料の払出高分に配賦された 材料受入価格差異も含む）	標準価格等が適当で、 差異が少額	当年度の売上原価に賦課（原則的処理）
	標準価格等が不適当で、 差異が比較的多額	＜個別原価計算の場合＞ 指図書別または科目別に、 売上原価、期末棚卸資産に配賦
		＜総合原価計算の場合＞ 科目別に、売上原価、期末棚卸資産に配賦
数量差異、作業時間差異、能率差異等で 異常な状態にもとづくもの		非原価項目

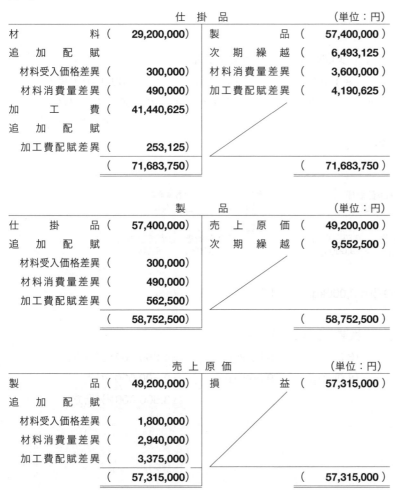

問題
18 **標準原価差異の会計処理3**

問1.

(1)	材料受入価格差異	**3,700,000** 円（ **借方** ）
(2)	材料消費量差異	**3,600,000** 円（ **借方** ）
(3)	加工費配賦差異	**4,190,625** 円（ **借方** ）

問2.

仕　掛　品			（単位：円）
材　　　　　料（ **29,200,000**）	製　　　　　品（ **57,400,000**)
追　加　配　賦	次　期　繰　越（ **6,493,125**)
材料受入価格差異（ **300,000**）	材料消費量差異（ **3,600,000**)
材料消費量差異（ **490,000**）	加工費配賦差異（ **4,190,625**)
加　　工　　費（ **41,440,625**）	
追　加　配　賦	
加工費配賦差異（ **253,125**）	
（ **71,683,750**）	（ **71,683,750**)

製　　品			（単位：円）
仕　　掛　　品（ **57,400,000**）	売　上　原　価（ **49,200,000**)
追　加　配　賦	次　期　繰　越（ **9,552,500**)
材料受入価格差異（ **300,000**）	
材料消費量差異（ **490,000**）	
加工費配賦差異（ **562,500**）	
（ **58,752,500**）	（ **58,752,500**)

売　上　原　価			（単位：円）
製　　　　　品（ **49,200,000**）	損　　　　　益（ **57,315,000**)
追　加　配　賦	
材料受入価格差異（ **1,800,000**）	
材料消費量差異（ **2,940,000**）	
加工費配賦差異（ **3,375,000**）	
（ **57,315,000**）	（ **57,315,000**)

解説

生産・販売データ

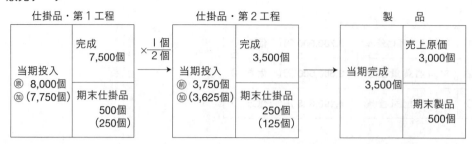

問1

(1)材料受入価格差異

	標準単価		実際単価		実際購入量		
材料α：	(@1,200円	−	@1,400円)	×	12,000kg	=	△2,400,000円（借方）
材料β：	(@2,000円	−	@2,100円)	×	13,000kg	=	△1,300,000円（借方）
合　計：							△3,700,000円（借方）

(2)材料消費量差異（材料受入価格差異配賦前）

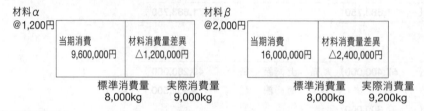

①標準消費量

　材料α：@1kg × 8,000個 = 8,000kg　（材料βも同様）

②材料消費量差異

	標準単価		標準消費量		実際消費量		
材料α：	@1,200円	×	(8,000kg	−	9,000kg)	=	△1,200,000円（借方）
材料β：	@2,000円	×	(8,000kg	−	9,200kg)	=	△2,400,000円（借方）
合　計：							△3,600,000円（借方）

(3)加工費配賦差異

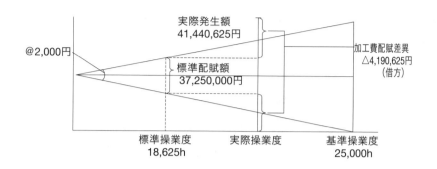

①当期標準加工時間

第1工程：　@1h　×　7,750個　＝　　　7,750h

第2工程：　@3h　×　3,625個　＝　　10,875h

合　　計：　　　　　　　　　　　　　　18,625h

②当期標準加工費：@2,000円×18,625h＝37,250,000円

③加工費配賦差異：37,250,000円－41,440,625円＝△4,190,625円（借方）

問2

(1)　期末棚卸資産および売上原価の標準原価

①第1工程期末仕掛品

材　料　α：　@1,200円　×　　500個　＝　　　600,000円

材　料　β：　@2,000円　×　　500個　＝　1,000,000円

加　工　費：　@2,000円　×　　250個　＝　　　500,000円

合　　計：　　　　　　　　　　　　　　　　2,100,000円

②第2工程期末仕掛品

前工程費：　@10,400円　×　　250個　＝　2,600,000円

加　工　費：　@　6,000円　×　　125個　＝　　　750,000円

合　　計：　　　　　　　　　　　　　　　　3,350,000円

③期末製品：@16,400円×500個＝8,200,000円

④売上原価：@16,400円×3,000個＝49,200,000円

(2)　仕掛品勘定に振り替えられる材料費および加工費

①材料費[01]：@1,200円×9,000kg＋@2,000円×9,200kg＝29,200,000円

②加工費[02]：41,440,625円

01) 修正パーシャル・プランによっているため、「標準単価×実際消費量」として算定します。

02) 実際発生額

(3) 原価差異の追加配賦

①材料受入価格差異

材料の種類ごとに数量を基準として追加配賦を行います。

ここで、材料受入価格差異は材料消費量差異に対しても配賦されます。また、基準となる数量はkgに統一します[03]。

	材料α		材料β		
	数量	追加配賦額	数量	追加配賦額	追加配賦額合計
期 末 材 料	3,000kg	600,000円	3,800kg	380,000円	980,000円
期 末 仕 掛 品					
第 1 工 程	500	100,000[06]	500	50,000	300,000[08]
第 2 工 程	500[04]	100,000	500	50,000	
期 末 製 品	1,000	200,000	1,000	100,000	300,000
売 上 原 価	6,000	1,200,000	6,000	600,000	1,800,000
材料消費量差異	1,000[05]	200,000	1,200[07]	120,000	320,000
	12,000kg	2,400,000円	13,000kg	1,300,000円	3,700,000円

03) 第1工程完成品2個が第2工程以降の1個となり、個数単位では統一できません。

04) @1kg×@2個×250個=500kg

05) 8,000kg−9,000kg=△1,000kg（借方差異）

06) $2,400,000円 \times \dfrac{500kg}{12,000kg} = 100,000円$

07) 8,000kg−9,200kg=△1,200kg（借方差異）

08) 答案用紙の仕掛品勘定が工程別になっていないため、2つの工程の合計額を計算します。

材料受入価格差異の追加配賦を仕訳で示すと、以下のようになります。

（材　　　料）	980,000	（材料受入価格差異）	3,700,000
（仕　掛　品）	300,000		
（製　　　品）	300,000		
（売 上 原 価）	1,800,000		
（材料消費量差異）	320,000		

②材料消費量差異

材料ごとの追加配賦額

材料α：1,200,000円＋200,000円[09]＝1,400,000円

材料β：2,400,000円＋120,000円[09]＝2,520,000円

09) 材料受入価格差異の追加配賦額

	材料α		材料β		
	数量	追加配賦額	数量	追加配賦額	追加配賦額合計
期末仕掛品					
第1工程	500kg	87,500円	500kg	157,500円	⎫
第2工程	500	87,500	500	157,500	⎬ 490,000円
期末製品	1,000	175,000[10]	1,000	315,000	490,000
売上原価	6,000	1,050,000	6,000	1,890,000	2,940,000
	8,000kg	1,400,000円	8,000kg	2,520,000円	3,920,000円

10) $1,400,000円 \times \dfrac{1,000kg}{8,000kg} = 175,000円$

材料消費量差異の追加配賦を仕訳で示すと、以下のようになります。

（仕　掛　品）　490,000　（材料消費量差異）3,920,000
（製　　　品）　490,000
（売　上　原　価）2,940,000

③加工費配賦差異

加工費については、基準を作業時間に統一します。

工程ごとの追加配賦額

第1工程：$4,190,625円 \times \dfrac{7,750h}{7,750h + 10,875h} = 1,743,750円$

第2工程：$4,190,625円 \times \dfrac{10,875h}{7,750h + 10,875h} = 2,446,875円$

	第1工程加工費		第2工程加工費		
	作業時間	追加配賦額	作業時間	追加配賦額	追加配賦額合計
期末仕掛品					
第1工程	250h[11]	56,250円			⎫
第2工程	500 [12]	112,500	375h[13]	84,375円	⎬ 253,125円
期末製品	1,000	225,000	1,500	337,500	562,500
売上原価	6,000	1,350,000	9,000	2,025,000	3,375,000
	7,750h	1,743,750円	10,875h	2,446,875円	4,190,625円

11) @1h×250個＝250h
　　　　加工費

12) @1h×@2個×250個＝500h
　　　　　　加工費

13) @3h×125個＝375h
　　　　加工費

加工費配賦差異の追加配賦を仕訳で示すと、以下のようになります。

（仕　　掛　　品）　253,125　（加工費配賦差異）　4,190,625
（製　　　　品）　562,500
（売　上　原　価）3,375,000

⑸　勘定記入

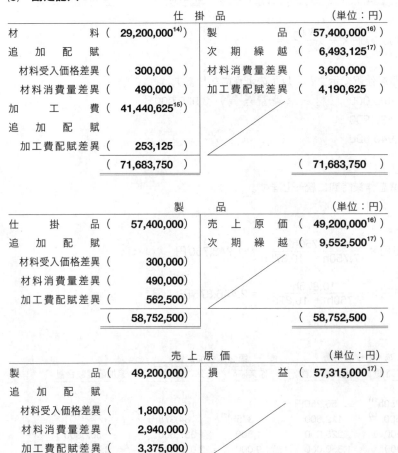

仕　掛　品　　　　　　　　　　　（単位：円）

材　　　　　料（	29,200,000[14]）	製　　　　　品（	57,400,000[16]）
追　加　配　賦		次　期　繰　越（	6,493,125[17]）
材料受入価格差異（	300,000 ）	材料消費量差異（	3,600,000 ）
材料消費量差異（	490,000 ）	加工費配賦差異（	4,190,625 ）
加　　工　　費（	41,440,625[15]）		
追　加　配　賦			
加工費配賦差異（	253,125 ）		
（	71,683,750 ）	（	71,683,750 ）

製　　品　　　　　　　　　　　（単位：円）

仕　掛　品（	57,400,000）	売　上　原　価（	49,200,000[16]）
追　加　配　賦		次　期　繰　越（	9,552,500[17]）
材料受入価格差異（	300,000）		
材料消費量差異（	490,000）		
加工費配賦差異（	562,500）		
（	58,752,500）	（	58,752,500）

売　上　原　価　　　　　　　　（単位：円）

製　　　　　品（	49,200,000）	損　　　　　益（	57,315,000[17]）
追　加　配　賦			
材料受入価格差異（	1,800,000）		
材料消費量差異（	2,940,000）		
加工費配賦差異（	3,375,000）		
（	57,315,000）	（	57,315,000 ）

14)　標準単価×実際消費量
15)　実際発生額
16)　標準原価
17)　標準原価＋追加配賦額

Chapter 12 費目別計算の応用

Section 1 材料費の計算

問題 1 実際消費額

|解答|

	先入先出法	移動平均法	総平均法
材料月末残高:	**19,200** 円	**17,220** 円	**16,320** 円

|解説|

1．先入先出法の場合

		材		料		
5/1	100kg	@108円	10,800円	5/15	100kg @108円[01]	10,800円
6	200kg	@120円	24,000円		50kg @120円	6,000円
				残高	150kg[02] @120円	18,000円
	150kg	@120円	18,000円	5/27	150kg @120円[01]	18,000円
5/21	250kg	@160円	40,000円		130kg @160円	20,800円
				残高	120kg @160円	19,200円

01) 古い材料から先に払い出すと仮定します。

02) （100kg＋200kg）－（100kg＋50kg）＝150kg

2．移動平均法の場合

		材		料		
5/1	100kg	@108円	10,800円	5/15	150kg @116円[03]	17,400円
6	200kg	@120円	24,000円	残高	150kg @116円	17,400円
		（@116円）[03]				
	150kg	@116円	17,400円	5/27	280kg @143.5円[04]	40,180円
5/21	250kg	@160円	40,000円			
		（@143.5円）[04]		残高	120kg @143.5円	17,220円

03) （10,800円＋24,000円）÷（100kg＋200kg）＝@116円

04) （17,400円＋40,000円）÷（150kg＋250kg）＝@143.5円

3．総平均法の場合

		材		料		
5/1	100kg	@108円	10,800円	5/15	150kg @136円[05]	20,400円
6	200kg	@120円	24,000円	27	280kg @136円	38,080円
21	250kg	@160円	40,000円			
		（@136円）[05]		残高	120kg @136円	16,320円

05) （10,800円＋24,000円＋40,000円）÷（100kg＋200kg＋250kg）＝@136円

2 継続記録法と棚卸計算法

|解答|

材　　料

前 月 繰 越 （	**77,050** ）	仕 掛 品 （	**198,000** ）
買 掛 金 （	**287,200** ）	製 造 間 接 費 （	**91,850** ）
		次 月 繰 越 （	**74,400** ）
（	**364,250** ）	（	**364,250** ）

材料受入価格差異

買 掛 金 （	**11,000** ）

|解説|

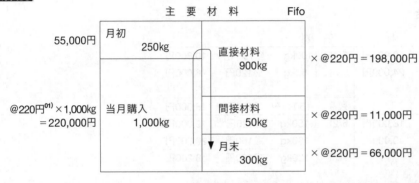

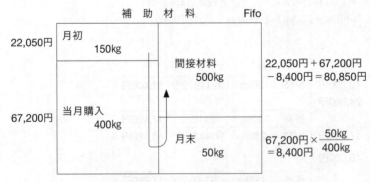

01) 予定価格を用います。消費額や月末有高にも予定価格を適用します。

1．前月繰越
　55,000円＋22,050円＝77,050円

2．材料勘定借方「買掛金」
　220,000円＋67,200円＝287,200円

3．材料勘定貸方「仕掛品」
　直接材料費198,000円

4．材料勘定貸方「製造間接費」
　11,000円＋80,850円＝91,850円

5．次月繰越
　66,000円＋8,400円＝74,400円

6．材料受入価格差異
　220,000円－231,000円
　　＝△11,000円（不利差異）

問題 3　材料費会計の勘定連絡

|解答|

A　材　料

前 月 繰 越	（	307,440 ）	仕 掛 品	（	507,000 ）
諸 口	（	798,000 ）	製 造 間 接 費	（	273,000 ）
			材料消費価格差異	（	6,240 ）
			次 月 繰 越	（	319,200 ）
	（	1,105,440 ）		（	1,105,440 ）

B　材　料

前 月 繰 越	（	163,800 ）	仕 掛 品	（	1,763,000 ）
諸 口	（	2,205,000 ）	製 造 間 接 費	（	388,100 ）
			材料消費価格差異	（	41,300 ）
			次 月 繰 越	（	176,400 ）
	（	2,368,800 ）		（	2,368,800 ）

外　部　副　費

引 取 運 賃	（	28,800 ）	A 材 料	（	38,000 ）
保 険 料	（	42,800 ）	B 材 料	（	105,000 ）
〔買 入 手 数 料〕	（	71,800 ）	外部副費配賦差異	（	400 ）

内　部　副　費

〔購 入 事 務 費〕	（	23,000 ）	〔製 造 間 接 費〕	（	78,000 ）
保 管 費	（	40,000 ）			
検 収 費	（	15,000 ）			

仕　掛　品

A 材 料	（	507,000 ）		
B 材 料	（	1,763,000 ）		

製　造　間　接　費

A 材 料	（	273,000 ）		
B 材 料	（	388,100 ）		
内 部 副 費	（	78,000 ）		

材料消費価格差異

A 材 料	（	6,240 ）		
B 材 料	（	41,300 ）		

解説

　材料費全般からの問題です。一見難しそうに見えますが、ボックス図を使って整理するとスムーズに解けます。

1．ボックス図を使って材料費データを整理します。

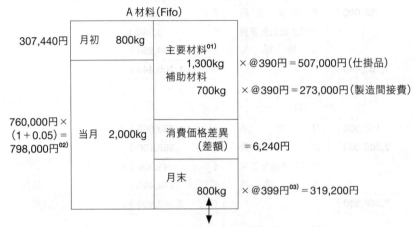

01）　主要材料費＝直接材料費→仕掛品勘定へ

　　　補助材料費＝間接材料費→製造間接費勘定へ

　　　払出高は予定価格を用います。

02）　外部副費を加えることを忘れずに。

03）　当月購入実際単位原価：$\dfrac{798,000円}{2,000kg}$＝@399円

04）　棚卸減耗の有無を確かめましょう。

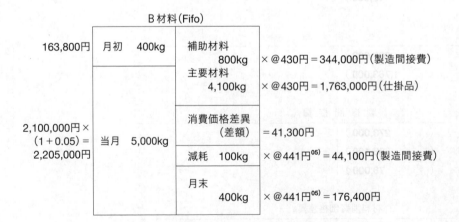

05）　当月購入実際単位原価：$\dfrac{2,205,000円}{5,000kg}$＝@441円

２．外部副費配賦差異の計算

予定配賦額：

$(760,000円 + 2,100,000円) \times 5\% = 143,000円$

実際発生額：

$28,800円 + 42,800円 + 71,800円 = 143,400円$

外部副費配賦差異　　　　　　△400円

（不利差異）

３．内部副費の計算

　内部副費は、購入事務費、保管費、検収費の３つです。

$23,000円 + 40,000円 + 15,000円 = 78,000円$

（製造間接費）

４．仕訳

(1) A材料に関する仕訳

①購入

（A　　材　　料）798,000	（買　　掛　　金）760,000
	（外　部　副　費）　38,000

②消費

（仕　　掛　　品）507,000	（A　　材　　料）780,000
（製　造　間　接　費）273,000	

③消費価格差異の把握

（材料消費価格差異）　6,240	（A　　材　　料）　6,240

(2) B材料に関する仕訳

①購入

（B　　材　　料）2,205,000	（買　　掛　　金）2,100,000
	（外　部　副　費）　105,000

②消費

（仕　　掛　　品）1,763,000	（B　　材　　料）2,107,000
（製　造　間　接　費）344,000	

③消費価格差異の把握

（材料消費価格差異）　41,300	（B　　材　　料）　41,300

④棚卸減耗費の振替え

（製　造　間　接　費）　44,100	（B　　材　　料）　44,100

(3) 外部副費配賦差異の振替

（外部副費配賦差異）　　　400	（外　部　副　費）　　　400

(4) 内部副費の振替

（製　造　間　接　費）　78,000	（内　部　副　費）　78,000

問題 4 理論問題～材料費～

解答

ア	○	イ	×	ウ	×	エ	×	オ	○	カ	○	キ	×

解説

ア．正しい

イ．材料輸入のさいに課せられる関税も引取費用として、購入原価に算入します。

ウ．購入原価は、購入代価に引取費用を加算した金額、もしくは購入代価に引取費用ならびに引取費用以外の材料副費の全部または一部を加算した金額で計算されます。

エ．消費価格には、必要がある場合には実際価格以外にも予定価格等を用いることができます。

オ．正しい

カ．正しい

キ．材料の購入原価も、必要がある場合には予定価格等をもって計算することができます。

直接労務費と間接労務費

|解答|

| 直接労務費 | **3,200,000** | 円 |
| 間接労務費 | **2,212,000** | 円 |

|解説|

1．労務費の範囲

　労務費は個々の従業員に対して負担する点が特徴です。したがって、工員募集費、福利施設負担額、パソコン研修講師料などは個々の従業員に対して負担するものではないため、経費となります。

2．計算過程

賃金・給料 　　　■の部分を集計したものが間接労務費の解答です。

			前月未払	？
直接工	当月支払	？	直接労務費	3,200,000円[01]
			間接労務費	752,000円[02]
	当月未払	？	賃率差異	？
間接工および事務職員	当月支払	680,000円 430,000円	前月未払	？
			間接労務費	665,000円[03] 425,000円[03]
	当月未払	？		

法定福利費[04]

| 当月支払 | 370,000円 | 間接労務費 | 370,000円 |

（注）資料中で不明の金額は？として示しています。

- 01) ＠1,600円×2,000時間＝3,200,000円
- 02) ＠1,600円×（400時間＋70時間）＝752,000円
- 03) 間接労務費（つまり消費額）となるのは"当月要支払額"です。
- 04) 社会保険料会社負担額

支払賃金と消費賃金

|解答|

問1.

(1)	未 払 賃 金	550,000 [01]	賃　　　　金	550,000
(2)	賃　　　　金	2,700,0000	預　り　金	430,000
			現　　　　金	2,270,000
(3)	仕 掛 品	1,450,000 [02]	賃　　　　金	1,935,000
	製 造 間 接 費	485,000 [03]		
(4)	賃 率 差 異	45,000 [04]	賃　　　　金	45,000
(5)	製 造 間 接 費	770,000 [05]	賃　　　　金	770,000
(6)	賃　　　　金	600,000	未 払 賃 金	600,000 [06]

01) 420,000円＋130,000円＝550,000円
02) 直接労務費＝予定消費賃率×直接作業時間
03) 直接工の間接労務費＝予定消費賃率×(間接作業時間＋手待時間)
04) 賃率差異＝予定消費額−実際消費額
05) 750,000円−130,000円＋150,000円＝770,000円
06) 450,000円＋150,000円＝600,000円

問2.

賃　　金

諸　　口	(2,700,000)	〔未 払 賃 金〕	(550,000)
〔未 払 賃 金〕	(600,000)	〔仕 掛 品〕	(1,450,000)
		〔製 造 間 接 費〕	(1,255,000)
		〔賃 率 差 異〕	(45,000)
	(3,300,000)		(3,300,000)

未 払 賃 金

〔賃　　金〕	(550,000)	〔前 月 繰 越〕	(550,000)
〔次 月 繰 越〕	(600,000)	〔賃　　金〕	(600,000)
	(1,150,000)		(1,150,000)
		〔前 月 繰 越〕	(600,000)

解説

問1.

支払賃金と消費賃金の両方の処理を問う問題です。前月未払賃金と当月未払賃金の調整によって、当原価計算期間の負担額を計算するプロセスや、(1)～(6)の手続どおりに順序立てて考える点に注意してください。

賃　　金

直接工の賃金	当月支払額　1,950,000円	前月未払賃金 420,000円
		当月消費額　1,935,000円[07]
	当月未払賃金　450,000円	賃率差異　　　45,000円[08]
間接工の賃金	当月支払額　750,000円	前月未払賃金 130,000円
	当月未払賃金　150,000円	当月消費額　770,000円

07) 直接労務費

　　機械工　@500円×1,400時間=700,000円 ┐

　　組立工　@600円×1,250時間=750,000円 ┘

　　間接労務費

　　機械工　@500円×(500時間+50時間)=275,000円 ┐

　　組立工　@600円×(200時間+150時間)=210,000円 ┘

合計 1,935,000円

08) 賃率差異

1,935,000円−(1,950,000円−420,000円+450,000円)=△45,000円(不利差異)

問2.

問1の結果を(1)～(6)の順に転記していくことによって賃金勘定を完成させます。

問題 7 労務費会計の勘定連絡

|解答|

(1)賃　　　金

〔 (6) 〕	(2,556,000)	〔 (5) 〕	(1,110,000)
〔 (7) 〕	(134,000)	〔 (2) 〕	(2,685,000)
〔 (8) 〕	(300,000)	〔 (3) 〕	(193,500)
〔 (5) 〕	(1,048,500)	〔 (4) 〕	(50,000)
	(4,038,500)		(4,038,500)

(2)仕　掛　品

前月繰越	×××	××××	×××
〔 (1) 〕	(2,685,000)		

(3)製 造 間 接 費

××××	×××	××××	×××
〔 (1) 〕	(193,500)		

(4)賃 率 差 異

〔 (1) 〕	(50,000)	××××	×××

(5)未 払 賃 金

〔 (1) 〕	(1,110,000)	前月繰越	(1,110,000)
次月繰越	(1,048,500)	〔 (1) 〕	(1,048,500)
	(2,158,500)		(2,158,500)

(6)現　　　金

前月繰越	×××	〔 (1) 〕	(2,556,000)

(7)預　り　金

××××	×××	前月繰越	×××
		〔 (1) 〕	(134,000)

(8)立　替　金

前月繰越	×××	〔 (1) 〕	(300,000)
××××	×××		

|解説|

1．当月消費賃金の計算

直接作業時間：＠150円×17,900時間＝2,685,000円 … 直接労務費

間接作業時間：＠150円× 1,240時間＝ 186,000円 ⎫ 間接労務費

手 待 時 間：＠150円× 50時間＝ 7,500円 ⎭ 193,500円

　　　　　　　　　　　　　　　　　　2,878,500円

または次のように求めることもできます。

定時間内作業：＠150円×（12,200時間＋

　　　　　6,990時間）＝ 2,878,500円

直接労務費

　＠150円×17,900時間＝2,685,000円

間接労務費

　2,878,500円－2,685,000円＝193,500円

2．5月末の未払賃金の計算

基本賃金：＠150円×6,990時間＝1,048,500円

3．賃率差異

賃　　金

当月支払 2,990,000円	前月未払 1,110,000円
	当月消費 2,878,500円
当月未払 1,048,500円	賃率差異 50,000円

2,878,500円－（2,990,000円－1,110,000円

＋1,048,500円）＝△50,000円（不利差異）

問題 8 定時間外作業手当

解答

<table>
<tr><td colspan="4">(1)賃　　　　金</td></tr>
<tr><td>〔　(6)　〕</td><td>(2,556,000)</td><td>〔　(5)　〕</td><td>(1,110,000)</td></tr>
<tr><td>〔　(7)　〕</td><td>(134,000)</td><td>〔　(2)　〕</td><td>(2,685,000)</td></tr>
<tr><td>〔　(8)　〕</td><td>(300,000)</td><td>〔　(3)　〕</td><td>(202,500)</td></tr>
<tr><td>〔　(5)　〕</td><td>(1,057,500)</td><td>〔　(4)　〕</td><td>(50,000)</td></tr>
<tr><td></td><td>(4,047,500)</td><td></td><td>(4,047,500)</td></tr>
</table>

<table>
<tr><td colspan="4">(2)仕　掛　品</td></tr>
<tr><td>前月繰越</td><td>×××</td><td>××××</td><td>×××</td></tr>
<tr><td>〔　(1)　〕</td><td>(2,685,000)</td><td></td><td></td></tr>
</table>

<table>
<tr><td colspan="4">(3)製 造 間 接 費</td></tr>
<tr><td>××××</td><td>×××</td><td>××××</td><td>×××</td></tr>
<tr><td>〔　(1)　〕</td><td>(202,500)</td><td></td><td></td></tr>
</table>

<table>
<tr><td colspan="4">(4)賃 率 差 異</td></tr>
<tr><td>〔　(1)　〕</td><td>(50,000)</td><td>××××</td><td>×××</td></tr>
</table>

<table>
<tr><td colspan="4">(5)未 払 賃 金</td></tr>
<tr><td>〔　(1)　〕</td><td>(1,110,000)</td><td>前月繰越</td><td>(1,110,000)</td></tr>
<tr><td>次 月 繰 越</td><td>(1,057,500)</td><td>〔　(1)　〕</td><td>(1,057,500)</td></tr>
<tr><td></td><td>(2,167,500)</td><td></td><td>(2,167,500)</td></tr>
</table>

<table>
<tr><td colspan="4">(6)現　　　　金</td></tr>
<tr><td>前月繰越</td><td>×××</td><td>〔　(1)　〕</td><td>(2,556,000)</td></tr>
</table>

<table>
<tr><td colspan="4">(7)預　　り　　金</td></tr>
<tr><td>××××</td><td>×××</td><td>前月繰越</td><td>×××</td></tr>
<tr><td></td><td></td><td>〔　(1)　〕</td><td>(134,000)</td></tr>
</table>

<table>
<tr><td colspan="4">(8)立　　替　　金</td></tr>
<tr><td>前月繰越</td><td>×××</td><td>〔　(1)　〕</td><td>(300,000)</td></tr>
<tr><td>××××</td><td>×××</td><td></td><td></td></tr>
</table>

解説

1．当月消費賃金の計算

直 接 作 業 時 間：@150円× 17,900時間 = 2,685,000円 …直接労務費

間 接 作 業 時 間：@150円× 1,240時間 = 186,000円 ⎫

手 待 時 間：@150円× 50時間 = 7,500円 ⎬ 間接労務費 202,500円

定時間外作業時間：@150円×0.4×150時間 = 9,000円 ⎭

　　　　　　　　　　　　　　　　　　　　　 2,887,500円

または次のように求めることもできます。

定時間内勤務：

　@150円×(12,200時間 + 6,840時間)

　　　　　　　　　　　= 2,856,000円

定時間外勤務：

　@150円×1.4時間×150時間

　　　　　=　31,500円

　　　　　　2,887,500円

直接労務費

　@150円× 17,900時間 = 2,685,000円

間接労務費

　2,887,500円 – 2,685,000円 = 202,500円

2．5月末の未払賃金の計算

基本賃金：@150円×(6,840時間 + 150時間)

　　　　　　　　= 1,048,500円

定時間外作業手当：

　@150円×0.4×150時間 =　9,000円

　　　　　　　　　　　　　1,057,500円

3．賃率差異

当月支払 2,990,000円	前月未払 1,110,000円
	当月消費 2,887,500円
当月未払 1,057,500円	賃率差異 50,000円

2,887,500円－(2,990,000円－1,110,000円＋1,057,500円)＝△50,000円(不利差異)

問題9 理論問題～労務費～

|解答|

ア	○	イ	○	ウ	○

解説

ア. 直接工の消費賃金について用いる分類です。

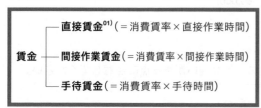

賃金
- **直接賃金**[01]（＝消費賃率×直接作業時間）
- **間接作業賃金**（＝消費賃率×間接作業時間）
- **手待賃金**（＝消費賃率×手待時間）

イ．原価計算上の賃率である消費賃率について述べたものです。

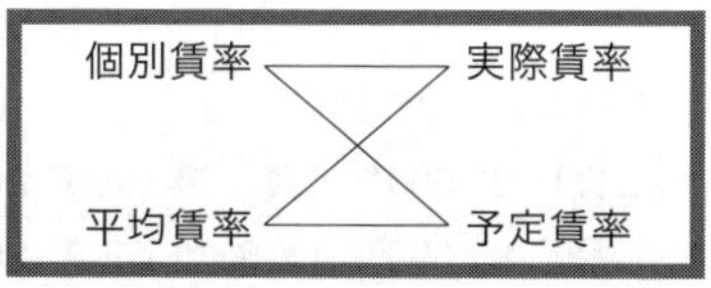

具体的には、個別賃率は直接工の一人ひとりについて定められる賃率のことですが、直接工の各人について賃率を定めるのは煩雑であり、また、同一作業に従事していても熟練工と未熟練工との間に賃率の差が生じてしまいます。また、実際賃率は月々変動し、しかも計算が遅れます。そのため、（職種別の）予定平均賃率を用いるのが合理的です。

ウ．厳密には、時間記録（直接作業時間や間接作業時間などの把握）を行い、これらに消費賃率を掛けて計算すべきですが、簡便な方法も認められています。

01) 直接賃金と直接工賃金の違いに注意してください。

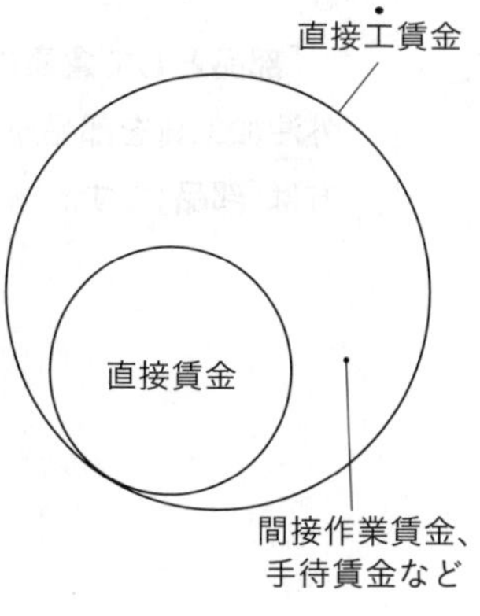

問題
10 外注加工賃の処理

|解答|

問1.

| 買 掛 金 | | 外注加工賃 | | 仕 掛 品 |
| | （ 15,000） | （ 15,000） | （ 15,000） | （ 75,000） |

| | 材 料 | |
| | 60,000 | （ 60,000） |

問2.

| 買 掛 金 | | 外注加工賃 | | 部 品 |
| | （ 20,000） | （ 20,000） | （ 20,000） | （ 80,000） |

| | 材 料 | |
| | 60,000 | （ 60,000） |

|解説|

外注加工賃の処理に関する問題ですが、それぞれ次のような違いがある点に注意してください。

	無償支給	備　考
問　1	○	受入後、すぐに払出し
問　2	○	受入後、倉庫へ入庫

問1.

1.（仕　掛　品） 60,000 （材　　　料） 60,000[01]
2.（外注加工賃） 15,000[02] （買　掛　金） 15,000
3.（仕　掛　品） 15,000 （外注加工賃） 15,000

3.

「**直ちに製造工程に払い出された**」とあるため、外注加工賃を直接経費として処理します。よって借方は「**仕掛品**」です。

問2.

1.　　　仕　　　訳　　　な　　　し
2.（外注加工賃） 20,000[03]（買　掛　金） 20,000
3.（部　　　品） 80,000 （外注加工賃） 20,000
　　　　　　　　　　　　　（材　　　料） 60,000[01]

3.

「**部品として倉庫に搬入された**」とあるため、外注加工賃を部品原価に算入します。よって借方は「**部品**」です。

損益計算書の作成

|解答|

製造間接費

間 接 材 料 費	(	350)	仕 掛 品	(	1,850)
間 接 労 務 費	(	570)	原 価 差 異	(	30)
間 接 経 費	(	960)			
	(	1,880)		(	1,880)

仕 掛 品

期 首 有 高	(	100)	製 品	(	6,690)
直 接 材 料 費	(	3,500)	異 常 仕 損 費	(	1,000)
直 接 労 務 費	(	2,200)	期 末 有 高	(	110)
直 接 経 費	(	150)			
製 造 間 接 費	(	1,850)			
	(	7,800)		(	7,800)

損益計算書

売 上 高		10,500
売 上 原 価		(6,820)
売 上 総 利 益		(3,680)
販 売 費	(200)	
一 般 管 理 費	(200)	
販売費・一般管理費計		(400)
営 業 利 益		(3,280)
営 業 外 収 益		(40)
営 業 外 費 用		(100)
経 常 利 益		(3,220)
特 別 利 益		(0)
特 別 損 失		(1,000)
税引前当期純利益		(2,220)

解説

本問は、費目別計算を中心とした問題です。

1．費目の分類

資料1～17（以下では❶～⓱で示します）のうちの各費目を大別すると、次のようになります。

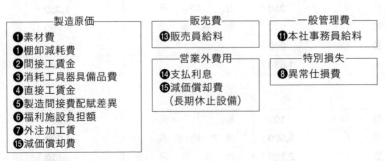

```
┌─────製造原価─────┐      ┌─────販売費─────┐   ┌────一般管理費────┐
│ ❶素材費            │      │ ⓭販売員給料      │   │ ⓫本社事務員給料   │
│ ❶棚卸減耗費        │      └───────────────┘   └────────────────┘
│ ❷間接工賃金        │      ┌────営業外費用────┐  ┌─────特別損失─────┐
│ ❸消耗工具器具備品費 │      │ ⓮支払利息        │   │ ❽異常仕損費      │
│ ❹直接工賃金        │      │ ⓯減価償却費      │   └────────────────┘
│ ❺製造間接費配賦差異 │      │  （長期休止設備）  │
│ ❻福利施設負担額     │      └───────────────┘
│ ❼外注加工賃        │
│ ⓯減価償却費        │
└─────────────────┘
```

上記の❽⓮⓯と⓰は非原価項目です。

2．勘定連絡図

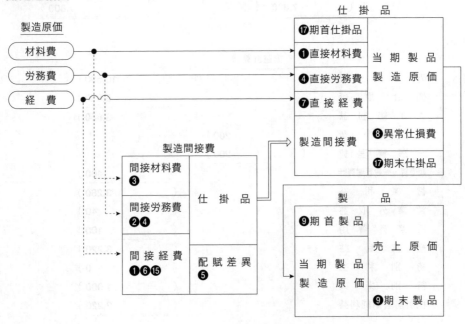

(1) 製造間接費

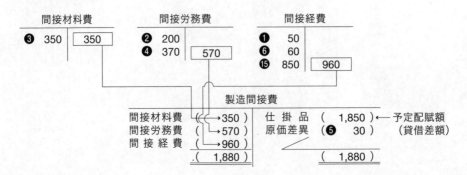

❸当期買入高
❷当期要支払高
❹直接工間接作業賃金300万円+手待賃金50万円+定時間外作業割増賃金20万円
❶正常な棚卸減耗費
❻福利施設負担額
⓯長期休止設備の減価償却費を除いた額
❺製造間接配賦差異=予定配賦額−実際発生額
　よって、製造間接費勘定の貸借差額により、予定配賦額を求めることができます。

(2) 仕掛品

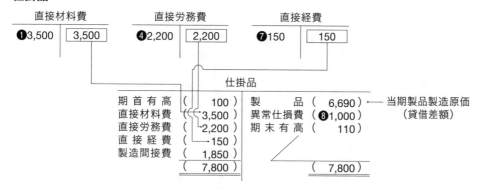

直接材料費		直接労務費		直接経費	
❶3,500	3,500	❹2,200	2,200	❼150	150

仕掛品

期 首 有 高	(100)	製 　 品	(6,690) ← 当期製品製造原価（貸借差額）
直接材料費	(3,500)	異常仕損費	(❽1,000)
直接労務費	(2,200)	期 末 有 高	(110)
直 接 経 費	(150)		
製造間接費	(1,850)		
	(7,800)		(7,800)

❶期首+（購入代価+引取費用）−期末帳簿
　　　　　　取得原価
❹直接工直接作業賃金
❼外注加工賃

(3) 製　品

製　品

期 首 有 高	❾	800	売 上 原 価		6,660 ← 貸借差額
当期製品製造原価		6,690	期 末 有 高	❾	830
		7,490			7,490

3．損益計算書の作成

次に、営業所および本社に関するものを、損益計算書の各項目にあてはめて集計します。

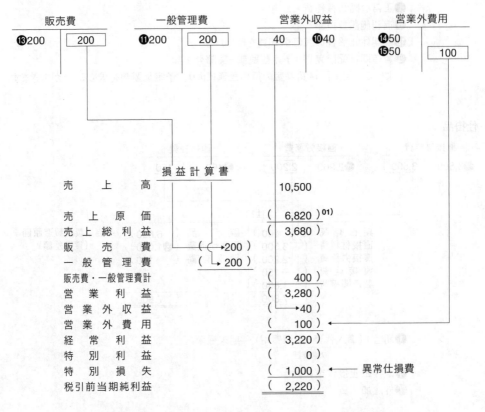

販売費		一般管理費		営業外収益		営業外費用	
⓭200	200	⓫200	200	40	⓾40	⓮50	
						⓯50	100

損 益 計 算 書

売　　上　　高	10,500
売　上　原　価	(6,820)⁰¹⁾
売　上　総　利　益	(3,680)
販　　売　　費	(→ 200)
一　般　管　理　費	(→ 200)
販売費・一般管理費計	(400)
営　業　利　益	(3,280)
営　業　外　収　益	(→ 40)
営　業　外　費　用	(100)
経　常　利　益	(3,220)
特　別　利　益	(0)
特　別　損　失	(1,000) ← 異常仕損費
税引前当期純利益	(2,220)

01) 6,660万円(製品勘定より)+製造間接費配賦差異30万円+賃率差異130万円⁰²⁾
=6,820万円
不利差異は売上原価に加算します。

02) 賃率差異は予定平均賃率を用いている直接工消費賃金のみから生じます。
賃率差異：直接工の予定消費額−直接工の実際消費額
予定：直接労務費+直接工の間接労務費
実際：当期賃金支給総額−前期未払高+当期未払高
予定：2,200万円+300万円+50万円+20万円 ＝ 2,570万円
実際：2,500万円−500万円+700万円　　　　＝ 2,700万円
　　　　　　　　　　　　　　　　　　△ 130万円 （不利差異）

⓭販売員給料
⓫本社事務員給料
⓾受取利息
⓮支払利息
⓯長期休止設備の減価償却費

Chapter 13 部門別計算の応用

1 単一基準配賦法と複数基準配賦法

問題 1 単一基準配賦法と複数基準配賦法 (基本問題)

|解答|

(A) 単一基準・実際配賦による場合

電　力　部　門　（単位：円）

部門費実際発生額	4,862,000	甲製造部門配賦額	(	2,548,000)
		乙製造部門配賦額	(	2,314,000)
	4,862,000			4,862,000

(B) 単一基準・予定配賦による場合

電　力　部　門　（単位：円）

部門費実際発生額	4,862,000	甲製造部門配賦額	(	2,450,000)
		乙製造部門配賦額	(	2,225,000)
		〔予　算〕差　異	(	55,000)
		〔操 業 度〕差　異	(	132,000)
	4,862,000			4,862,000

(C) 複数基準・予算額配賦による場合

電　力　部　門　（単位：円）

部門費実際発生額	4,862,000	甲製造部門配賦額	(	2,580,800)
		乙製造部門配賦額	(	2,226,200)
		〔予　算〕差　異	(	55,000)
	4,862,000			4,862,000

|解説|

補助部門費の配賦に関する問題です。問題になっているのは単一基準配賦法と複数基準配賦法の計算上の相違点です[01]。

01) なお、本問では補助部門が1つのため、直接配賦法や相互配賦法、階梯式配賦法のいずれによるのかといった問題は生じません。これらは補助部門が複数あり、補助部門間相互でサービスの授受がある場合に、これを計算上どのように扱うのかという問題だからです。

(A) 単一基準配賦法・実際配賦による場合

1．実際配賦率

$$\frac{2,400,000円 + 2,462,000円}{9,350kWh} = @520円$$

2．実際配賦額

甲製造部門へ

@ 520円 × 4,900kWh = 2,548,000円

乙製造部門へ

@ 520円 × 4,450kWh = 2,314,000円

(B) 単一基準配賦法・予定配賦による場合

1．予定配賦率

$$\frac{2,376,000\,円 + 2,574,000\,円}{9,900\mathrm{kWh}^{02)}} = @\,500\,円$$

> **02)** 月間電力消費能力と月間電力予定消費量
> ・製造部門は月間で11,000kWhの電力を消費する能力を持っている→電力部門の月間電力供給能力は11,000kWh
> ・製造部門は当月に9,900kWhの電力を消費する予定である→電力部門は当月に9,900kWhの供給を予定
> 単一基準配賦法では、この予定消費量（＝予定供給量）9,900kWhを基準操業度とします。

2．予定配賦額

甲製造部門へ

@ 500 円 × 4,900kWh = 2,450,000 円

乙製造部門へ

@ 500 円 × 4,450kWh = 2,225,000 円

3．差異の分析

予算差異

（@ 260 円 × 9,350kWh + 2,376,000 円）

−4,862,000 円 = △55,000 円（不利差異）

操業度差異

@ 240 円 × （9,350kWh−9,900kWh）

= △132,000 円（不利差異）

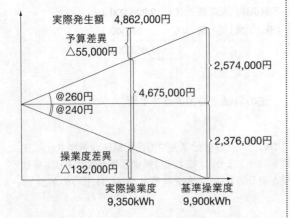

(C) 複数基準配賦法・予算額配賦による場合

1．変動費予定配賦率

$$\frac{2,574,000\,円}{9,900\mathrm{kWh}^{03)}} = @\,260\,円$$

2．変動費予定配賦額

甲製造部門へ

@ 260 円 × 4,900kWh = 1,274,000 円

乙製造部門へ

@ 260 円 × 4,450kWh = 1,157,000 円

3．固定費配賦額

甲製造部門へ

$$2,376,000\,円 × \frac{6,050\mathrm{kWh}^{04)}}{11,000\mathrm{kWh}}$$

= 1,306,800 円

乙製造部門へ

$$2,376,000\,円 × \frac{4,950\mathrm{kWh}^{04)}}{11,000\mathrm{kWh}}$$

= 1,069,200 円

4．合計

甲製造部門：1,274,000 円 + 1,306,800 円

= 2,580,800 円

乙製造部門：1,157,000 円 + 1,069,200 円

= 2,226,200 円

> **03)** 変動費予算額 2,574,000 円は月間電力予定消費量9,900kWhを前提にした額です。したがって、9,900kWh以外の値を用いないように注意してください。
> **04)** 電力部の固定費は発電設備の減価償却費や火災保険料、固定資産税などからなります。これらの発生額は設備の能力に依存するため、消費能力の割合で配賦します。

5．差異の分析

予算差異

（@260円×9,350kWh＋2,376,000円）

−4,862,000円＝△55,000円（不利差異）

固定費は実際操業度にかかわらず、すべて製造部門に対して配賦されるため、操業度差異は計算されません。なお、予算差異を変動費と固定費に分けて把握すると、次のようになります。

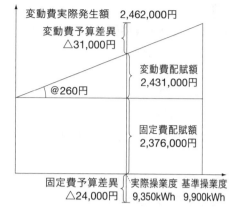

問題 2　単一基準配賦法と複数基準配賦法（もっとも望ましい配賦方法）

|解答|

問1

実際配賦率　| 3,600 | 円

切削部に対する実際配賦額　| 6,084,000 | 円

問2（単位：円）

動　力　部

変動費実際発生額	4,420,000	切削部への予定配賦額	（ 5,746,000 ）
固定費実際発生額	4,940,000	組立部への予定配賦額	（ 3,094,000 ）
		総　差　異	（ 520,000 ）
	9,360,000		9,360,000

動力部予算差異		動力部操業度差異	
（ 340,000）	（　　　　）	（ 180,000）	（　　　　）

問3

（ア）	予　　　　　定
（イ）	消　費　能　力
（ウ）	複　数　基　準　配　賦

組立部に対する動力部費配賦額

変動費	1,456,000 円
固定費	1,944,000 円
合　計	3,400,000 円

解説

問1 単一基準・実際配賦

動力部費実際配賦率：

$$\frac{9,360,000\,円}{2,600kWh} = @3,600\,円$$

切削部に対する実際配賦額：

$$@3,600\,円 \times 1,690kWh = 6,084,000\,円$$

問2

(1) 単一基準・予定配賦

動力部費予定配賦率：

$$\frac{9,180,000\,円}{2,700kWh} = @3,400\,円$$

切削部に対する予定配賦額：

$$@3,400\,円 \times 1,690kWh = 5,746,000\,円$$

組立部に対する予定配賦額：

$$@3,400\,円 \times 910kWh = 3,094,000\,円$$

(2) 動力部費の差異分析

総差異：

@3,400円 × 2,600kWh − 9,360,000円

= △520,000円（不利差異）

①予算差異：(@1,600円[01] × 2,600kWh

+ 4,860,000円[02]) − 9,360,000円

= △340,000円（不利差異）

②操業度差異：@1,800円[03] × (2,600kWh

− 2,700kWh) = △180,000円（不利差異）

---

01) 変動費率 $\dfrac{4,320,000\,円}{2,700kWh} = @1,600円$

02) 固定費予算額 1,485,000円+1,755,000円+1,620,000円=4,860,000円

03) 固定費率 $\dfrac{4,860,000\,円}{2,700kWh} = @1,800円$

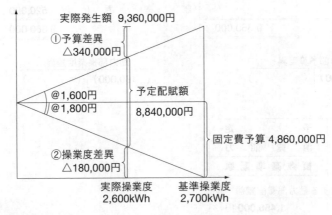

問3

(1) 複数基準・予定配賦

| 単一基準・実際配賦 | → 切削部が動力部の浪費を負担することになる |

▼

| 単一基準・予定配賦 | → 動力部にとって管理不能な操業度差異が残る |

▼

| 複数基準・予算額配賦 | ← 責任会計上最適な配賦計算
動力部の変動費は予定配賦し、固定費は製造部門の
動力消費能力の割合で予算額を配賦する |

(2) **組立部に対する動力部配賦額**

動力部費変動費率：

$$\frac{4,320,000 円}{2,700kWh} = @1,600 円$$

変動費配賦額：

@1,600円 × 910kWh = 1,456,000円

固定費配賦額：

$$4,860,000 円 \times \frac{17,280kWh}{43,200kWh}$$

= 1,944,000円

組立部に対する配賦額合計：

1,456,000円 + 1,944,000円 = 3,400,000円

複数基準配賦法・予算額配賦（差異分析）

問題 3

|解答|

部門費配賦表（当月予算） (単位：円)

費 目	切削部	仕上部	電力部	総務部
部 門 費	266,300	207,700	(86,000)	(19,000)
電 力 部	(38,700)	(47,300)		
総 務 部	(10,000)	(9,000)		
製 造 部 門 費	(315,000)	(264,000)		

部門費配賦表（当月実績） (単位：円)

費 目	切削部	仕上部	電力部	総務部
部 門 費	276,400	208,600	(80,000)	(19,000)
電 力 部	(35,100)	(43,400)		
総 務 部	(10,000)	(9,000)		
製 造 部 門 費	(321,500)	(261,000)		

切 削 部 費		(単位：円)	
部 門 費	276,400	予定配賦額	(302,400)
電 力 部 費	(35,100)	予 算 差 異	(11,100)
総 務 部 費	(10,000)	操業度差異	(8,000)
	(321,500)		(321,500)

仕 上 部 費		(単位：円)	
部 門 費	208,600	予定配賦額	(267,300)
電 力 部 費	(43,400)		
総 務 部 費	(9,000)		
予 算 差 異	(4,800)		
操業度差異	(1,500)		
	(267,300)		(267,300)

電 力 部 費		(単位：円)	
部 門 費	80,000	予定配賦額	(78,500)
		予 算 差 異	(1,500)
	80,000		80,000

総 務 部 費		(単位：円)	
部 門 費	19,000	予定配賦額	19,000

解説

●部門別計算における予定配賦手続●

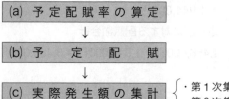

(a) 予定配賦率の算定
↓
(b) 予定配賦
↓
(c) 実際発生額の集計 { ・第1次集計 ・第2次集計
↓
(d) 配賦差異の把握・分析

1. 予定配賦

切削部：(@230円＋@400円)×480時間

＝302,400円…❶

仕上部：(@180円＋@150円)×810時間

＝267,300円…❷

2. 実際発生額の集計

(1) 電力部費

① 固定費[01]

切削部：

$50,000円 \times \dfrac{540kWh}{1,200kWh} = 22,500円 …❺$

仕上部：

$50,000円 \times \dfrac{660kWh}{1,200kWh} = 27,500円 …❻$

② 変動費

切削部：

@30円×420kWh[02] ＝12,600円…❼

仕上部：

@30円×530kWh[02] ＝15,900円…❽

③ 合計

切削部門：22,500円＋12,600円＝35,100円

仕上部門：27,500円＋15,900円＝43,400円

(2) 総務部費(すべて固定費)

切削部：

$19,000円 \times \dfrac{100人}{190人}^{03)} = 10,000円 …❸$

仕上部：

$19,000円 \times \dfrac{90人}{190人}^{03)} = 9,000円 …❹$

(3) 製造部門費実際発生額

切削部：276,400円＋35,100円
＋10,000円＝321,500円

仕上部：208,600円＋43,400円
＋9,000円＝261,000円

---

01) 電力消費能力の割合で配賦します。

02) 実際電力消費量

03) 直接配賦法によっているため、補助部門への用役提供(合計15人)は無視します。

3. 差異分析

(1) 切削部

予算差異：

（＠230円×480時間＋＠400円×
500時間 [04]）－321,500円

＝△11,100円…❾

操業度差異：

＠400円×（480時間－500時間）

＝△8,000円…❿

(2) 仕上部

予算差異：

（＠180円×810時間＋＠150円×800時間）

－261,000円＝＋4,800円…⓫

操業度差異：

＠150円×（810時間－800時間）

＝＋1,500円…⓬

(3) 電力部

予算差異：

（＠30円×950kWh＋50,000円）

－80,000円＝△1,500円…⓭

操業度差異：複数基準配賦法によっている
ため、生じません。

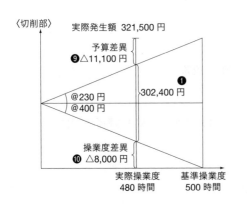

04） 基準操業度を用います。実際操業度を用いないように注意してください。

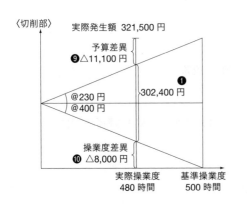

〈切削部〉　実際発生額 321,500円

予算差異
❾△11,100円

＠230円
＠400円

302,400円　❶

操業度差異
❿ △8,000円

実際操業度　基準操業度
480 時間　　500 時間

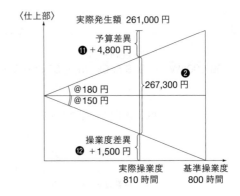

〈仕上部〉　実際発生額 261,000円

予算差異
⓫＋4,800円

＠180円
＠150円

267,300円　❷

操業度差異
⓬ ＋1,500円

実際操業度　基準操業度
810 時間　　800 時間

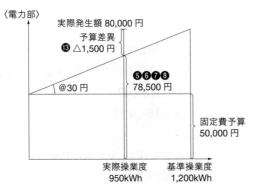

〈電力部〉　実際発生額 80,000円

予算差異
⓭△1,500円

＠30円

78,500円　❺❻❼❽

固定費予算
50,000円

実際操業度　基準操業度
950kWh　　1,200kWh

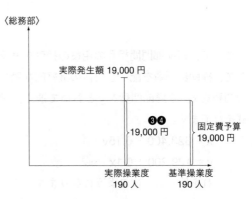

〈総務部〉

実際発生額 19,000円

19,000円　❸❹

固定費予算
19,000円

実際操業度　基準操業度
190 人　　　190 人

問題 4 複数基準配賦法（連立方程式法）

|解答|

甲製造部門の予定配賦率は | **621** | 円／時間である。

|解説|

問題で問われているのは甲製造部門の予定配賦率です。予定配賦率は製造部門費の予算を基準操業度で割って計算されます。

したがって、製造部門費予算を正しく集計することができるかどうかが本問のポイントといえるでしょう。

1．複数基準配賦法による配賦[01]

(1) 固定費

補助部門の各部門への用役提供能力を用役提供割合に直すと、次のようになります。

	甲製造部門	乙製造部門	動力部門	修繕部門
動力部門	52％＊	38％	—	10％
修繕部門	60％	25％	15％	—

$$* \quad \frac{299{,}000\text{kWh}}{299{,}000\text{kWh} + 218{,}500\text{kWh} + 57{,}500\text{kWh}} \times 100 = 52\%$$

[01] 本問で出題されているのは複数基準配賦法と相互配賦法の組合せです。

ここで、補助部門間相互の用役の授受を考慮して、補助部門費を配賦した後の最終的な動力部門費を x、修繕部門費を y とおいて連立方程式をたてます。

$$\begin{cases} x = 323{,}400 + 0.15y \cdots ① \\ y = 129{,}200 + 0.1x \ \cdots ② \end{cases}$$

これを解くと、次のようになります。

（ i ）②式を①式に代入します。

$x = 323{,}400 + 0.15 \times (129{,}200 + 0.1x)$

$x = 323{,}400 + 19{,}380 + 0.015x$

$0.985x = 342{,}780$

$x = 348{,}000$

（ ii ）x = 348,000 を②式に代入します。

$y = 129{,}200 + 0.1 \times 348{,}000$

$y = 164{,}000$

以上より

$x = 348{,}000$、$y = 164{,}000$

甲製造部門費：

315,600円 + 348,000円 × 0.52 + 164,000円 × 0.6 = 594,960円

⑵　変動費

	甲製造部門	乙製造部門	動力部門	修繕部門
動力部門	50％*	37.5％	—	12.5％
修繕部門	56％	29％	15％	—

$$* \ \frac{220,000\text{kWh}}{220,000\text{kWh} + 165,000\text{kWh} + 55,000\text{kWh}} \times 100 = 50\%$$

変動費についても固定費と同様に、補助部門費を配賦した後の最終的な動力部門費をx、修繕部門費をyとおいて連立方程式をたてます。

$$\begin{cases} x = 202,900 + 0.15y \cdots ③ \\ y = 86,500 + 0.125x \cdots ④ \end{cases}$$

これを解くと次のようになります。

（ⅰ）④式を③式に代入します。

$x = 202,900 + 0.15 \times (86,500 + 0.125x)$

$x = 202,900 + 12,975 + 0.01875x$

$0.98125x = 215,875$

$x = 220,000$

（ⅱ）x = 220,000を④式に代入します。

$y = 86,500 + 0.125 \times 220,000$

$y = 114,000$

以上より

$x = 220,000、y = 114,000$

甲製造部門費：

224,800円 + 220,000円 × 0.5 + 114,000円

× 0.56 = 398,640円

2．甲製造部門の予定配賦率

（594,960円 + 398,640円）÷ 1,600時間 = @621円

3．差異分析のための図（参考）

配賦差異の分析が問われた場合、次の図がベースになります。

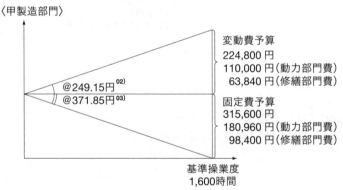

〈甲製造部門〉

変動費予算
224,800 円
110,000 円（動力部門費）
　63,840 円（修繕部門費）

固定費予算
315,600 円
180,960 円（動力部門費）
　98,400 円（修繕部門費）

@249.15円 [02]
@371.85円 [03]

基準操業度
1,600時間

[02]　（224,800円 + 110,000円 + 63,840円）÷ 1,600時間 = @249.15円

[03]　（315,600円 + 180,960円 + 98,400円）÷ 1,600時間 = @371.85円

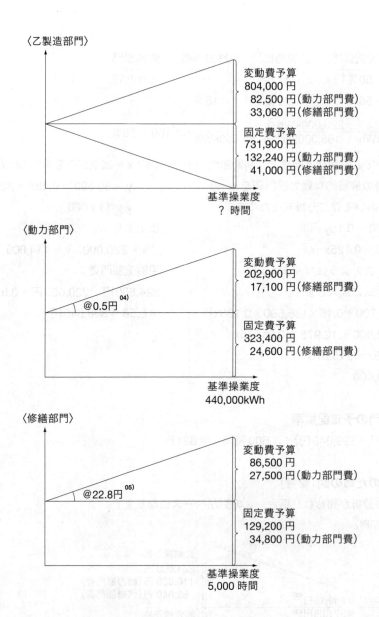

〈乙製造部門〉

変動費予算
804,000 円
82,500 円（動力部門費）
33,060 円（修繕部門費）

固定費予算
731,900 円
132,240 円（動力部門費）
41,000 円（修繕部門費）

基準操業度
？ 時間

〈動力部門〉

変動費予算
202,900 円
17,100 円（修繕部門費）

固定費予算
323,400 円
24,600 円（修繕部門費）

@0.5円 04)

基準操業度
440,000kWh

〈修繕部門〉

変動費予算
86,500 円
27,500 円（動力部門費）

固定費予算
129,200 円
34,800 円（動力部門費）

@22.8円 05)

基準操業度
5,000 時間

04) （202,900円＋17,100円）÷440,000kWh＝@0.5円

05) （86,500円＋27,500円）÷5,000時間＝@22.8円

問題
5 部門別計算の総合問題

|解答|

問1.

(a) 製造部門費予定配賦率

第1製造部 **554.2** 円／時　　第2製造部 **330** 円／時

(b) 部門費関係勘定（単位：円）

製造間接費−第1製造部			
変　動　費（ **12,250**)	予定配賦額（ **52,649**)
固　定　費（ **13,980**)	総　差　異（ **2,351**)
材　　　料（ **4,250**)	
賃　　　金（ **20,000**)	
動力部費配賦額（ **4,520**)	
（ **55,000**)	（ **55,000**)

動　力　部			
変　動　費（ **1,600**)	動力部費配賦額（ **8,300**)
固　定　費（ **6,500**)	総　差　異（ **400**)
材　　　料（ **600**)	
（ **8,700**)	（ **8,700**)

製造間接費−第2製造部			
変　動　費（ **5,900**)	予定配賦額（ **25,740**)
固　定　費（ **8,670**)	総　差　異（ **260**)
賃　　　金（ **7,650**)	
動力部費配賦額（ **3,780**)	
（ **26,000**)	（ **26,000**)

仕掛品−製造間接費			
月初仕掛品原価（ **124**)	完成品原価（ **37,933**)
第1予定配賦額（ **52,649**)	月末仕掛品原価（ **40,580**)
第2予定配賦額（ **25,740**)	
（ **78,513**)	（ **78,513**)

(c) 差異分析

	第1製造部	第2製造部	動　力　部
予 算 差 異	（−）　　430円	（＋）　　235円	（−）　　400円
操 業 度 差 異	（−）　1,921円	（−）　　495円	（　）　　　0円

(d) 指図書別原価計算表（備考欄省略）　　　　　　　　　　　　　　　（単位：円）

摘要	No.1	No.2	No.3	No.4	No.5	合計
月 初 仕 掛 品 原 価	500	−	−	−	−	500
直 接 材 料 費 甲	5,000	7,500	3,750	10,000	1,250	27,500
直 接 材 料 費 乙	3,000	7,500	10,800	5,400	5,100	31,800
直接労務費（第1製造部）	15,000	30,000	−	30,000	20,000	95,000
直接労務費（第2製造部）	4,250	21,250	13,600	15,300	11,900	66,300
第 1 製 造 部 費	8,313	16,626	−	16,626	11,084	52,649
第 2 製 造 部 費	1,650	8,250	5,280	5,940	4,620	25,740
合　　　　　計	37,713	91,126	33,430	83,266	53,954	299,489

問2.

（イ）	予算差異	（ロ）	操業度差異	（ハ）	予　　定

（ニ）	消費能力	（ホ）	複数基準

（イ）の金額 **（−）400** 円　　　　（ロ）の金額 **（−）320** 円

解説

問1.

1．材料費の計算

(1) 指図書別直接材料費

各材料の予定消費価格に各指図書の材料消費量を掛けて計算します。

No.1（No. 2 以降省略）

① 甲材料　@250円 × 20kg = 5,000円

② 乙材料　@300円 × 10kg = 3,000円

(2) 間接材料費

各材料の予定消費価格に、補助材料消費量を掛けて計算します。

① 第1製造部：

@250円 × 17kg = 4,250円

② 動 力 部：

@300円 × 2 kg = 600円

2．労務費の計算

(1) 部門別予定賃率

各部門の基本賃金と加給金予算の合計額を予定総就業時間で除して求めます。なお、総就業時間は直接作業時間、間接作業時間および手待時間の合計です。

① 第1製造部

$$\frac{1,500,000 円 + 375,000 円}{1,200 時間 + 450 時間 + 225 時間}$$

= @1,000円

② 第2製造部

$$\frac{800,000 円 + 203,000 円}{960 時間 + 190 時間 + 30 時間}$$

= @850円

(2) 指図書別直接労務費

各部門の予定消費賃率に、各指図書の直接作業時間を掛けて計算します。

No.1（No. 2 以降省略）

① 第1製造部：

@1,000円 × 15時間 = 15,000円

② 第2製造部：

@850円 × 5 時間 = 4,250円

(3) 間接労務費

各部門の予定消費賃率に間接作業時間と手待時間の合計を掛けて計算します。

① 第1製造部：

@1,000円 × (12時間 + 8時間)

= 20,000円

② 第2製造部：

@850円 × (7時間 + 2時間) = 7,650円

3．製造間接費

(1) 予定配賦率

① 動力部費（予算額）の配賦

資料3．(6)から、複数基準配賦法・予定配賦・直接配賦法の組合せによることがわかります。

変動費

変動費率：$\dfrac{2,000 円}{55kWh + 45kWh}$ = @20円

@20円 × 55kWh = 1,100円

(第1製造部)

@20円 × 45kWh = 900円

(第2製造部)

固定費

$6,400 円 \times \dfrac{55kWh}{55kWh + 45kWh} = 3,520 円$

(第1製造部)

$6,400 円 \times \dfrac{45kWh}{55kWh + 45kWh} = 2,880 円$

(第2製造部)

② 部門費配賦表（予算）

部 門 費 配 賦 表

（単位：円）

| 摘　要 | 製造部門 | | | | 補助部門 | |
| | 第1製造部 | | 第2製造部 | | 動　力　部 | |
	変動費	固定費	変動費	固定費	変動費	固定費
部　　門　　費	15,900	34,900	5,700	16,920	2,000	6,400
動　力　部　費	1,100	3,520	900	2,880		
計	17,000	38,420	6,600	19,800		

③ 予定配賦率

第1製造部

基準操業度（月間）：

$$\frac{1,200 時間}{12 カ月} = 100 時間$$

変動費率：$\frac{17,000 円}{100 時間} = @170 円$

固定費率：$\frac{38,420 円}{100 時間} = @384.2 円$

合　　計：@170円＋@384.2円

＝@554.2円…問1(a)

第2製造部

基準操業度（月間）：

$$\frac{960 時間}{12 カ月} = 80 時間$$

変動費率：$\frac{6,600 円}{80 時間} = @82.5 円$

固定費率：$\frac{19,800 円}{80 時間} = @247.5 円$

合　　計：@82.5円＋@247.5円

＝@330円…問1(a)

(2) 指図書別予定配賦額

各部門の予定配賦率に、各指図書の直接作業時間を掛けて計算します。

No.1（No. 2以降省略）

① 第1製造部：

@554.2円×15時間＝8,313円

② 第2製造部：

@330円×5時間＝1,650円

No.1 〜 No. 5の合計額

① 第1製造部：

@554.2円×95時間＝52,649円

② 第2製造部：

@330円×78時間＝25,740円

(3) 実際発生額

各部門の実際発生額を集計します[01]。なお、動力部門費の製造部門への配賦は複数基準配賦法により予定配賦します。

① 動力部費配賦額

変動費

@20円×50kWh＝1,000円

（第1製造部）

@20円×45kWh＝900円

（第2製造部）

固定費

部門費配賦表（予算）のときと同じように計算します（〔解説〕3.(1)②を参照）。

第1製造部：3,520円

第2製造部：2,880円

---

01) 資料3.だけでなく、資料1.と2.から判明する間接材料費や間接労務費を実際発生額に含めるのを忘れないようにしてください。

② 部門費配賦表(実際)

部門費配賦表

(単位:円)

| 摘要 | 製造部門 | | | | 補助部門 | |
| | 第1製造部 | | 第2製造部 | | 動力部 | |
	変動費	固定費	変動費	固定費	変動費	固定費
補助材料費	4,250	−	−	−	600	−
直接工賃金	−	20,000	−	7,650	−	−
その他の部門費	12,250	13,980	5,900	8,670	1,600	6,500
部門費	16,500	33,980	5,900	16,320	2,200	6,500
動力部費配賦額	1,000	3,520	900	2,880		
計	17,500	37,500	6,800	19,200		

(4) 差異分析

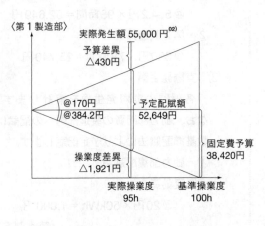

〈第1製造部〉
実際発生額 55,000円[02]
予算差異 △430円
@170円
@384.2円
予定配賦額 52,649円
固定費予算 38,420円
操業度差異 △1,921円
実際操業度 95h　基準操業度 100h

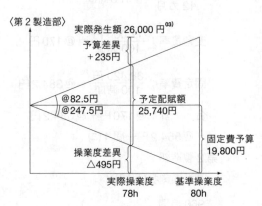

〈第2製造部〉
実際発生額 26,000円[03]
予算差異 +235円
@82.5円
@247.5円
予定配賦額 25,740円
固定費予算 19,800円
操業度差異 △495円
実際操業度 78h　基準操業度 80h

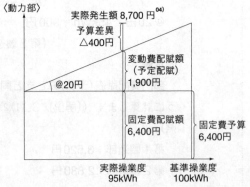

〈動力部〉
実際発生額 8,700円[04]
予算差異 △400円
@20円
変動費配賦額
(予定配賦)
1,900円
固定費配賦額 6,400円
固定費予算 6,400円
実際操業度 95kWh　基準操業度 100kWh

02) 17,500円+37,500円=55,000円
03) 6,800円+19,200円=26,000円
04) 2,200円+6,500円=8,700円

問2.

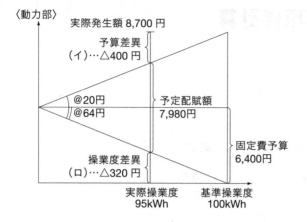

2 活動基準原価計算

活動基準原価計算
（基本問題）

|解答|

問1.

製品X	製品Y	製品Z
3,700円	**4,440**円	**2,050**円

問2.

製品X	製品Y	製品Z
3,265円	**4,234**円	**3,229**円

|解説|

活動基準原価計算（ABC：Activity Based Costing）の問題です。製造間接費を伝統的な全部原価計算によって配賦する場合と、活動基準原価計算によって配賦する場合があり、後者の方がより正確な配賦を行っているといえます。

問1.

直接作業時間合計　製品X：　　1時間×2,000個＝2,000時間

製品Y：1.2時間×1,500個＝1,800時間

製品Z：0.5時間×1,000個＝　500時間

合計　4,300時間

製造間接費6,450,000円÷4,300時間＝1,500円／時…各製品に配賦される直接作業時間1時間当たりの製造間接費

製品X：1,000円＋1,200円×1.0時間＋1,500円×1.0時間＝3,700円

製品Y：1,200円＋1,200円×1.2時間＋1,500円×1.2時間＝4,440円

製品Z：　700円＋1,200円×0.5時間＋1,500円×0.5時間＝2,050円

問2.

生産技術コスト・プール2,000,000円÷製品仕様書作成時間250時間[01]

＝@8,000円

製品X：@8,000円×100時間＝　800,000円[08]

製品Y：@8,000円×130時間＝1,040,000円[09]

製品Z：@8,000円× 20時間＝　160,000円[10]

01) 100時間＋130時間＋20時間＝250時間

段取作業コスト・プール170,000円÷段取時間17時間[02] = @10,000円

製品X：@10,000円× 7時間 = 70,000円[08]

製品Y：@10,000円× 4時間 = 40,000円[09]

製品Z：@10,000円× 6時間 = 60,000円[10]

> **02)** 7時間＋4時間＋6時間＝17時間

材料倉庫コスト・プール440,000円÷材料倉庫専有面積4,400㎡ [03] = @100円

製品X：@100円× 1,500㎡ = 150,000円[08]

製品Y：@100円× 1,100㎡ = 110,000円[09]

製品Z：@100円× 1,800㎡ = 180,000円[10]

> **03)** 1,500㎡＋1,100㎡＋1,800㎡＝4,400㎡

包装出荷コスト・プール960,000円÷出荷回数20回[04] = @48,000円

製品X：@48,000円× 4回 = 192,000円[08]

製品Y：@48,000円× 7回 = 336,000円[09]

製品Z：@48,000円× 9回 = 432,000円[10]

> **04)** 4回＋7回＋9回＝20回

機械作業コスト・プール528,000円÷機械運転時間5,280時間[05] = @100円

製品X：@100円× 1,200時間 = 120,000円[08]

製品Y：@100円× 1,080時間 = 108,000円[09]

製品Z：@100円× 3,000時間 = 300,000円[10]

> **05)** 0.6時間×2,000個＋0.72時間×1,500個＋3時間×1,000個＝5,280時間

品質保証コスト・プール

直 課：→X製品18,000円[08]→Y製品1,000円[09]→Z製品113,000円[10]

配 賦：その他の品質保証費930,000円÷抜取検査回数310回[06] = @3,000円

製品X：@3,000円× 60回 = 180,000円[08]

製品Y：@3,000円× 72回 = 216,000円[09]

製品Z：@3,000円× 178回 = 534,000円[10]

> **06)** 60回＋72回＋178回＝310回

管理活動コスト・プール1,290,000円÷直接作業時間4,300時間[07] = @300円

製品X：@300円× 2,000時間 = 600,000円[08]

製品Y：@300円× 1,800時間 = 540,000円[09]

製品Z：@300円× 500時間 = 150,000円[10]

> **07)** 2,000時間＋1,800時間＋500時間 ＝4,300時間

製品 X = 1,000円 + 1,200円 + 1,065円 [11] = 3,265円

製品 Y = 1,200円 + 1,440円 + 1,594円 [12] = 4,234円

製品 Z =   700円 +   600円 + 1,929円 [13] = 3,229円

[11] 08)の合計2,130,000円÷2,000個=1,065円

[12] 09)の合計2,391,000円÷1,500個=1,594円

[13] 10)の合計1,929,000円÷1,000個=1,929円

問題 7 活動基準原価計算（目標販売単価）

|解答|

問1.

	単位あたり製造原価	目標販売単価
製品 A	8,880円	12,432円
製品 B	8,790円	12,306円

問2.

〔設問1〕

（イ）	2,000回
（ロ）	400回
（ハ）	2,400時間
（ニ）	3,600時間
（ホ）	1,200個
（ヘ）	540個
（ト）	800回
（チ）	240回

〔設問2〕

	単位あたり製造原価	目標販売単価
製品 A	11,400円	15,960円
製品 B	7,950円	11,130円

解説

本問は、活動基準原価計算と企業の価格決定の複合問題です。

問1. 伝統的全部原価計算による製造間接費の配賦

伝統的全部原価計算では、製造間接費を操業度(直接作業時間)等の配賦基準によって一括で配賦します。本問では配賦基準である直接作業時間が不明であることから、まず直接作業時間の推定を行い、この結果に従って製造間接費の配賦、直接労務費の計算を行います。

1. 製品別の単位あたり直接作業時間

製品別単位あたりの直接作業時間を推定します。

製品Bの単位あたり直接作業時間:x(時間)とおくと、製品Aの単位あたり直接作業時間は、$\frac{8}{9}$x(時間)となります。

したがって、各製品の単位あたり作業時間と計画生産・販売量、および計画直接作業時間との間には次の関係が成り立ちます。

$$12,000 個 \times \frac{8}{9} x + 36,000 個 \times x$$
$$= 210,000 時間$$
$$x = 4.5 時間$$

よって、製品Bの単位あたり直接作業時間は4.5時間、また製品Aの単位あたり直接作業時間は4.5時間 $\times \frac{8}{9} = 4$ 時間となります。

2. 製品別製造間接費配賦率

配賦率:$\dfrac{88,200,000 円}{210,000 時間} = @420 円$

各製品への配賦額:

製品A:@420円 × 12,000個 × 4時間
$$= 20,160,000 円$$
製品B:@420円 × 36,000個 × 4.5時間
$$= 68,040,000 円$$
$$\underline{88,200,000 円}$$

3. 製品単位あたり製造原価

製品品種	製品A	製品B
直接材料費	@2,400円	@1,500円
直接労務費	@1,200円 × 4時間 = @4,800円	@1,200円 × 4.5時間 = @5,400円
製造間接費	@420円 × 4時間 = @1,680円	@420円 × 4.5時間 = @1,890円
合　計	@8,880円	@8,790円

4. 目標販売単価

製品A:@8,880円 × (1 + 0.4) = @12,432円
製品B:@8,790円 × (1 + 0.4) = @12,306円

問2. 活動基準原価計算による製造間接費の配賦

製造間接費を単一の基準で配賦する伝統的全部原価計算に対して、活動基準原価計算では、製造間接費を特定の活動ごとに集計し、各活動のコスト・ドライバーに従って各製品に配賦していきます。本問ではコスト・ドライバー単位あたりのコストはすでに与えられているため、まず資料にもとづき各製品ごとのコスト・ドライバー量を計算し、製造間接費を配賦していきます。

1．コスト・ドライバー量の算定

コスト・プール	コスト・ドライバー	単位あたりコスト	各製品のコスト・ドライバー量	
			製品A	製品B
発注・受入活動	発注回数	@3,600円	（イ）2,000回	（ロ）400回
組立活動	直接作業時間	@46円	48,000時間[01]	162,000時間[02]
検査活動	検査時間	@900円	（ハ）2,400時間	（ニ）3,600時間
補修活動	仕損品数	@9,000円	（ホ）1,200個	（ヘ）540個
出荷活動	出荷回数	@30,000円	（ト）800回	（チ）240回
工場管理活動	直接作業時間	@84円	48,000時間[01]	162,000時間[02]

[01] 12,000個× 4時間＝ 48,000時間
[02] 36,000個×4.5時間＝162,000時間

発注回数：資料1.より

製品A：50種類（部品点数）×40回（年間発注回数）＝2,000回 …（イ）

製品B：20種類（部品点数）×20回（年間発注回数）＝ 400回 …（ロ）

検査時間：資料2.より

製品A：12,000個×12分（1個あたり検査時間）÷60分＝2,400時間 …（ハ）

製品B：36,000個× 6分（1個あたり検査時間）÷60分＝3,600時間 …（ニ）

仕損品数：資料3.より

製品A：12,000個× 10%（仕損率）＝1,200個 …（ホ）

製品B：36,000個×1.5%（仕損率）＝ 540個 …（ヘ）

出荷回数：資料4.より

製品A：12,000個÷ 15個（1回あたり出荷数量）＝800回 …（ト）

製品B：36,000個÷150個（1回あたり出荷数量）＝240回 …（チ）

2．製造間接費の配賦

製品A：

コスト・プール	単位あたりコスト		コスト・ドライバー		配賦額
発注・受入活動	@3,600円	×	2,000回	=	7,200,000円
組立活動	@46円	×	48,000時間	=	2,208,000円
検査活動	@900円	×	2,400時間	=	2,160,000円
補修活動	@9,000円	×	1,200個	=	10,800,000円
出荷活動	@30,000円	×	800回	=	24,000,000円
工場管理活動	@84円	×	48,000時間	=	4,032,000円
合　計					50,400,000円

製品B：

コスト・プール	単位あたりコスト		コスト・ドライバー		配賦額
発注・受入活動	@3,600円	×	400回	=	1,440,000円
組立活動	@46円	×	162,000時間	=	7,452,000円
検査活動	@900円	×	3,600時間	=	3,240,000円
補修活動	@9,000円	×	540個	=	4,860,000円
出荷活動	@30,000円	×	240回	=	7,200,000円
工場管理活動	@84円	×	162,000時間	=	13,608,000円
合　計					37,800,000円

3．製品単位あたり製造間接費

製品A：50,400,000円÷12,000個＝@4,200円

製品B：37,800,000円÷36,000個＝@1,050円

4．製品単位あたり製造原価

製品品種	製品A	製品B
直接材料費	@2,400円	@1,500円
直接労務費	@4,800円	@5,400円
製造間接費	@4,200円	@1,050円
合　計	@11,400円	@7,950円

5．目標販売単価

製品A：@11,400円×(1 + 0.4)＝@15,960円

製品B：@　7,950円×(1 + 0.4)＝@11,130円

問1と問2の計算結果から伝統的全部原価計算では製品Aは原価を過小に、一方、製品Bは原価を過大に負担しており、それが原因で誤った価格設定をしたことがわかります。このように、活動基準原価計算には適正な製品原価を算定し、合理的な製品別収益性分析を可能にするという利点があります。

問題 1 本社・工場間の取引

解答

(1) 本社:	(借)	工　　　　場	80,000	(貸)	買　掛　金	80,000
工場:	(借)	材　　　　料	80,000	(貸)	本　　　社	80,000
(2) 本社:	(借)	仕　訳　な　し		(貸)		
工場:	(借)	仕　掛　品	24,000	(貸)	材　　　料	27,000
		製　造　間　接　費	3,000			
(3) 本社:	(借)	工　　　　場	60,000	(貸)	普　通　預　金	60,000
工場:	(借)	賃　　　　金	60,000	(貸)	本　　　社	60,000
(4) 本社:	(借)	仕　訳　な　し		(貸)		
工場:	(借)	仕　掛　品	51,000	(貸)	賃　　　金	60,000
		製　造　間　接　費	9,000			
(5) 本社:	(借)	工　　　　場	12,000	(貸)	当　座　預　金	12,000
工場:	(借)	製　造　間　接　費	12,000	(貸)	本　　　社	12,000
(6) 本社:	(借)	仕　訳　な　し		(貸)		
工場:	(借)	仕　掛　品	25,000	(貸)	製　造　間　接　費	25,000
(7) 本社:	(借)	製　　　　品	70,000	(貸)	工　　　場	70,000
工場:	(借)	本　　　社	70,000	(貸)	仕　掛　品	78,000
		製　　　品	8,000			
(8) 本社:	(借)	売　掛　金	69,000	(貸)	売　　　上	69,000
	(借)	売　上　原　価	44,000	(貸)	製　　　品	44,000
工場:	(借)	仕　訳　な　し		(貸)		

解説

(1) 材料の購入に関する本社・工場間取引です。よって、本社は工場勘定、工場は本社勘定を用いて仕訳します。

(2) 工場における材料の消費取引です。本社・工場間取引ではないため、本社は仕訳しません。

(3) 賃金の支払に関する本社・工場間取引です。

(4) 工場における賃金の消費取引です。

(5) 経費の支払に関する本社・工場間取引です。

(6) 工場における製造間接費の配賦取引です。

(7) 工場から本社への完成品の納入は本社・工場間取引です。

(8) 本社における製品の販売取引です。工場には直接関係しない取引です。

|解答|

問1.

(1) 本社：	(借)	仕 訳 な し		(貸)		
工場：	(借)	製　　　　品	990,000	(貸)	仕　掛　品	990,000
(2) 本社：	(借)	製　　　　品	1,056,000	(貸)	工　　　　場	1,056,000
工場：	(借)	本　　　　社	1,056,000	(貸)	本　社　売　上	1,056,000
	(借)	本 社 売 上 原 価	880,000	(貸)	製　　　　品	880,000

問2.

(1) 本社：	(借)	売　掛　金	1,650,000	(貸)	売　　　　上	1,650,000
	(借)	売　上　原　価	990,000	(貸)	製　　　　品	990,000

内部利益　　|　**11,000**　|　円

|解説|

問1.

(1) 工場において、完成品原価を計上します。
　　本社は仕訳しません。
　　完成品単位原価：990,000円 ÷ 900個
　　　　　　　　　　＝ @1,100円

(2) 販売価格：@1,100円 ×(1 + 20%)
　　　　　　　＝ @1,320円
　〔本社の仕訳〕
　　工場仕入(工場より仕入)
　　@1,320円 × 800個 = 1,056,000円
　〔工場の仕訳〕
　　本社売上原価(本社への売上原価)
　　@1,100円(製造原価)× 800個
　　＝ 880,000円

問2.

・本社の仕訳
　売上原価：@1,320円 × 750個 = 990,000円
・内部利益
　本社の月末製品50個(= 800個 − 750個)
　には、@220円[01] の内部利益が含まれてい
　ます。
　　@220円 × 50個 = 11,000円

01) @1,320円(販売価格)−@1,100円(製造原価)
　　＝@220円
　　または、@1,100円×20%＝@220円

2 帳簿の締切り

本社工場会計での帳簿の締切り

|解答|

総合損益

（ 内部利益控除 ）	（ 15,000）	（ 月 次 損 益 ）	（ 290,000 ）
全社的営業利益	（ 405,000）	（ 工　　　　　場 ）	（ 110,000 ）
		（ 内部利益戻入 ）	（ 20,000 ）
	（ 420,000）		（ 420,000 ）

|解説|

1．月次損益勘定における推定

(1) 本社の月次損益勘定における売上原価

本社の売上原価は、工場からの仕入原価によって計算されます。

本社は、工場より内部利益を含む@550円（＝@500円×（1＋10％））で製品を仕入れています。

売上原価：@550円×2,300個（外部への当月販売量）＝1,265,000円

(2) 工場の月次損益勘定における本社売上原価

工場の売上原価は、製造原価（@500円）によって計算されます。

本社売上原価：@500円×2,200個（本社への当月販売量）＝1,100,000円

(3) 月次損益勘定の残高（当月利益）

本社：1,840,000円－1,265,000円－285,000円＝290,000円

工場：1,210,000円－1,100,000円＝110,000円

2．総合損益勘定での月次損益の集計

月次損益勘定の残高について、本社および工場が行う仕訳

本社：	（借）	月　次　損　益	290,000	（貸）	総　合　損　益	290,000
本社：	（借）	工　　　　　場	110,000	（貸）	総　合　損　益	110,000
工場：	（借）	月　次　損　益	110,000	（貸）	本　　　　　社	110,000

3．内部利益の調整と全社的損益の算定

本社の月末製品に含まれる内部利益[01]に関する仕訳

本社：	（借）	内 部 利 益 控 除	15,000	（貸）	繰 延 内 部 利 益	15,000

本社の月初製品に含まれる内部利益[02]に関する仕訳

本社：	（借）	繰 延 内 部 利 益	20,000	（貸）	内 部 利 益 戻 入	20,000

01) @50円（＝@550円－@500円）×300個＝15,000円

02) @50円×400個＝20,000円

以上より、総合損益勘定の貸借差額により、全社的な利益額405,000円が算定されます。

4. 総合損益勘定を用いない場合

本問は、総合損益勘定において全社的な利益額を算定する場合ですが、総合損益勘定を用いずに本社の月次損益勘定において全社的な利益額を算定する場合の記入は、次のようになります。

本社	月次損益		
売 上 原 価	1,265,000	売 上	1,840,000
販売費及び一般管理費	285,000		
本 社 の 利 益	290,000		
	1,840,000		1,840,000
内 部 利 益 控 除	15,000	本 社 の 利 益	290,000
全 社 的 営 業 利 益	405,000	工 場	110,000
		内 部 利 益 戻 入	20,000
	420,000		420,000

日商簿記1級

簿記検定の最高峰、日商簿記1級の WEB 講座では、実務的な話も織り交ぜながら、誰もが納得できるよう分かりやすく講義を進めていきます。

また、WEB 講座であれば、自宅にいながら受講できる上、受講期間内であれば何度でも繰り返し納得いくまで受講できるため、範囲が広くて1つひとつの内容が高度な日商簿記1級の学習を無理なく進めることが可能です。

ネットスクールと一緒に、日商簿記1級に挑戦してみませんか？

標準コース　学習期間（約1年）

じっくり学習したい方向けのコースです。初学者の方や、実務経験のない方でも、わかり易く取引をイメージして学習していきます。お仕事が忙しくても1級にチャレンジされる方向きです。

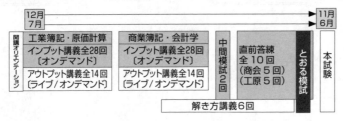

速修コース　学習期間（約6カ月）

短期間で集中して1級合格を目指すコースです。比較的残業が少ない等、一定の時間が取れる方向きです。また、税理士試験の受験資格が必要な方にもオススメのコースです。

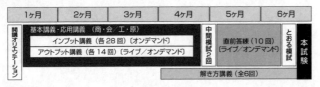

※1級標準・速修コースをお申し込みいただくと、特典として**2級インプット講義が本試験の前日まで学習いただけます。**
　2級の内容に少し不安が…という場合でも安心してご受講いただけます。

Point 日商簿記1級WEB講座で採用『反転学習』とは？

【従　　来】　　INPUT（集合授業）　➡　OUTPUT（各自の復習）

簿記の授業でも、これまでは上記のように問題演習を授業後の各自の復習に委ねられ、学習到達度の大きな差が生まれる原因を作っていました。そこで、ネットスクールの日商簿記対策 WEB 講座では、このスタイルを見直し、反転学習スタイルで講義を進めています。

【反 転 学 習】　　INPUT（オンデマンド講義）　➡　OUTPUT（ライブ講義）

各自、オンデマンド講義でまずは必要な知識のインプットを行っていただき、その後のライブ講義で、インプットの復習とともに具体的な問題演習を行っていきます。ライブ講義とオンデマンド講義、それぞれの良い点を組み合わせた「反転学習」のスタイルを採用することにより、学習時間を有効活用しながら、早い段階で本試験レベルの問題にも対応できる実力が身につきます。

講義中は、先生がリアルタイムで質問に回答してくれます。対面式の授業だと、むしろここまで質問できない場合が多いと思います。

（loloさん）

ネットスクールが良かったことの1番は講義がよかったこと、これに尽きます。講師と生徒の距離がとても近く感じました。ライブに参加すると同じ時間を先生と全国の生徒が共有できる為、必然的に勉強する習慣が身につきました。

（みきさん）

試験の前日に桑原先生から激励の電話を直接いただきました。ほんとうにうれしかったです。ＷＥＢ講座の端々に先生の人柄がでており、めげずに再試験を受ける気持ちにさせてくれたのは、先生の言葉が大きかったと思います。

（りんさん）

合格出来たのは、ネットスクールに出会えたからだと思います。
40代、２児の母です。小さな会社の経理をしています。勉強できる時間は１日１時間がせいぜいでしたが、能率のよい講座のおかげで３回目の受験でやっと合格できました！

（M.Kさん）

 # WEB講座受講生の声
合格された皆様の喜びの声をお届けします！

本試験直前まで新しい予想問題を作って解説していただくなど、非常に充実したすばらしい講座でした。WEB講座を受講してなければ合格は無理だったと思います。

（としくんさん）

無事合格しました!!
平日休んで学校に通うわけにもいかず困っていましたが、WEB講座を知り、即申し込みました。桑原先生の解説は本当に解りやすく、テキストの独学だけでは合格出来なかったと思います。本当に申し込んで良かったと思っています。

（匿名希望さん）

専門学校に通うことを検討しましたが、仕事の関係で週末しか通えないこと、せっかくの休日が専門学校での勉強だけの時間になる事に不満を感じ断念しました。
WEB講座を選んだ事は、素晴らしい講師の授業を、自分の好きな時間に早朝でも深夜でも繰り返し受講できるので、大正解でした！

（ラナさん）

予想が面白いくらい的中して、試験中に「ニヤリ」としてしまいました。更なるステップアップを目指したいと思います。

（NMさん）

ネットスクールが誇る講師、スタッフが一丸となってこの1冊ができあがりました。
十分理解できましたか？
繰り返し学習し、合格の栄冠を勝ち取ってください。
制作スタッフ一同、心よりお祈り申し上げます。

■制作総指揮■
桑原　知之

■制作スタッフ■
中村　雄行／森田　文雄／藤本　拓也

■カバーデザイン■
久積　昌弘（B-rain）

■DTP■
長谷川　正晴（ドアーズ本舎）

■本文イラスト■
桑原　ふさみ

■編集コーディネート■
落合　明江

◆本書に関する制度改正及び訂正情報について◆

本書の発行後に公表された法令等及び試験制度の改正情報、並びに判明した誤りに関する訂正情報については、弊社 WEB サイト内の『読者の方へ』にてご案内しておりますので、ご確認下さい。

https://www.net-school.co.jp/

なお、万が一、誤りではないかと思われる箇所のうち、弊社 WEB サイトにて掲載がないものにつきましては、**書名（ＩＳＢＮコード）と誤りと思われる内容**のほか、お客様の**お名前及びご連絡先（電話番号）**を明記の上、弊社まで**郵送または e-mail** にてお問い合わせ下さい。

〈郵送先〉〒 101-0054
　　　　　東京都千代田区神田錦町 3-23 メットライフ神田錦町ビル 3 階
　　　　　ネットスクール株式会社　正誤問い合わせ係
〈e-mail〉 seisaku@net-school.co.jp
※正誤に関するもの以外のご質問にはお答えできません。
※お電話によるお問い合わせはお受けできません。ご了承下さい。
※回答及び内容確認のためにお電話を差し上げることがございますので、必ずご連絡先をお書き下さい。

〈別冊〉答案用紙

ご利用方法

以下の答案用紙は、この紙を残したまま
ていねいに抜き取りご利用ください。
なお、抜取りのさいの損傷によるお取替
えはご遠慮願います。

解き直しのさいには…
答案用紙ダウンロードサービス

ネットスクール HP（https://www.net-school.co.jp/）➡ **読者の方へ**
をクリック

解答用紙 〈別冊〉

ご利用方法

ネットスクールHP（https://www.net-school.co.jp/）

Chapter 1 工業簿記・原価計算の基礎

Section 2 製品原価計算の基礎

問題 1 理論問題〜原価計算制度上の原価〜

解答・解説 P.1-1

Ⅰ		Ⅱ	

問題 2 理論問題〜原価の分類〜

解答・解説 P.1-1

問1

ア		イ		ウ		エ	

問2

ア		イ		ウ		エ		オ	

解答・解説 P.1-2

問題 3 勘定連絡

（単位：円）

(1)				
(2)				
(3)				
(4)				
(5)				
(6)				
(7)				
(8)				
(9)				
(10)				
(11)				

【注】〔　　　　　〕には勘定科目、（　　　　　）には金額(単位：円)を記入すること。

材　　料

前　月　繰　越	30,000	諸　　　　口	（　　　　　）
〔　　　　　〕	（　　　　　）	次　月　繰　越	（　　　　　）
	（　　　　　）		（　　　　　）
	（　　　　　）		（　　　　　）

賃　金　・　給　料

〔　　　　　〕	（　　　　　）	未　払　賃　金	70,000
未　払　賃　金	（　　　　　）	諸　　　　口	（　　　　　）
	（　　　　　）		（　　　　　）

経　　費

前　払　経　費	30,000	諸　　　　口	（　　　　　）
〔　　　　　〕	（　　　　　）	前　払　経　費	（　　　　　）
	（　　　　　）		（　　　　　）
	（　　　　　）		（　　　　　）

製　　品

前　月　繰　越	130,000	〔　　　　　〕	（　　　　　）
〔　　　　　〕	（　　　　　）	次　月　繰　越	（　　　　　）
	（　　　　　）		（　　　　　）
	（　　　　　）		（　　　　　）

売　上　原　価

| 〔　　　　　〕 | （　　　　　） | 〔　　　　　〕 | （　　　　　） |
| | （　　　　　） | | （　　　　　） |

売　　上

| 〔　　　　　〕 | （　　　　　） | 〔　　　　　〕 | （　　　　　） |
| | （　　　　　） | | （　　　　　） |

仕　掛　品

前　月　繰　越	60,000	〔　　　　　〕	（　　　　　）
〔　　　　　〕	（　　　　　）	次　月　繰　越	（　　　　　）
〔　　　　　〕	（　　　　　）		（　　　　　）
〔　　　　　〕	（　　　　　）		
〔　　　　　〕	（　　　　　）		
	（　　　　　）		（　　　　　）

製　造　間　接　費

〔　　　　　〕	（　　　　　）	〔　　　　　〕	（　　　　　）
〔　　　　　〕	（　　　　　）	〔　　　　　〕	（　　　　　）
〔　　　　　〕	（　　　　　）		
〔　　　　　〕	（　　　　　）		
〔　　　　　〕	（　　　　　）		
	（　　　　　）		（　　　　　）

販売費及び一般管理費

〔　　　　　〕	（　　　　　）	〔　　　　　〕	（　　　　　）
〔　　　　　〕	（　　　　　）	〔　　　　　〕	（　　　　　）
〔　　　　　〕	（　　　　　）		
	（　　　　　）		（　　　　　）

月　次　損　益

〔　　　　　〕	（　　　　　）	〔　　　　　〕	（　　　　　）
〔　　　　　〕	（　　　　　）	〔　　　　　〕	（　　　　　）
〔　　　　　〕	（　　　　　）		
	（　　　　　）		

損益計算書の作成

解答・解説 P.1-4

仕　　掛　　品			（単位：円）
前 期 繰 越 （　　　　　）	製　　　　品 （　　　　　）		
直 接 材 料 費 （　　　　　）	次 期 繰 越 （　　　　　）		
直 接 労 務 費 （　　　　　）			
製 造 間 接 費 （　　　　　）			
（　　　　　）	（　　　　　）		

損　益　計　算　書

××社　　　　自×1年1月1日　至×1年12月31日　　　　（単位：円）

Ⅰ　売 　上 　高		（　　　　　）
Ⅱ　売 　上 　原 　価		
1．期首製品棚卸高	（　　　　　）	
2．当期製品製造原価	（　　　　　）	
合　　　計	（　　　　　）	
3．期末製品棚卸高	（　　　　　）	
差　　　引	（　　　　　）	
4．原 価 差 額	（　　　　　）	（　　　　　）
売 上 総 利 益		（　　　　　）
Ⅲ　販売費及び一般管理費		（　　　　　）
営 業 利 益		（　　　　　）
Ⅳ　営 業 外 収 益		（　　　　　）
Ⅴ　営 業 外 費 用		（　　　　　）
経 常 利 益		（　　　　　）

解答・解説 P.1-5

問題 5　製造原価報告書の作成

製造原価報告書　　　　　　（単位：円）

Ⅰ　材　料　費
　1．期首材料棚卸高　　（　　　　　　）
　2．当期材料仕入高　　（　　　　　　）
　　　　合　　　計　　　（　　　　　　）
　3．期末材料棚卸高　　（　　　　　　）
　　　当 期 材 料 費　　　　　　　　　　　（　　　　　　）
Ⅱ　労　務　費
　　　当 期 労 務 費　　　　　　　　　　　（　　　　　　）
Ⅲ　経　　　　費
　1．電　力　料　　　　（　　　　　　）
　2．運　　　賃　　　　（　　　　　　）
　3．保　険　料　　　　（　　　　　　）
　4．減 価 償 却 費　　（　　　　　　）
　5．棚 卸 減 耗 費　　（　　　　　　）
　　　当 期 経 費　　　　　　　　　　　　（　　　　　　）
　　　当期総製造費用　　　　　　　　　　　（　　　　　　）
　　　〔　　　　　　〕　　　　　　　　　　（　　　　　　）
　　　　合　　　計　　　　　　　　　　　　（　　　　　　）
　　　〔　　　　　　〕　　　　　　　　　　（　　　　　　）
　　　〔　　　　　　〕　　　　　　　　　　（　　　　　　）

当期売上原価は　□　円である。

Section

2 材料の購入原価と材料副費

問題 1 材料副費

解答・解説 P.2-1

（単位：円）

(1) 材料購入の仕訳

材料副費実際発生額の仕訳

配賦差異計上の仕訳

当　座　預　金		材　　　料	
	（　　　　　）	（　　　　　）	

材　料　副　費		材料副費配賦差異	
（　　　　）	（　　　　　）	（　　　　　）	
	（　　　　　）		

(2) 材料購入の仕訳

材料副費実際発生額の仕訳

配賦差異計上の仕訳

Section 3　労務費の基礎知識

問題 2　賃金の処理

解答・解説 P.2-2

1．当月の要支払額 [　　　　　　　]円

2．各取引の仕訳　　　　　　　　　　　　　　　　　　　（単位：円）

(1)未払賃金勘定で繰り越す方法

ア.			
イ.			
ウ.			
エ.			

(2)賃金勘定で繰り越す方法

ア.			
イ.			
ウ.			
エ.			

Section 4　経費の基礎知識

問題 3　理論問題～経費～

解答・解説 P.2-3

ア		イ	

Section

2 製造間接費の予定配賦

問題 1 基準操業度の選択

解答・解説 P.3-1

製品Yへの配賦額 ＿＿＿＿＿＿＿＿＿ 円

差異分析：

予 算 差 異 ＿＿＿＿＿＿＿＿＿ 円（　　　　）差異

操業度差異 ＿＿＿＿＿＿＿＿＿ 円（　　　　）差異

【注】（　　　）には有利または不利と記入すること。

問題 2 公式法変動予算と固定予算

解答・解説 P.3-2

① 予 算 差 異 （　　）　　　　　　　円

操業度差異 （　　）＿＿＿＿＿＿＿円

総 差 異 （　　）＿＿＿＿＿＿＿円

② 予 算 差 異 （　　）　　　　　　　円

操業度差異 （　　）＿＿＿＿＿＿＿円

総 差 異 （　　）＿＿＿＿＿＿＿円

【注】有利差異の場合は＋、不利差異の場合は－を（　　　）内に記入すること。

問題 3　製造間接費の予定配賦と配賦差異

解答・解説 P.3-3

【注】〔　　　〕には勘定科目、（　　　）には金額(単位：円)を記入すること。

製　造　間　接　費

材　　　料	（　　　　　）	仕　掛　品	（　　　　　）
賃　　　金	（　　　　　）	〔　　　　　〕	（　　　　　）
経　　　費	（　　　　　）	〔　　　　　〕	（　　　　　）
〔　　　　〕	（　　　　　）		
〔　　　　〕	（　　　　　）		
	（　　　　　）		（　　　　　）

予　算　差　異

〔　　　　〕	（　　　　　）	〔　　　　〕	（　　　　　）

操　業　度　差　異

〔　　　　〕	（　　　　　）	〔　　　　〕	（　　　　　）

問題 4　理論問題〜製造間接費〜

解答・解説 P.3-6

ア		イ		ウ		エ		オ	

問題 **5** 直接配賦法

解答・解説 P.3-7

補助部門費配賦表
（単位：円）

摘　要	合　計	製 造 部 門		補 助 部 門		
		切 削 部	組 立 部	動 力 部	修 繕 部	事 務 部
部　門　費	3,350,000	1,500,000	1,200,000	300,000	200,000	150,000
動 力 部 費						
修 繕 部 費						
事 務 部 費						
製造部門費	3,350,000					

切　削　部

製 造 間 接 費	1,500,000	仕 掛 品	（　　　　）
動　力　部	（　　　　）		
修　繕　部	（　　　　）		
事　務　部	（　　　　）		
	（　　　　）		（　　　　）

組　立　部

製 造 間 接 費	1,200,000	仕 掛 品	（　　　　）
動　力　部	（　　　　）		
修　繕　部	（　　　　）		
事　務　部	（　　　　）		
	（　　　　）		（　　　　）

動　力　部

製 造 間 接 費	300,000	切　削　部	（　　　　）
		組　立　部	（　　　　）
	300,000		（　　　　）

修　繕　部

製 造 間 接 費	200,000	切　削　部	（	）
		組　立　部	（	）
	200,000		（	）

事　務　部

製 造 間 接 費	150,000	切　削　部	（	）
		組　立　部	（	）
	150,000		（	）

問題 6　相互配賦法（簡便法）

解答・解説 P.3-9

補助部門費配賦表　　　　　　　　　　　　　（単位：円）

摘　要	合　計	製 造 部 門		補 助 部 門		
		機械部	組立部	材料部	保全部	事務部
部 門 費						
第 1 次 配 賦						
材 料 部 費						
保 全 部 費						
事 務 部 費						
第 2 次 配 賦						
材 料 部 費						
保 全 部 費						
製 造 部 門 費						

問題 7　階梯式配賦法～補助部門の順位付け～

解答・解説 P.3-10

問 1．(1)　加工部門への補助部門費配賦額 [　　　　　] 万円

　　　(2)　組立部門への補助部門費配賦額 [　　　　　] 万円

問 2．(1)　加工部門への補助部門費配賦額 [　　　　　] 万円

　　　(2)　組立部門への補助部門費配賦額 [　　　　　] 万円

問題 8　階梯式配賦法～勘定記入～

解答・解説 P.3-12

補助部門費配賦表　　　　　　　　（単位：円）

摘　要	合　計	製　造　部　門		補　助　部　門		
		切削部	仕上部	（　）部	（　）部	（　）部
部門個別費						
部門共通費						
部門費合計						
製造部門費						

（単位：円）

切　削　部　費

製 造 間 接 費	（　　　　）	仕　掛　品	（　　　　）
事　務　部　費	（　　　　）		
動　力　部　費	（　　　　）		
修　繕　部　費	（　　　　）		
	（　　　　）		（　　　　）

仕　上　部　費

製 造 間 接 費	（　　　　）	仕　掛　品	（　　　　）
事　務　部　費	（　　　　）		
動　力　部　費	（　　　　）		
修　繕　部　費	（　　　　）		
	（　　　　）		（　　　　）

修　繕　部　費

製 造 間 接 費	（　　　　）	切　削　部　費	（　　　　）
事　務　部　費	（　　　　）	仕　上　部　費	（　　　　）
動　力　部　費	（　　　　）		
	（　　　　）		（　　　　）

動 力 部 費

製 造 間 接 費	(	)	切 削 部 費	(	)
事 務 部 費	(	)	仕 上 部 費	(	)
			修 繕 部 費	(	)
	(	)		(	)

事 務 部 費

製 造 間 接 費	(	)	切 削 部 費	(	)
			仕 上 部 費	(	)
			修 繕 部 費	(	)
			動 力 部 費	(	)
	(	)		(	)

問題 9 **相互配賦法（連立方程式法）1**

解答・解説 P.3-14

補助部門費配賦表 （単位：円）

費　　目	製　造　部　門		補　助　部　門		
	機 械 部	切 削 部	材料倉庫部	動 力 部	工場事務部
部　　門　　費	5,200,000	7,050,000	252,900	352,200	210,000
補 助 部 門 費					
材 料 倉 庫 部 費					
動 力 部 費					
工 場 事 務 部 費					
製 造 部 門 費 合 計					

相互配賦法（連立方程式法）2

解答・解説 P.3-16

補助部門費配賦表　　　　　　　　　（単位：円）

費　目	合　計	製　造　部　門		補　助　部　門		
		切削部門	組立部門	動力部門	修繕部門	事務部門
部 門 個 別 費						
部 門 共 通 費						
部 門 費 合 計						
動 力 部 門 費						
修 繕 部 門 費						
事 務 部 門 費						
製 造 部 門 費						

製造間接費−切削部門　　　　　　　（単位：円）

| 部 門 個 別 費 | （　　　　　） | 仕　掛　品 | ×××
部 門 共 通 費	（　　　　　）		
動力部門費配賦額	（　　　　　）		
修繕部門費配賦額	（　　　　　）		
事務部門費配賦額	（　　　　　）		
	（　　　　　）		×××

製造間接費−組立部門　　　　　　　（単位：円）

| 部 門 個 別 費 | （　　　　　） | 仕　掛　品 | ×××
部 門 共 通 費	（　　　　　）		
動力部門費配賦額	（　　　　　）		
修繕部門費配賦額	（　　　　　）		
事務部門費配賦額	（　　　　　）		
	（　　　　　）		×××

問題
11
理論問題〜原価の部門別計算〜

解答・解説 P.3-19

ア		イ		ウ		エ	

4 部門別配賦(予定配賦)

問題 12 製造部門別予定配賦(補助部門費・直接配賦法)

解答・解説 P.3-19

問1.

予算部門費配賦表 (単位:円)

費 目	製 造 部 門		補 助 部 門	
	切 削 部	仕 上 部	動 力 部	事 務 部
部 門 費	269,000	211,000	80,000	19,000
動 力 部 費				
事 務 部 費				
製 造 部 門 費				

予定配賦率

切削部 [　　　　　　] 円/時間

仕上部 [　　　　　　] 円/時間

問2.

実際部門費配賦表 (単位:円)

費 目	製 造 部 門		補 助 部 門	
	切 削 部	仕 上 部	動 力 部	事 務 部
部 門 費	276,400	208,600	80,750	19,000
動 力 部 費				
事 務 部 費				
製 造 部 門 費				

問3. (単位:円)

切 削 部 費

部　門　費	276,400	予 定 配 賦 額	(　　　)
動 力 部 費	(　　　)	予 算 差 異	(　　　)
事 務 部 費	(　　　)	操 業 度 差 異	(　　　)

仕 上 部 費

部　門　費	208,600	予 定 配 賦 額	(　　　)
動 力 部 費	(　　　)		
事 務 部 費	(　　　)		
予 算 差 異	(　　　)		
操 業 度 差 異	(　　　)		

動 力 部 費

部　門　費	80,750	切 削 部 費	(　　　)
		仕 上 部 費	(　　　)

事 務 部 費

部　門　費	19,000	切 削 部 費	(　　　)
		仕 上 部 費	(　　　)

問1.　　　　　　　　　　　　予算部門費配賦表　　　　　　　　　　(単位：円)

費　目	製 造 部 門		補 助 部 門	
	切 削 部	仕 上 部	動 力 部	事 務 部
部　　門　　費	84,000	117,000	79,000	20,000
事 務 部 費				
動 力 部 費				
製 造 部 門 費				

予定配賦率

切削部 ［　　　　　　］円／時間

仕上部 ［　　　　　　］円／時間

問2.　　　　　　　　　　　　実際部門費配賦表　　　　　　　　　　(単位：円)

費　目	製 造 部 門		補 助 部 門	
	切 削 部	仕 上 部	動 力 部	事 務 部
部　　門　　費	84,300	115,950	79,750	20,000
事 務 部 費				
動 力 部 費				
製 造 部 門 費				

問3.　　　　　　　　　　　　　　　　　　　　　　　　　　　　　　(単位：円)

切 削 部 費

部　　門　　費	84,300	予 定 配 賦 額	(　　　　　)
事 務 部 費	(　　　　)	予 算 差 異	(　　　　　)
動 力 部 費	(　　　　)	操 業 度 差 異	(　　　　　)

仕 上 部 費

部　　門　　費	115,950	予 定 配 賦 額	(　　　　　)
事 務 部 費	(　　　　)		
動 力 部 費	(　　　　)		
予 算 差 異	(　　　　)		
操 業 度 差 異	(　　　　)		

動 力 部 費

部　　門　　費	79,750	切 削 部 費	(　　　　　)
事 務 部 費	(　　　　)	仕 上 部 費	(　　　　　)

事 務 部 費

部　　門　　費	20,000	切 削 部 費	(　　　　　)
		仕 上 部 費	(　　　　　)
		動 力 部 費	(　　　　　)

個別原価計算

Section

1 個別原価計算の基礎知識

問題 1

完成品原価と仕掛品原価

解答・解説 P.4-1

（単位：円）

仕　掛　品

前 月 繰 越	（　　　）	製　　　　品	（　　　）
直 接 材 料 費	（　　　）	次 月 繰 越	（　　　）
直 接 労 務 費	（　　　）		
製 造 間 接 費	（　　　）		
（　　　）	（　　　）		（　　　）

製　　　品

前 月 繰 越	（　　　）	売 上 原 価	（　　　）
仕 　 掛 　 品	（　　　）	次 月 繰 越	（　　　）
	（　　　）		（　　　）

指図書別原価計算表　　　　　（単位：円）

摘　　要	No.100	No.102	No.103	合　　計
前 月 繰 越				
直 接 材 料 費				
直 接 労 務 費				
製 造 間 接 費				
合　　計				
備　　考				

2 　個別原価計算における仕損

仕損費の直接経費処理

解答・解説 P.4-2

No.100 に集計される製造原価 　|　　　　　　　　|　円

No.200 に集計される製造原価 　|　　　　　　　　|　円

仕損費の間接経費処理

解答・解説 P.4-3

（イ）

指図書別原価計算表　　　　　　　　（単位：円）

	No.101	No.102	No.103	No.104	No.105	No.106
前 月 繰 越	612,300	──	──			
直 接 材 料 費						
直 接 労 務 費						
A 製 造 部 門						
B 製 造 部 門						
製 造 間 接 費						
A 製 造 部 門						
B 製 造 部 門						
小 　　　　 計						
仕 損 品 評 価 額						
仕 　損 　費						
合 　　　　 計						
備 　　　　 考						

（ロ）　　　　　　　　　　　　　　　　　　　　　　　　　　（単位：円）

製造間接費－Ａ製造部門

諸　　　口	（　　　　）	仕　掛　品	（　　　　）
		総　差　異	（　　　　）
	（　　　　）		（　　　　）

製造間接費－Ｂ製造部門

諸　　　口	（　　　　）	仕　掛　品	（　　　　）
〔　　　　〕	（　　　　）		
総　差　異	（　　　　）		
	（　　　　）		（　　　　）

仕　　掛　　品

前　月　繰　越	（　　　　）	製　　　品	（　　　　）
直　接　材　料　費	（　　　　）	仕　損　品	（　　　　）
直　接　労　務　費	（　　　　）	仕　損　費	（　　　　）
製　造　間　接　費	（　　　　）	次　月　繰　越	（　　　　）
仕　損　費	（　　　　）		
	（　　　　）		（　　　　）

（ハ）製造間接費－Ｂ製造部門の差異分析

予　算　差　異　（　　　　　　）円（借・貸）
操　業　度　差　異　（　　　　　　）円（借・貸）
総　差　異　（　　　　　　）円（借・貸）

【注】借・貸のどちらかを○
　　で囲むこと。

問題 **4**
理論問題
～個別原価計算における仕損の処理～

解答・解説 P.4-6

1		2		3	
4		5			

Chapter

5 総合原価計算の基本

Section 1 総合原価計算の基礎知識

問題 1 月末仕掛品の評価（平均法・修正先入先出法）

解答・解説 P.5-1

完成品原価の差額 [   ] 円

問題 2 純粋先入先出法

解答・解説 P.5-2

月初仕掛品完成分の完成品単位原価 [   ] 円／個
当月着手完成分の完成品単位原価 [   ] 円／個

問題 3 追加材料の処理（平均的投入・終点投入）

解答・解説 P.5-3

当月の完成品原価 [   ] 円

問題 4 追加材料の処理（途中点投入）

解答・解説 P.5-4

当月の完成品原価 [   ] 円
当月完成品単位原価 [   ] 円／個

問題 5 理論問題～単純総合原価計算～

解答・解説 P.5-5

ア		イ		ウ		エ	

6 総合原価計算における仕損・減損

1 仕損・減損の処理〜度外視法〜

問題 1 正常減損度外視法 〜 減損が定点で発生 〜

解答・解説 P.6-1

問1.

月末仕掛品原価 [   ] 円
完成品総合原価 [   ] 円　　　　完成品単位原価 [   ] 円／kg

問2.

月末仕掛品原価 [   ] 円
完成品総合原価 [   ] 円　　　　完成品単位原価 [   ] 円／kg

問題 2 正常減損度外視法 〜減損が平均的に発生〜

解答・解説 P.6-3

月末仕掛品原価 [   ] 円
完成品総合原価 [   ] 円　　　　完成品単位原価 [   ] 円／kg

問題 3 異常仕損費の計算

解答・解説 P.6-4

月末仕掛品原価 [   ] 円　　　　異常仕損費 [   ] 円
完成品総合原価 [   ] 円　　　　完成品単位原価 [   ] 円／個

仕　掛　品			(単位：円)
前 月 繰 越	229,950	製　　　　品　（　　　　　　）	
直 接 材 料 費	789,750	損　　　　益　（　　　　　　）	
加　工　費	1,053,000	次 月 繰 越　（　　　　　　）	
	2,072,700		2,072,700

2 仕損・減損の処理〜非度外視法〜

解答・解説 P.6-5

問題 4 正常減損非度外視法 〜減損が定点で発生〜

問1.

月末仕掛品原価 [　　　　　] 円

完成品総合原価 [　　　　　] 円　　　完成品単位原価 [　　　　　] 円／kg

問2.

月末仕掛品原価 [　　　　　] 円

完成品総合原価 [　　　　　] 円　　　完成品単位原価 [　　　　　] 円／kg

解答・解説 P.6-7

問題 5 正常減損非度外視法
〜 減損が平均的に発生 〜

月末仕掛品原価 [　　　　　] 円

完成品総合原価 [　　　　　] 円　　　完成品単位原価 [　　　　　] 円／kg

解答・解説 P.6-9

問題 6 理論問題〜総合原価計算における減損費の処理〜

1	2	3	4	5

解答・解説 P.6-10

問題 7 減損の安定的発生

	仕　掛　品		（単位：円）
原　　　料	（　　　　）	製　　　品	（　　　　）
加　工　費	（　　　　）	次　月　繰　越	（　　　　）
	（　　　　）		（　　　　）

3 仕損品に評価額がある場合

解答・解説 P.6-12

問題 8 正常仕損度外視法（仕損品評価額あり）
〜 仕損が定点で発生 〜

月末仕掛品原価 ☐ 円
完成品総合原価 ☐ 円　　完成品単位原価 ☐ 円／個

仕　掛　品　　　　　　　　（単位：円）

前　月　繰　越	（　　　　　）	製　　　　品	（　　　　　）
直 接 材 料 費	（　　　　　）	仕　損　品	（　　　　　）
加　　工　　費	（　　　　　）	次 月 繰 越	（　　　　　）
	（　　　　　）		（　　　　　）

解答・解説 P.6-14

問題 9 正常仕損非度外視法（仕損品評価額あり）
〜 仕損が定点で発生 〜

月末仕掛品原価 ☐ 円
完成品総合原価 ☐ 円　　完成品単位原価 ☐ 円／個

仕　掛　品　　　　　　　　（単位：円）

前　月　繰　越	（　　　　　）	製　　　　品	（　　　　　）
直 接 材 料 費	（　　　　　）	仕　損　品	（　　　　　）
加　　工　　費	（　　　　　）	次 月 繰 越	（　　　　　）
	（　　　　　）		（　　　　　）

異常仕損と正常仕損の同月内発生（度外視法）

解答・解説 P.6-16

異常仕損費 [　　　　　] 円　　　月末仕掛品原価 [　　　　　] 円

完成品総合原価 [　　　　　] 円　　　完成品単位原価 [　　　　　] 円／個

仕 掛 品　　　　　　　　　（単位：円）

前 月 繰 越	（　　　　）	製 　 　 品	（　　　　）
直 接 材 料 費	（　　　　）	仕 　 損 　 品	（　　　　）
加 　 工 　 費	（　　　　）	損 　 　 益	（　　　　）
		次 月 繰 越	（　　　　）
	（　　　　）		（　　　　）

異常仕損と正常仕損の同月内発生（非度外視法）

解答・解説 P.6-18

異常仕損費 [　　　　　] 円　　　月末仕掛品原価 [　　　　　] 円

完成品総合原価 [　　　　　] 円　　　完成品単位原価 [　　　　　] 円／個

仕 掛 品　　　　　　　　　（単位：円）

前 月 繰 越	（　　　　）	製 　 　 品	（　　　　）
直 接 材 料 費	（　　　　）	仕 　 損 　 品	（　　　　）
加 　 工 　 費	（　　　　）	損 　 　 益	（　　　　）
		次 月 繰 越	（　　　　）
	（　　　　）		（　　　　）

工程別総合原価計算

工程別総合原価計算～累加法～

問題
1 累加法

解答・解説 **P.7-1**

仕掛品（第1工程） （単位：円）

月 初 仕 掛 品	（　　　　　）	第 1 工程完成品	（　　　　　）
直 接 材 料 費	1,296,000	月 末 仕 掛 品	（　　　　　）
加　　工　　費	1,677,600		
	（　　　　　）		（　　　　　）

仕掛品（第2工程）

月 初 仕 掛 品	（　　　　　）	第 2 工程完成品	（　　　　　）
前　工　程　費	（　　　　　）	月 末 仕 掛 品	（　　　　　）
加　　工　　費	4,113,000		
	（　　　　　）		（　　　　　）

完成品単位原価 ☐☐☐☐☐ 円／kg
月末仕掛品原価 ☐☐☐☐☐ 円

問題
2 累加法～工程間振替での予定価格の適用～

解答・解説 **P.7-3**

完成品原価 ☐☐☐☐☐ 円
振 替 差 異 ☐☐☐☐☐ 円（　　　　差異）

問題
3 理論問題～工程別総合原価計算～

解答・解説 **P.7-3**

ア		イ		ウ	

工程間仕掛品がある場合

解答・解説 P.7-4

仕　掛　品　　　　　　　（単位：円）

月 初 仕 掛 品	（　　　　）	製　　　　　品	（　　　　）
直 接 材 料 費	（　　　　）	月 末 仕 掛 品	（　　　　）
加　　工　　費	（　　　　）		
	（　　　　）		（　　　　）

工程別総合原価計算 〜非累加法〜

**非累加法
〜累加法と計算結果が一致する方法〜**

解答・解説 P.7-6

完成品単位原価 [　　　　　　　] 円／個

仕掛品―第1工程費　　　　　　　（単位：円）

月 初 仕 掛 品	（　　　　）	製　　　　　品	（　　　　）
直 接 材 料 費	（　　　　）	月 末 仕 掛 品	（　　　　）
加　　工　　費	（　　　　）		
	（　　　　）		（　　　　）

仕掛品―第2工程費　　　　　　　（単位：円）

月 初 仕 掛 品	（　　　　）	製　　　　　品	（　　　　）
加　　工　　費	（　　　　）	月 末 仕 掛 品	（　　　　）
	（　　　　）		（　　　　）

非累加法
～工程全体を単一工程とみなす方法～

解答・解説 P.7-8

完成品単位原価 [　　　　　　　　] 円／個

仕掛品―第1工程費　　　　　　　　（単位：円）

月 初 仕 掛 品	（　　　　　）	製　　　　　品	（　　　　　）
直 接 材 料 費	（　　　　　）	月 末 仕 掛 品	（　　　　　）
加　　工　　費	（　　　　　）		
	（　　　　　）		（　　　　　）

仕掛品―第2工程費　　　　　　　　（単位：円）

月 初 仕 掛 品	（　　　　　）	製　　　　　品	（　　　　　）
加　　工　　費	（　　　　　）	月 末 仕 掛 品	（　　　　　）
	（　　　　　）		（　　　　　）

非累加法～減損～

解答・解説 P.7-11

最終工程の完成品原価 [　　　　　　　　] 円

仕掛品―第1工程費　　　　　　　　（単位：円）

月 初 仕 掛 品	（　　　　　）	製　　　　　品	（　　　　　）
直 接 材 料 費	（　　　　　）	月 末 仕 掛 品	（　　　　　）
加　　工　　費	（　　　　　）		
	（　　　　　）		（　　　　　）

仕掛品―第2工程費　　　　　　　　（単位：円）

月 初 仕 掛 品	（　　　　　）	製　　　　　品.	（　　　　　）
加　　工　　費	（　　　　　）	月 末 仕 掛 品	（　　　　　）
	（　　　　　）		（　　　　　）

Chapter 7

工程別総合原価計算

問題
8 加工費工程別総合原価計算1

解答・解説 P.7-14

完成品単位原価 [＿＿＿＿＿＿＿] 円／kg

問題
9 加工費工程別総合原価計算2 ～仕損～

解答・解説 P.7-15

異 常 仕 損 費 [＿＿＿＿＿＿＿] 円　　　完 成 品 原 価 [＿＿＿＿＿＿＿] 円

8 組別・等級別総合原価計算

1 組別総合原価計算

問題 1 組別総合原価計算

解答・解説 P.8-1

問1.

製品Aの完成品原価 □ 円
製品Bの完成品原価 □ 円

問2.

製品Aの完成品原価 □ 円
製品Bの完成品原価 □ 円

問題 2 工程別組別総合原価計算

解答・解説 P.8-4

製品Xの完成品原価 □ 円
製品Yの完成品原価 □ 円

2 等級別総合原価計算

問題 3 単純総合原価計算に近い方法① 〜第1法〜

解答・解説 P.8-6

製品Xの完成品原価		円
製品Yの完成品原価		円
月末仕掛品原価		円

問題 4 組別総合原価計算に近い方法 〜第2法〜

解答・解説 P.8-8

製品Xの完成品原価		円
製品Yの完成品原価		円

問題 5 単純総合原価計算に近い方法② 〜第3法〜

解答・解説 P.8-11

製品Xの完成品原価		円
製品Yの完成品原価		円

Section

1 　連産品

問題 1 　連産品の原価計算

解答・解説 P.9-1

（イ）　中間製品の単位原価　　　　　　　　（ロ）　最終製品の単位原価

X 1 [　　　　　　　　] 円／ℓ 　　　　X 2 [　　　　　　　　] 円／ℓ

Y 1 [　　　　　　　　] 円／ℓ 　　　　Y 2 [　　　　　　　　] 円／ℓ

Z 1 [　　　　　　　　] 円／ℓ 　　　　Z 2 [　　　　　　　　] 円／ℓ

Section

2 　副産物と作業屑

問題 2 　連産品と副産物 1

解答・解説 P.9-2

(1)　副産物 D の評価額 [　　　　　　　　] 円

(2)　完 成 品 原 価

製 品 A [　　　　　　　　] 円

製 品 B [　　　　　　　　] 円

製 品 C [　　　　　　　　] 円

(3)

	製品A	製品B	製品C	合　計
売　上　高	(　　　　)	(　　　　)	(　　　　)	(　　　　)
売　上　原　価	(　　　　)	(　　　　)	(　　　　)	(　　　　)
売　上　総　利　益	(　　　　)	(　　　　)	(　　　　)	(　　　　)
売　上　総　利　益率	(　　　　%)	(　　　　%)	(　　　　%)	

問題 3 　連産品と副産物 2

解答・解説 P.9-3

問 1 ．製品A A [　　　　　　] 円　製品B B [　　　　　　] 円　製品C C [　　　　　　] 円

問 2 ．製品A [　　　　　　] 円　製品B [　　　　　　] 円　製品C [　　　　　　] 円

4 理論問題 ～等級製品と連産品の相違～

解答・解説 P.9-5

ア		イ		ウ		エ	
オ		カ		キ		ク	

5 総合問題

解答・解説 P.9-6

問1.

(1)

	製品B	製品C
完 成 品 原 価	円	円

(2)

	製品A	製品B	製品C
売 上 高	円	円	円
売 上 原 価	円	円	円
売 上 総 利 益	円	円	円

問2.

(1)

	製品B	製品C
完 成 品 原 価	円	円

(2)

	製品A	製品B	製品C
売 上 高	円	円	円
売 上 原 価	円	円	円
売 上 総 利 益	円	円	円

問3.

	連産品A	連産品B	連産品C
連 結 原 価 配 賦 額	円	円	円

問題
1 理論問題 ～標準原価計算の目的～

解答・解説 P.10-1

（イ）		（ロ）		（ハ）	
（ニ）		（ホ）			

問題
2 標準原価計算の計算手続

解答・解説 P.10-2

問1.

製品S 1個あたり標準原価 [   ] 円／個

問2.

仕　掛　品　　　　　　　　（単位：円）

月 初 有 高	（ ）	製　　　　　品	（ ）
材　　　　　料	（ ）	月 末 有 高	（ ）
賃　　　　　金	（ ）	原 価 差 異	（ ）
製 造 間 接 費	（ ）		
	（ ）		（ ）

製　　品　　　　　　　　（単位：円）

月 初 有 高	（ ）	売 上 原 価	（ ）
仕　掛　品	（ ）	月 末 有 高	（ ）
	（ ）		（ ）

Chapter 10

標準原価計算の基本

3 標準原価計算の勘定記入

勘定記入の方法

解答・解説 P.10-3

(1) シングル・プランを採用している場合

仕 掛 品 （単位：円）

前 月 繰 越	（　　　　）	製　　　　　品	（　　　　）
直 接 材 料 費	（　　　　）	次 月 繰 越	（　　　　）
直 接 労 務 費	（　　　　）		
製 造 間 接 費	（　　　　）		
	（　　　　）		（　　　　）

(2) パーシャル・プランを採用している場合

仕 掛 品 （単位：円）

前 月 繰 越	（　　　　）	製　　　　　品	（　　　　）
直 接 材 料 費	（　　　　）	価 格 差 異	（　　　　）
直 接 労 務 費	（　　　　）	数 量 差 異	（　　　　）
製 造 間 接 費	（　　　　）	作 業 時 間 差 異	（　　　　）
賃 率 差 異	（　　　　）	操 業 度 差 異	（　　　　）
予 算 差 異	（　　　　）	能 率 差 異	（　　　　）
		次 月 繰 越	（　　　　）
	（　　　　）		（　　　　）

(3) 修正パーシャル・プランを採用している場合

仕 掛 品 （単位：円）

前 月 繰 越	（　　　　）	製　　　　　品	（　　　　）
直 接 材 料 費	（　　　　）	数 量 差 異	（　　　　）
直 接 労 務 費	（　　　　）	作 業 時 間 差 異	（　　　　）
製 造 間 接 費	（　　　　）	操 業 度 差 異	（　　　　）
予 算 差 異	（　　　　）	能 率 差 異	（　　　　）
		次 月 繰 越	（　　　　）
	（　　　　）		（　　　　）

材料受入価格差異と勘定記入

解答・解説 P.10-6

問1.

材　　料		（単位：円）
買　掛　金　（　　　　　）	仕掛品-直接材料費　（　　　　　　　）	
	月　末　有　高　（　　　　　　　）	

材料受入価格差異		（単位：円）
買　掛　金　（　　　　　）		

仕掛品-直接材料費		（単位：円）
月　初　有　高　（　　　　　）	完　　成　　品　（　　　　　　　）	
材　　　　料　（　　　　　）	標　準　原　価　差　異　（　　　　　　　）	
	月　末　有　高　（　　　　　　　）	

問2.

材　　料		（単位：円）
買　掛　金　（　　　　　）	仕掛品－直接材料費　（　　　　　　　）	
	標　準　原　価　差　異　（　　　　　　　）	
	月　末　有　高　（　　　　　　　）	

仕掛品－直接材料費		（単位：円）
月　初　有　高　（　　　　　）	完　　成　　品　（　　　　　　　）	
材　　　　料　（　　　　　）	標　準　原　価　差　異　（　　　　　　　）	
	月　末　有　高　（　　　　　　　）	

解答・解説 P.10-8

問題
5 **直接材料費差異と直接労務費差異**

(1) 月末仕掛品原価 [   ] 円

(2) 完 成 品 原 価 [   ] 円

(3) 直接材料費差異 [   ] 円 (   )

　　(内訳) 価 格 差 異 [   ] 円 (   )

　　　　　数 量 差 異 [   ] 円 (   )

(4) 直接労務費差異 [   ] 円 (   )

　　(内訳) 賃 率 差 異 [   ] 円 (   )

　　　　作業時間差異 [   ] 円 (   )

【注意】(　　　　)内には有利・不利いずれかを記入すること。

問題
6 **製造間接費差異（公式法変動予算1）**

解答・解説 P.10-9

四分法	三分法(1)	三分法(2)	二分法
予 算 差 異 円(　　　)	予 算 差 異 円(　　　)	予 算 差 異 円(　　　)	管理可能差異 円(　　　)
変動費能率差異 円(　　　)	能 率 差 異 円(　　　)	能 率 差 異 円(　　　)	管理不能差異 円(　　　)
固定費能率差異 円(　　　)	操 業 度 差 異 円(　　　)	操 業 度 差 異 円(　　　)	───────
操 業 度 差 異 円(　　　)	───────	───────	───────

【注意】(　　　　)内には有利・不利いずれかを記入すること。

問1.

予 算 差 異	⬚	円（　　　）
能 率 差 異	⬚	円（　　　）
操 業 度 差 異	⬚	円（　　　）

問2.

予 算 差 異	⬚	円（　　　）
能 率 差 異	⬚	円（　　　）
操 業 度 差 異	⬚	円（　　　）

【注意】（　　　）内には有利・不利いずれかを記入すること。

問題 **8** 製造間接費差異（固定予算）

解答・解説 P.10-13

製造間接費差異	⬚	円（　　　）

〔内　訳〕

予 算 差 異	⬚	円（　　　）
能 率 差 異	⬚	円（　　　）
操 業 度 差 異	⬚	円（　　　）

【注意】（　　　）内には有利・不利いずれかを記入すること。

問題 **9** 製造間接費差異（実査法変動予算）

解答・解説 P.10-14

製造間接費差異	⬚	円（　　　）

〔内　訳〕

予 算 差 異	⬚	円（　　　）
能 率 差 異	⬚	円（　　　）
操 業 度 差 異	⬚	円（　　　）

【注意】（　　　）内には有利・不利いずれかを記入すること。

Chapter

11　標準原価計算の応用

Section 1　仕損・減損の処理

 1 仕損を考慮しない場合

解答・解説 P.11-1

問1.

標 準 原 価 カ ー ド

直 接 材 料 費	標 準 価 格	標 準 消 費 量	金　　額
	円	kg	円
直 接 労 務 費	標 準 賃 率	標準直接作業時間	金　　額
	円	時間	円
製 造 間 接 費	標 準 配 賦 率	標 準 機 械 時 間	金　　額
	円	時間	円
	合　　　計		円

問2.

仕 掛 品　　　　　　　　　（単位：円）

月 初 仕 掛 品	(　　　　)	完 成 品 原 価	(　　　　)
直 接 材 料 費	(　　　　)	月 末 仕 掛 品	(　　　　)
直 接 労 務 費	(　　　　)	標 準 原 価 差 異	(　　　　)
製 造 間 接 費	(　　　　)		
	(　　　　)		(　　　　)

問3.

直接材料費差異	＿＿＿＿＿＿＿＿ 円(	)
価 格 差 異	＿＿＿＿＿＿＿＿ 円(	)
数 量 差 異	＿＿＿＿＿＿＿＿ 円(	)
直接労務費差異	＿＿＿＿＿＿＿＿ 円(	)
賃 率 差 異	＿＿＿＿＿＿＿＿ 円(	)
作業時間差異	＿＿＿＿＿＿＿＿ 円(	)
製造間接費差異	＿＿＿＿＿＿＿＿ 円(	)
予 算 差 異	＿＿＿＿＿＿＿＿ 円(	)
能 率 差 異	＿＿＿＿＿＿＿＿ 円(	)
操業度差異	＿＿＿＿＿＿＿＿ 円(	)

【注意】(　　)内には有利・不利
いずれかを記入すること。

問題 2　標準原価計算における仕損の処理 〜第1法による計算〜

解答・解説 P.11-4

問1.

標 準 原 価 カ ー ド

直 接 材 料 費	標 準 価 格	標 準 消 費 量	金 額	
	円	kg		円
直 接 労 務 費	標 準 賃 率	標準直接作業時間	金 額	
	円	時間		円
製 造 間 接 費	標 準 配 賦 率	標 準 機 械 時 間	金 額	
	円	時間		円
製品1個あたり標準製造原価				円

問2.

仕 掛 品　　　　　　　　（単位：円）

月 初 仕 掛 品	(　　　　)	完 成 品 原 価	(　　　　)
直 接 材 料 費	(　　　　)	月 末 仕 掛 品	(　　　　)
直 接 労 務 費	(　　　　)	標 準 原 価 差 異	(　　　　)
製 造 間 接 費	(　　　　)		
	(　　　　)		(　　　　)

問3.

直接材料費差異	＿＿＿＿＿＿＿ 円 (　　　)
価 格 差 異	＿＿＿＿＿＿＿ 円 (　　　)
数 量 差 異	＿＿＿＿＿＿＿ 円 (　　　)
直接労務費差異	＿＿＿＿＿＿＿ 円 (　　　)
賃 率 差 異	＿＿＿＿＿＿＿ 円 (　　　)
作業時間差異	＿＿＿＿＿＿＿ 円 (　　　)
製造間接費差異	＿＿＿＿＿＿＿ 円 (　　　)
予 算 差 異	＿＿＿＿＿＿＿ 円 (　　　)
能 率 差 異	＿＿＿＿＿＿＿ 円 (　　　)
操 業 度 差 異	＿＿＿＿＿＿＿ 円 (　　　)

【注意】(　　)内には有利・不利いずれかを記入すること。

標準原価計算における仕損の処理 ～第2法による計算～

解答・解説 P.11-7

問1.

標 準 原 価 カ ー ド

	標 準 価 格	標 準 消 費 量	金 額	
直 接 材 料 費	円	kg		円
直 接 労 務 費	標 準 賃 率	標準直接作業時間	金 額	
	円	時間		円
製 造 間 接 費	標 準 配 賦 率	標 準 機 械 時 間	金 額	
	円	時間		円
製品1個あたり正味標準製造原価				円
正 常 仕 損 費				円
製品1個あたり総標準製造原価				円

問2.

仕 掛 品 　　　　　　　　(単位：円)

月 初 仕 掛 品	(	)	完 成 品 原 価	(	)
直 接 材 料 費	(	)	異 常 仕 損 費	(	)
直 接 労 務 費	(	)	月 末 仕 掛 品	(	)
製 造 間 接 費	(	)	標 準 原 価 差 異	(	)
	(	)		(	)

問3.

直接材料費差異	＿＿＿＿＿＿＿	円 （ 　　　 ）
価 格 差 異	＿＿＿＿＿＿＿	円 （ 　　　 ）
数 量 差 異	＿＿＿＿＿＿＿	円 （ 　　　 ）
直接労務費差異	＿＿＿＿＿＿＿	円 （ 　　　 ）
賃 率 差 異	＿＿＿＿＿＿＿	円 （ 　　　 ）
作業時間差異	＿＿＿＿＿＿＿	円 （ 　　　 ）
製造間接費差異	＿＿＿＿＿＿＿	円 （ 　　　 ）
予 算 差 異	＿＿＿＿＿＿＿	円 （ 　　　 ）
能 率 差 異	＿＿＿＿＿＿＿	円 （ 　　　 ）
操 業 度 差 異	＿＿＿＿＿＿＿	円 （ 　　　 ）

【注意】(　　)内には有利・不利いずれかを記入すること。

4 理論問題 ～第1法と第2法の比較～

解答・解説 P.11-10

①	②	③	④	⑤

5 仕損品評価額のある場合

解答・解説 P.11-11

問1.

標 準 原 価 カ ー ド

	標 準 価 格	標 準 消 費 量	金 額	
直 接 材 料 費	円	kg		円
	標 準 賃 率	標準直接作業時間	金 額	
直 接 労 務 費	円	時間		円
	標 準 配 賦 率	標準機械作業時間	金 額	
製 造 間 接 費	円	時間		円
製品1個あたり正味標準製造原価				円
正 常 仕 損 費				円
製品1個あたり総標準製造原価				円

問2.

仕 掛 品 （単位：円）

月 初 仕 掛 品	（　　　　）	完 成 品 原 価	（　　　　）
直 接 材 料 費	（　　　　）	異 常 仕 損 費	（　　　　）
直 接 労 務 費	（　　　　）	仕 　 損 　 品	（　　　　）
製 造 間 接 費	（　　　　）	月 末 仕 掛 品	（　　　　）
標 準 原 価 差 異	（　　　　）		
	（　　　　）		（　　　　）

問3.

直接材料費差異	＿＿＿＿＿＿＿＿ 円（	）
価 格 差 異	＿＿＿＿＿＿＿＿ 円（	）
数 量 差 異	＿＿＿＿＿＿＿＿ 円（	）
直接労務費差異	＿＿＿＿＿＿＿＿ 円（	）
賃 率 差 異	＿＿＿＿＿＿＿＿ 円（	）
作業時間差異	＿＿＿＿＿＿＿＿ 円（	）
製造間接費差異	＿＿＿＿＿＿＿＿ 円（	）
予 算 差 異	＿＿＿＿＿＿＿＿ 円（	）
能 率 差 異	＿＿＿＿＿＿＿＿ 円（	）
操業度差異	＿＿＿＿＿＿＿＿ 円（	）

【注意】（　　　）内には有利・不利いずれかを記入すること。

Section **2** 歩留差異・配合差異の分析

問題 **6** 歩留差異と配合差異1

解答・解説 **P.11-15**

問1.

仕掛品 − 原料費　　　　　　　　　（単位：円）

当 月 投 入 高	（　　　　）	当 月 完 成 高	（　　　　）
原 価 差 異	（　　　　）	原 価 差 異	（　　　　）
	（　　　　）		（　　　　）

歩 留 差 異　　　　　　　　　（単位：円）

（　　　　）		（　　　　）

配 合 差 異　　　　　　　　　（単位：円）

（　　　　）		（　　　　）

問2.

	歩 留 差 異	配 合 差 異
原 料 A	円（　　）	円（　　）
原 料 B	円（　　）	円（　　）
原 料 C	円（　　）	円（　　）
合 計	円（　　）	円（　　）

問題 7 歩留差異と配合差異2

解答・解説 P.11-18

	歩 留 差 異	配 合 差 異
原 料 X	( ) 円	( ) 円
原 料 Y	( ) 円	( ) 円
原 料 Z	( ) 円	( ) 円

問題 8 労働歩留差異と労働能率差異

解答・解説 P.11-20

問1.

労働歩留差異 [   ] 円 ( )

労働能率差異 [   ] 円 ( )

問2.

仕掛品－労務費 （単位：円）

当 月 投 入 高	( )	当 月 完 成 高	( )
原 価 差 異	( )	原 価 差 異	( )
	( )		( )

賃 率 差 異 （単位：円）

( )	( )

労 働 歩 留 差 異 （単位：円）

( )	( )

労 働 能 率 差 異 （単位：円）

( )	( )

問題 9 理論問題 〜標準原価計算の目的と差異分析〜

解答・解説 P.11-23

ア		イ		ウ	
エ		オ		カ	
キ		ク		ケ	

問1.

	価 格 差 異	歩 留 差 異	配 合 差 異
原 料 X	円	円	円
原 料 Y	円	円	円
合 計	円	円	円

問2.

賃 率 差 異	労 働 歩 留 差 異	労 働 能 率 差 異
円	円	円

問3.

予 算 差 異	歩 留 差 異	能 率 差 異	操 業 度 差 異
円	円	円	円

Section 3 標準原価計算のその他の計算形態

問題 11 **工程別標準総合原価計算**

解答・解説 **P.11-28**

仕掛品－第1工程 （単位：円）

前 月 繰 越	（　　　　　　）	仕掛品－第2工程	（　　　　　　）
直 接 材 料 費	10,644,400	総　差　異	（　　　　　　）
加　工　費	2,250,000	次 月 繰 越	（　　　　　　）
	（　　　　　　）		（　　　　　　）

材料消費価格差異 （単位：円）

（　　　　　　）		（　　　　　　）

材料消費数量差異 （単位：円）

（　　　　　　）		（　　　　　　）

予 算 差 異 （単位：円）

（　　　　　　）		（　　　　　　）

能 率 差 異 （単位：円）

（　　　　　　）		（　　　　　　）

操 業 度 差 異 （単位：円）

（　　　　　　）		（　　　　　　）

仕掛品－第2工程 （単位：円）

前 月 繰 越	（　　　　　　）	製　　　品	（　　　　　　）
仕掛品－第1工程	（　　　　　　）	総　差　異	（　　　　　　）
加　工　費	4,500,000	次 月 繰 越	（　　　　　　）
	（　　　　　　）		（　　　　　　）

予 算 差 異 （単位：円）

（　　　　　　）		（　　　　　　）

能 率 差 異 （単位：円）

（　　　　　　）		（　　　　　　）

操 業 度 差 異 （単位：円）

（　　　　　　）		（　　　　　　）

標準個別原価計算

解答・解説 P.11-31

問1.

指図書別原価計算表 （単位：円）

摘　　　　要	♯95	♯100	♯105	合　　　計
前 月 繰 越				
直 接 材 料 費				
直 接 労 務 費				
製 造 間 接 費				
合　　　　計				
備　　　　考				

問2.

		♯95	♯100	♯105	合　　　計
直接材料費差異	価 格 差 異	——	円（　　）	円（　　）	円（　　）
	数 量 差 異	——	円（　　）	円（　　）	円（　　）
直接労務費差異	賃 率 差 異	円（　　）	円（　　）	円（　　）	円（　　）
	作 業 時 間 差 異	円（　　）	円（　　）	円（　　）	円（　　）
製造間接費差異	予 算 差 異	——	——	——	円（　　）
	変 動 費 能 率 差 異	——	——	——	円（　　）
	固 定 費 能 率 差 異	——	——	——	円（　　）
	操 業 度 差 異	——	——	——	円（　　）

部品階層構造問題

解答・解説 P.11-34

問1.

自 製 部 品	自製部品x	自製部品y	自製部品z
原 価 標 準	円	円	円

問2.

製　　　　品	製品X	製品Y	製品Z
原　価　標　準	円	円	円

問3.

買　入　部　品	買入部品1	買入部品2
必　　要　　量	個	個

問4.

部　品　組　立　部　門	時間
製　品　組　立　部　門	時間

問5.

買入部品消費量差異	円(借方、貸方)
作　業　時　間　差　異	円(借方、貸方)

【注】　(借方、貸方)のどちらかを二重線で消すこと。

問6.

自製部品消費量差異	円(借方、貸方)
作　業　時　間　差　異	円(借方、貸方)

【注】　(借方、貸方)のどちらかを二重線で消すこと。

問7.

部　品　組　立　部　門	円(借方、貸方)
製　品　組　立　部　門	円(借方、貸方)

【注】　(借方、貸方)のどちらかを二重線で消すこと。

問題 **14** 設備総合効率を導入した標準原価差異分析

解答・解説 P.11-39

問1.

能 率 差 異	速度低下ロス差異	チョコ停ロス差異
円	円	円

問2.

操 業 度 差 異	段取替ロス差異	故障・停止ロス差異
円	円	円

Section

4 標準原価差異の会計処理

問題 **15** 標準原価差異の会計処理1

解答・解説 P.11-41

期末仕掛品原価	期末製品原価	売 上 原 価
円	円	円

問題
16　**標準原価差異の会計処理2**

解答・解説 P.11-43

(1)　売 上 原 価 　[　　　　　] 円

期 末 製 品 　[　　　　　] 円

期 末 仕 掛 品 　[　　　　　] 円

期 末 材 料 　[　　　　　] 円

(2)　材料数量差異　[　　　　　] 円（　　）

【注】（　　　　）には有利または不利と記入すること。

(3)

材　　料　　　　　　　　　　（単位：円）

買　掛　金	（　　　　）	仕掛品-直接材料費	（　　　　）
材料受入価格差異	（　　　　）	期　末　有　高	（　　　　）
	（　　　　）		（　　　　）

仕掛品－直接材料費　　　　　　（単位：円）

材　料　費	（　　　　）	製　　　品	（　　　　）
材料受入価格差異	（　　　　）	材 料 数 量 差 異	（　　　　）
材 料 数 量 差 異	（　　　　）	期　末　有　高	（　　　　）
	（　　　　）		（　　　　）

材料受入価格差異　　　　　　　（単位：円）

買　掛　金	（　　　　）	売　上　原　価	（　　　　）
		製　　　品	（　　　　）
		仕　掛　品	（　　　　）
		材 料 数 量 差 異	（　　　　）
		材　　　料	（　　　　）
	（　　　　）		（　　　　）

材料数量差異　　　　　　　　　（単位：円）

仕掛品-直接材料費	（　　　　）	売　上　原　価	（　　　　）
材料受入価格差異	（　　　　）	製　　　品	（　　　　）
		仕掛品-直接材料費	（　　　　）
	（　　　　）		（　　　　）

理論問題 ～標準原価差異の処理～

解答・解説 P.11-48

ア		イ		ウ		エ	
オ		カ		キ		ク	

標準原価差異の会計処理3

解答・解説 P.11-49

問1.

(1)	材料受入価格差異	円（　　　　）
(2)	材料消費量差異	円（　　　　）
(3)	加工費配賦差異	円（　　　　）

【注】（　　）内に借方、または貸方を記入すること。

問2.

仕　掛　品　　　　　　　　（単位：円）

材　　　　　料	（　　　　）	製　　　　　品	（　　　　）
追　加　配　賦		次　期　繰　越	（　　　　）
材料受入価格差異	（　　　　）	材料消費量差異	（　　　　）
材料消費量差異	（　　　　）	加工費配賦差異	（　　　　）
加　　工　　費	（　　　　）		
追　加　配　賦			
加工費配賦差異	（　　　　）		
	（　　　　）		（　　　　）

製　　　品　　　　　　　　（単位：円）

仕　掛　品	（　　　　）	売　上　原　価	（　　　　）
追　加　配　賦		次　期　繰　越	（　　　　）
材料受入価格差異	（　　　　）		
材料消費量差異	（　　　　）		
加工費配賦差異	（　　　　）		
	（　　　　）		（　　　　）

売　上　原　価　　　　　　　（単位：円）

製　　　　品	（　　　　）	損　　　　益	（　　　　）
追　加　配　賦			
材料受入価格差異	（　　　　）		
材料消費量差異	（　　　　）		
加工費配賦差異	（　　　　）		
	（　　　　）		（　　　　）

12 費目別計算の応用

1 材料費の計算

問題 1 実際消費額

解答・解説 P.12-1

	先入先出法	移動平均法	総 平 均 法
材料月末残高：	☐ 円	☐ 円	☐ 円

問題 2 継続記録法と棚卸計算法

解答・解説 P.12-2

(単位：円)

材　　　　料

前 月 繰 越	（　　　　）	仕 掛 品	（　　　　）
買 掛 金	（　　　　）	製 造 間 接 費	（　　　　）
		次 月 繰 越	（　　　　）
	（　　　　）		（　　　　）

材料受入価格差異

買 掛 金	（　　　　）		

問題 3 材料費会計の勘定連絡

解答・解説 P.12-3

【注】（　　　）には勘定科目、（　　　　）には金額（単位：円）を記入すること。

Ａ　材　　　料

前 月 繰 越	（　　　　）	仕 掛 品	（　　　　）
諸 口	（　　　　）	製 造 間 接 費	（　　　　）
		材料消費価格差異	（　　　　）
		次 月 繰 越	（　　　　）
	（　　　　）		（　　　　）

B　材　料

前 月 繰 越	（　　　）	仕　掛　品	（　　　）
諸　　口	（　　　）	製 造 間 接 費	（　　　）
		材料消費価格差異	（　　　）
		次 月 繰 越	（　　　）
	（　　　）		（　　　）

外　部　副　費

引 取 運 賃	（　　　）	A　材　料	（　　　）
保　険　料	（　　　）	B　材　料	（　　　）
（　　　　）	（　　　）	外部副費配賦差異	（　　　）

内　部　副　費

（　　　　）	（　　　）	（　　　　）	（　　　）
保　管　費	（　　　）		
検　収　費	（　　　）		

仕　掛　品

A　材　料	（　　　）	
B　材　料	（　　　）	

製　造　間　接　費

A　材　料	（　　　）	
B　材　料	（　　　）	
内　部　副　費	（　　　）	

材料消費価格差異

A　材　料	（　　　）	
B　材　料	（　　　）	

理論問題〜材料費〜

解答・解説 P.12-5

ア	イ	ウ	エ	オ	カ	キ	

Section

2 消費賃金の計算

問題 5

直接労務費と間接労務費

解答・解説 P.12-6

直接労務費 [   ] 円

間接労務費 [   ] 円

問題 6 **支払賃金と消費賃金**

解答・解説 P.12-7

問1. (単位：円)

(1)			
(2)			
(3)			
(4)			
(5)			
(6)			

問2. (単位：円)

【注】(　　　)には勘定科目等の適切な語句、(　　　)には金額(単位：円)を記入すること。

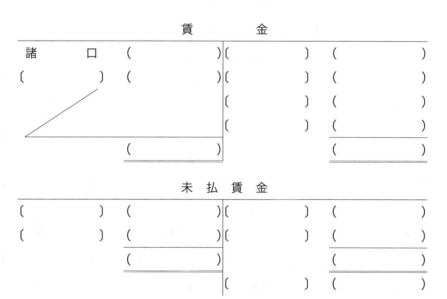

賃　　金

諸　　口	(　　　)	(　　　)	(　　　)
(　　　)	(　　　)	(　　　)	(　　　)
		(　　　)	(　　　)
		(　　　)	(　　　)
	(　　　)		(　　　)

未 払 賃 金

(　　　)	(　　　)	(　　　)	(　　　)
(　　　)	(　　　)	(　　　)	(　　　)
	(　　　)		(　　　)
		(　　　)	(　　　)

【注】〔　　　〕には勘定科目を示す番号、（　　　）には金額(単位：円)を記入すること。

(1)賃　　金

〔　　〕	（　　　）	〔　　〕	（　　　）
〔　　〕	（　　　）	〔　　〕	（　　　）
〔　　〕	（　　　）	〔　　〕	（　　　）
〔　　〕	（　　　）	〔　　〕	（　　　）
		（　　　）	

(2)仕　掛　品

前月繰越	×　×　×	×　×　×　×	×　×　×
〔　　〕	（　　　）		

(3)製 造 間 接 費

×　×　×　×	×　×　×	×　×　×　×	×　×　×
〔　　〕	（　　　）		

(4)賃 率 差 異

〔　　〕	（　　　）	×　×　×　×	×　×　×

(5)未 払 賃 金

〔　　〕	（　　　）	前月繰越	（　　　）
次月繰越	（　　　）	〔　　〕	（　　　）
	（　　　）		（　　　）

(6)現　　金

前月繰越	×　×　×	〔　　〕	（　　　）

(7)預　り　金

×　×　×　×	×　×　×	前月繰越	×　×　×
		〔　　〕	（　　　）

(8)立　替　金

前月繰越	×　×　×	〔　　〕	（　　　）
×　×　×　×	×　×　×		

問題 8 定時間外作業手当

解答・解説 P.12-10

【注】〔　　　〕には勘定科目を示す番号、（　　　）には金額(単位：円)を記入すること。

(1)賃　　　金

〔　　　〕	（　　　　）	〔　　　〕	（　　　　）
〔　　　〕	（　　　　）	〔　　　〕	（　　　　）
〔　　　〕	（　　　　）	〔　　　〕	（　　　　）
〔　　　〕	（　　　　）	〔　　　〕	（　　　　）
	（　　　　）		（　　　　）

(2)仕　掛　品

前月繰越	×××	××××	×××
〔　　　〕	（　　　　）		

(3)製 造 間 接 費

××××	×××	××××	×××
〔　　　〕	（　　　　）		

(4)賃 率 差 異

〔　　　〕	（　　　　）	××××	×××

(5)未 払 賃 金

〔　　　〕	（　　　　）	前月繰越	（　　　　）
次月繰越	（　　　　）	〔　　　〕	（　　　　）
	（　　　　）		（　　　　）

(6)現　　　金

前月繰越	×××	〔　　　〕	（　　　　）

(7)預　り　金

××××	×××	前月繰越	×××
		〔　　　〕	（　　　　）

(8)立　替　金

前月繰越	×××	〔　　　〕	（　　　　）
××××	×××		

問題 9 理論問題〜労務費〜

解答・解説 P.12-11

ア		イ		ウ	

3 外注加工賃

外注加工賃の処理

解答・解説 P.12-12

【注】（ 　　）には金額、 　　　　 には勘定科目を記入しなさい。

問1. （単位：円）

買　掛　金		外注加工賃		☐☐☐☐☐	
	（　　　　）	（　　　　）	（　　　　）	（　　　　）	

材　　料	
60,000	（　　　　）

問2. （単位：円）

買　掛　金		外注加工賃		☐☐☐☐☐	
	（　　　　）	（　　　　）	（　　　　）	（　　　　）	

材　　料	
60,000	（　　　　）

解答・解説 P.12-13

問題 11 損益計算書の作成

（単位：万円）

製 造 間 接 費

間 接 材 料 費	（ ）	仕　掛　品	（ ）
間 接 労 務 費	（ ）	原 価 差 異	（ ）
間 接 経 費	（ ）		
	（ ）		（ ）

仕 掛 品

期 首 有 高	（ ）	製　　　品	（ ）
直 接 材 料 費	（ ）	異 常 仕 損 費	（ ）
直 接 労 務 費	（ ）	期 末 有 高	（ ）
直 接 経 費	（ ）		
製 造 間 接 費	（ ）		
	（ ）		（ ）

損 益 計 算 書

（単位：万円）

売　　上　　高		10,500
売　上　原　価		（ ）
売 上 総 利 益		（ ）
販　　売　　費	（ ）	
一 般 管 理 費	（ ）	
販売費・一般管理費計		（ ）
営　業　利　益		（ ）
営 業 外 収 益		（ ）
営 業 外 費 用		（ ）
経　常　利　益		（ ）
特　別　利　益		（ ）
特　別　損　失		（ ）
税 引 前 当 期 純 利 益		（ ）

問題 1 単一基準配賦法と複数基準配賦法
（基本問題）

解答・解説 P.13-1

（A）単一基準・実際配賦による場合

電　力　部　門			（単位：円）
部門費実際発生額	4,862,000	甲製造部門配賦額　（　　　）	
		乙製造部門配賦額　（　　　）	
	4,862,000		4,862,000

（B）単一基準・予定配賦による場合

電　力　部　門			（単位：円）
部門費実際発生額	4,862,000	甲製造部門配賦額　（　　　）	
		乙製造部門配賦額　（　　　）	
		〔　　　　　〕差異　（　　　）	
		〔　　　　　〕差異　（　　　）	
	4,862,000		4,862,000

（C）複数基準・予算額配賦による場合

電　力　部　門			（単位：円）
部門費実際発生額	4,862,000	甲製造部門配賦額　（　　　）	
		乙製造部門配賦額　（　　　）	
		〔　　　　　〕差異　（　　　）	
	4,862,000		4,862,000

問題 2 単一基準配賦法と複数基準配賦法
（もっとも望ましい配賦方法）

解答・解説 P.13-3

問1.

実際配賦率　　　　　　　　　［　　　　　　　　］円

切削部に対する実際配賦額　［　　　　　　　　］円

問2． （単位：円）

動 力 部

変動費実際発生額	4,420,000	切削部への予定配賦額	（ ）
固定費実際発生額	4,940,000	組立部への予定配賦額	（ ）
		総 差 異	（ ）
	9,360,000		9,360,000

動 力 部 予 算 差 異		動 力 部 操 業 度 差 異	
（ ）	（ ）	（ ）	（ ）

【注】差異勘定は借方・貸方いずれか一方のみ記入し、不要な方は空欄のままにしておくこと。

問3．

（ア）	
（イ）	
（ウ）	

組立部に対する動力部費配賦額

変動費	円
固定費	円
合 計	円

複数基準配賦法・予算額配賦
（差異分析）

解答・解説 P.13-5

部門費配賦表（当月予算） （単位：円）

費　目	切 削 部	仕 上 部	電 力 部	総 務 部
部　　門　　費	266,300	207,700	（　　　）	（　　　）
電　　力　　部	（　　　）	（　　　）		
総　　務　　部	（　　　）	（　　　）		
製 造 部 門 費	（　　　）	（　　　）		

部門費配賦表（当月実績） （単位：円）

費　目	切 削 部	仕 上 部	電 力 部	総 務 部
部　　門　　費	276,400	208,600	（　　　）	（　　　）
電　　力　　部	（　　　）	（　　　）		
総　　務　　部	（　　　）	（　　　）		
製 造 部 門 費	（　　　）	（　　　）		

切 削 部 費 （単位：円）

部　　門　　費	276,400	予 定 配 賦 額	（　　　）
電　力　部　費	（　　　）	予 算 差 異	（　　　）
総　務　部　費	（　　　）	操 業 度 差 異	（　　　）
	（　　　）		（　　　）

仕 上 部 費 （単位：円）

部　　門　　費	208,600	予 定 配 賦 額	（　　　）
電　力　部　費	（　　　）		
総　務　部　費	（　　　）		
予 算 差 異	（　　　）		
操 業 度 差 異	（　　　）		
	（　　　）		（　　　）

電 力 部 費 （単位：円）

部　　門　　費	80,000	予 定 配 賦 額	（　　　）
		予 算 差 異	（　　　）
	80,000		80,000

総 務 部 費 （単位：円）

部　　門　　費	19,000	予 定 配 賦 額	19,000

複数基準配賦法（連立方程式法）

解答・解説 P.13-8

甲製造部門の予定配賦率は ⬚円／時間である。

問1.

(a)　製造部門費予定配賦率

第1製造部 [   ] 円／時　第2製造部 [   ] 円／時

(b)　部門費関係勘定（単位：円）

製造間接費−第1製造部

変　動　費 （　　　）	予 定 配 賦 額 （　　　）
固　定　費 （　　　）	総　差　異 （　　　）
材　　料 （　　　）	
賃　　金 （　　　）	
動力部費配賦額 （　　　）	
（　　　）	（　　　）

製造間接費−第2製造部

変　動　費 （　　　）	予 定 配 賦 額 （　　　）
固　定　費 （　　　）	総　差　異 （　　　）
賃　　金 （　　　）	
動力部費配賦額 （　　　）	
（　　　）	（　　　）

動　力　部

変　動　費 （　　　）	動力部費配賦額 （　　　）
固　定　費 （　　　）	総　差　異 （　　　）
材　　料 （　　　）	
（　　　）	（　　　）

仕 掛 品 − 製 造 間 接 費

月初仕掛品原価 （　　　）	完 成 品 原 価 （　　　）
第1予定配賦額 （　　　）	月末仕掛品原価 （　　　）
第2予定配賦額 （　　　）	
（　　　）	（　　　）

(c) 差異分析

	第1製造部	第2製造部	動 力 部
予算差異	(　　) 円	(　　) 円	(　　) 円
操業度差異	(　　) 円	(　　) 円	(　　) 円

【注】有利差異の場合は(　)の中に＋(プラス)を、不利差異の場合には−(マイナス)を記入しなさい。なお、差異が生じない場合には、金額記入欄に0(ゼロ)を記入すること。

(d) 指図書別原価計算表(備考欄省略)

(単位：円)

摘　　　要	No.1	No.2	No.3	No.4	No.5	合計
月 初 仕 掛 品 原 価		—	—	—	—	
直 接 材 料 費 甲						
直 接 材 料 費 乙						
直接労務費(第1製造部)						
直接労務費(第2製造部)						
第 1 製 造 部 費						
第 2 製 造 部 費						
合　　　　　計						

問2.

(イ)		(ロ)		(ハ)	

(ニ)		(ホ)	

(イ)の金額 (　　) 円　　(ロ)の金額 (　　) 円

【注】有利差異の場合は(　)の中に＋(プラス)を、不利差異の場合には−(マイナス)を記入しなさい。なお、差異が生じない場合には、金額記入欄に0(ゼロ)を記入すること。

問題 6 活動基準原価計算
（基本問題）

解答・解説 P.13-16

問 1.

製品 X	製品 Y	製品 Z
円	円	円

問 2.

製品 X	製品 Y	製品 Z
円	円	円

問題 7 活動基準原価計算
（目標販売単価）

解答・解説 P.13-18

問 1.

	単位あたり製造原価	目 標 販 売 単 価
製品 A	円	円
製品 B	円	円

問 2.

〔設問 1〕

（イ）	回
（ロ）	回
（ハ）	時間
（ニ）	時間
（ホ）	個
（ヘ）	個
（ト）	回
（チ）	回

〔設問 2〕

	単位あたり製造原価	目 標 販 売 単 価
製品 A	円	円
製品 B	円	円

Section

1 本社工場会計の基礎知識

問題 **1** 本社・工場間の取引

解答・解説 P.14-1

(1) 本社：	(借)	(貸)
工場：	(借)	(貸)
(2) 本社：	(借)	(貸)
工場：	(借)	(貸)
(3) 本社：	(借)	(貸)
工場：	(借)	(貸)
(4) 本社：	(借)	(貸)
工場：	(借)	(貸)
(5) 本社：	(借)	(貸)
工場：	(借)	(貸)
(6) 本社：	(借)	(貸)
工場：	(借)	(貸)
(7) 本社：	(借)	(貸)
工場：	(借)	(貸)
(8) 本社：	(借)	(貸)
	(借)	(貸)
工場：	(借)	(貸)

2 内部利益

解答・解説 P.14-2

問1.

(1) 本社：	（借）	（貸）
工場：	（借）	（貸）
(2) 本社：	（借）製　　　　　品	（貸）
工場：	（借）	（貸）
	（借）	（貸）

問2.

本社：	（借）	（貸）
	（借）	（貸）

内部利益 ☐☐☐☐☐ 円

Section
2 帳簿の締切り

 3 本社工場会計での帳簿の締切り

解答・解説 P.14-3

総 合 損 益

（　　　　　）	（　　　　　）	（　　　　）	（　　　　）
全 社 的 営 業 利 益	（　　　　　）	（　　　　）	（　　　　）
		（　　　　）	（　　　　）
	（　　　　　）		（　　　　）